澳大利亚能源法

Energy Law in
AUSTRALIA

[澳]亚历山德拉·沃里克(*Alexandra Wawryk*)　著　岳小花　译

卡罗琳·瓦伊格(*Carolyn Vigar*)

保罗·布拉德利(*Paul Bradley*)　　　　李聚广　校

蒂娜·亨特(*Tina Hunter*)

中国政法大学出版社

2021·北京

版权登记号：图字 01-2021-0078 号

译者序

　　2018 年我因公访问澳大利亚阿德莱德大学法学院时，有幸与法学院包括亚历山德拉老师在内的从事环境法、能源法教学研究的几位教授进行座谈。在这次座谈中我与亚历山德拉教授初次认识，由于共同的研究方向、相似的工作状态，我们围绕能源法的教学科研工作聊了很多。会谈中，我们分别介绍了中国与澳大利亚两国关于能源开发利用的情况以及法治化进展，亚历山德拉老师解答了我关于澳大利亚可再生能源法律和政策方面的很多困惑，对澳大利亚可再生能源绿色证书实施机制、新能源发展前景与法律规制等方面展开了深入探讨。座谈结束后，亚历山德拉老师将刚出版的这本合著赠予我作为纪念。虽然本书并未过多阐述深层次法理和政治话语，但内容框架齐全、数据翔实、佐证充分，是详细了解澳大利亚能源开发利用实践及法治化进展的优秀作品。当时我即与亚历山德拉老师商定如果可能，希望能翻译此书，以方便更多的读者了解澳大利亚能源法治最新进展。在亚历山德拉老师及中国政法大学出版社的支持帮助下，历经三年翻译及多轮校对，本书终于得以出版。

　　本书总论部分系统地介绍了澳大利亚能源发展概况、法律与政治体制、能源法的基本原则与历史背景以及政府机构在能源法和政策制定与实施中的作用。分论分为两部分，第一部分对电力、天然气、石油、煤炭监管框架进行论述；第二部分对能源法与环境法、税法、竞争法的互动进行阐述。本书首先从宏观视角对澳大利亚能源监管体制与政府职责、能源法的基本原则与历史背景进行阐述，之后遵循生产、开发、运输、配送及消费的基本思路分别对澳大利亚电力、天然气、石油和煤炭监管框架进行系统分析。同时，本书并未囿于能源法自身学科框架，而是将能源开发利用置于环境治理、行业发展与消费规制的广阔视域下展开探讨，深入分析了能源法与环境法、税法及竞争法的互动。

本书四位作者均在能源法领域具有较深厚的理论根基或实践经验或兼而有之。亚历山德拉老师在能源法治领域颇有造诣，而且具有较强实践经验。她的研究方向为石油法、可再生能源法、矿业法和环境法，主要讲授合同法、环境法、采矿和能源法（国际能源法）以及气候变化法。她曾在《牛津环境法杂志》《澳大利亚和新西兰海商法杂志》《新南威尔士大学法律杂志》《墨尔本大学法律评论》《澳大利亚自然资源法律和政策杂志》等期刊发表多篇专业论文。同时，亚历山德拉老师还兼任《石油、天然气和能源法杂志》（OGEL）专业在线数据库和期刊可再生能源方面的副主编、南澳大利亚最高法院的出庭律师、环境捍卫者办公室管理委员会成员、世界保护联盟能源法专家组成员、澳大利亚资源和能源法协会会员以及阿德莱德大学矿业、能源和资源研究所研究员等多种职务。她负责撰写本专著总论、第四编煤炭监管框架、第五编能源法与环境法的互动和第六编能源法与税法的互动。

卡罗琳·瓦伊格具有 20 多年的公法和监管专家顾问经验，于 1997 年在皇家律师事务所（南澳洲）开始她的职业生涯，担任国家竞争政策实施顾问。2002 年至 2012 年，卡罗琳担任铭德（Minter Ellison）律师事务所（墨尔本）的公法、监管和竞争法顾问。2013 年，她加入 Wallmans Lawyers 律师事务所（阿德莱德），担任公法和监管业务负责人，目前是 Tanom Legal 律师事务所负责人。她还是 1998 年建立国家电力市场的主要顾问。她负责撰写本书第一编电力监管框架、第七编能源法与竞争法的互动。

保罗·布拉德利目前是南澳大利亚 Cowell Clarke 商业律师事务所能源与资源以及企业和商业业务部门的顾问，多年担任能源、资源和环境业务组的合伙人和团队负责人，长期担任澳大利亚天然气行业客户的法律顾问，并定期处理涉及澳大利亚大型能源公司的法律事务。他还多年担任澳大利亚能源和资源法协会（AMPLA）南澳大利亚分会委员会成员，担任国际石油谈判者协会（AIPN）的委员会成员三年，并一直是矿产研究所的委员。他负责撰写本书第二编天然气监管框架。

蒂娜·亨特教授是阿伯丁大学能源法中心（AUCEL）主任。她主要在国家和国际石油法、非常规石油监管、北极石油法和治理、能源行业国际投资保护和资源法与政策等领域进行教学研究。她先后在卑尔根大学、阿伯丁大学、默多克大学、德克萨斯大学奥斯汀分校做访问学者，曾在挪威、芬兰、冰岛、希腊、俄罗斯、澳大利亚等多个国家任教，在四大洲的 50 多次会议上发表演讲，并撰写了 40 多篇专业评论文章。她还为澳大利亚、新西兰、英国、俄罗斯、菲律宾和加拿大等多个司法管辖区的政府、行业团体和非政府组织提供咨询。

亨特教授曾是南澳大利亚非常规天然气项目圆桌会议和昆士兰州现代化昆士兰资源法案项目的成员。她目前是石油工程师协会阿伯丁分会营销和传播委员会副主席、《石油、天然气和能源法杂志》联合主编。她负责撰写本书第三编石油监管框架。

他山之石，可以攻玉。在全球共同应对气候变化、能源紧缺以及环境污染的大形势下，尽管中国与澳大利亚在能源开发利用实践中存在政治体制、行业监管、市场机制等诸多方面的差异，但在能源法治及具体机制应对上仍可以相互借鉴，展开探讨。希望本书所介绍的澳大利亚能源行业发展、政府监管及法治实践，可为能源、环境及法律专业教学、科研及实务工作提供参考。

译著出版之际，感谢中国社科院法学所生态法研究室刘洪岩主任主持中澳合作项目所提供的交流机会，在我参与中澳合作项目和开展翻译过程中得到了刘能冶教授、崔静茹女士以及诸多学界同仁的帮助。本书在翻译及校对中多次与亚历山德拉老师进行核实、求证，都得到了其耐心细致的解答；中国政法大学出版社编辑团队在版权获取、内容编辑、版面设计等方面倾注了大量心血，老师们的热心相助与专业编辑使本书得以顺利出版。在此一并感谢！

中国社科院法学所　岳小花
2021 年 8 月

缩略语表

ACCC	澳大利亚竞争与消费者委员会
ACCU	澳大利亚碳信用额
ACT	澳大利亚首都领地
ADR	《澳大利亚设计规则》
AEMC	澳大利亚能源市场委员会
AEMO	澳大利亚能源市场运营商
AER	澳大利亚能源管理局
ALP	澳大利亚工党
ATC	澳大利亚交通委员会
ATO	澳大利亚税务局
BAS	营业活动报表
BEEC	建筑节能证书
C/kWh	分/每千瓦时
CACA	《行为与补偿协议》
CCA	气候变化管理局
CCS	碳捕获和储存
CER	清洁能源监管局
CGT	资本增值税

CNG	压缩天然气
COAG	澳大利亚政府委员会
CO_2	二氧化碳
CO_2-e	二氧化碳当量
CPI	消费者价格指数
CPM	碳定价机制
CPRS	碳污染减排计划
CSG	煤层气，又称煤层甲烷气
DA	指定机构
DAFGS	《柴油和替代燃料补助计划》
DEE	环境与能源部
DFRS	《柴油燃料退税计划》
DIIS	工业、创新与科学部
DNSP	配电网服务商
DRE	新南威尔士州工业部资源与能源司
DtS	视为满足（要求）
EDR	证明有经济意义的资源
EEIS	能效改善计划
ESS	节能计划
EEZ	专属经济区
EGCS	能源补贴（信用）计划
EITE	排放密集型出口行业

EPAA	《1979 年环境规划和评估法》（新南威尔士州）
EPBC Act	《1999 年环境保护和生物多样性保护法》（联邦）
EPHC	环境保护与遗产委员会
ERF	减排基金
ERL	能效标识
ESC	节能证书
ESCOSA	南澳大利亚州基本服务委员会
ETS	排放交易系统
FBT	附加福利税
FiT	固定电价
GEMS Act	《2012 年温室和能源最低标准法》（联邦）
GHG	温室气体
GJ	吉焦，10^9 焦耳
GMV	车辆总重量
GST	货物与服务税
HPSCT	海波因特服务煤码头
IESC	煤层气与大型煤矿开采独立专家科学委员会
ILUA	原住民土地使用协议
IPART	独立定价与监管法庭
ITAA97	《1997 年所得税评定法》（联邦）
JA	联合管理局
JCB	联合煤炭委员会

JPDA	联合石油开发区
kt	千吨
kVA	千伏安
LNG	液化天然气
LPG	液化石油气
LRET	大规模可再生能源目标
MCE	澳大利亚能源委员会
MCMPR	矿产和石油资源部长理事会
MEPS	最低能效标准
MNES	具有国家环境重要性的事项
MPCCC	多党气候变化委员会
mmbbl	百万桶
MRRT	矿产资源租金税
Mt	兆吨
MWh	兆瓦时
NABERS	澳大利亚国家建筑环境评估体系
NatHERS	全国房屋能源等级计划
NCC	《国家建筑法规》或国家竞争委员会
NDC	国家自主贡献
NECF	《国家能源用户框架》
NEM	国家电力市场
NERL	《国家能源零售法》

NERR	《国家能源零售规则》
NGER Act	《2007年国家温室和能源报告法》（联邦）
nm	海里
NNTT	国家原住民权利法庭
NOPSA	国家海洋石油安全管理局
NOPSEMA	国家海洋石油安全与环境管理局
NOPTA	国家海洋石油产权管理局
NPA	《煤层气和大型煤矿开发国家伙伴关系协议》
TNSP	传输网络服务提供者
NSW	新南威尔士州
NT	北领地
OCS	《海洋宪法解决协议》
OPA	《2006年海上石油法》（联邦）
OPGGSA	《2006年海上石油和温室气体储存法》（联邦）
OPGGS（E）R	《2009年海上石油和温室气体储存（环境）条例》
OPGGSR	《2011年海上石油和温室气体储存条例》
OPGGS（S）R	《2009年海上石油和温室气体（安全）条例》
OOA	延期/退出协议
PGERA（WA）	《1967年石油和地热能源资源法》（西澳大利亚州）
PRRT	石油资源租金税
PSLA	《1967年石油（淹没陆地）法》（联邦）
PSLA（WA）	《1982年石油（淹没陆地）法》（西澳大利亚州）

PJ	拍焦，10^{15} 焦耳
PM&C	总理与内阁部
PSO	石油产品管理计划
Qld	昆士兰州
QCA	昆士兰州竞争管理局
R&D	研发
REC	可再生能源证书
REES	零售商能效计划
RES-E	可再生能源发电
RET	可再生能源目标
RIDA	区域利益开发审批
RRRA	资源特许权使用费协议
SA	南澳大利亚州
SCER	能源和资源常务委员会
SCPO	稳定石油原油
STC	小型技术证书
STTM	短期交易市场
Tas	塔斯马尼亚州
tcf	万亿立方英尺
TJ	万亿焦耳
tWh	太瓦时
UNCLOS	《联合国海洋法公约》

UNFCCC	《联合国气候变化框架公约》
VGDTS	维多利亚州天然气传输系统
VDWGM	维多利亚州天然气批发市场
Vic	维多利亚州
WA	西澳大利亚州
WICET	威金斯岛煤炭出口码头

目　录

总　论

第一编　电力监管框架

第一章　研究背景

第一节　澳大利亚能源概况

1. 澳大利亚是拥有约 769 万平方公里大陆面积的大国。尽管澳大利亚疆域广阔，但人口稀少，全国仅 2250 万余人，每平方公里人口密度仅为 2.6 人，为全球人口密度最低的国家之一。同时澳大利亚位于地球上最低、最平和最干燥的大洲（南极洲除外），有广阔的干旱地区。澳大利亚大多数人口分布于东部、东南部地区，少部分人口分布于西海岸，极少数人口分布于中部地区。[1] 在 1788 年英国人定居之前，原住民和托雷斯海峡岛民（Torres Strait Islander）分布在澳大利亚的大部分地区。截至 2011 年 6 月 30 日，原住民和托雷斯海峡岛民约占全澳大利亚人口的 3%。[2]

2. 澳大利亚拥有丰富的、多样化的自然资源。在就业和出口收入方面，农业和矿业是关键性传统产业。澳大利亚是世界第八大能源生产国，能源产量约占世界能源产量的 2.4%。2014—2015 年，澳大利亚的能源产量为 18 715PJ。澳大利亚拥有丰富的煤炭资

---

〔1〕 国际能源署、国际能源署成员国能源政策：《2012 年澳大利亚评论》，15（OECD/IEA，2012）。

〔2〕 澳大利亚统计局：3238.0.55.001-澳大利亚原住民和托雷斯海峡岛民估量，2011 年 6 月，载 http://abs.gov.au/ausstats/abs@.nsf/mf/3238.0.55.001，最后访问日期：2016 年 11 月 1 日。

源、常规天然气和煤层气、铀和可再生能源,包括风电、太阳能、地热、水电、波浪能、潮汐能和生物质能。2014—2015 年生产的主要能源(以能源含量为基准)有煤炭(66.4%),铀(13.9%)和天然气(13.2%)。澳大利亚是能源净出口国,2015 年 76% 的能源产量用于出口,2014—2015 年能源出口值达 670 亿澳元。[1]

3. 2013 年,澳大利亚是世界上第二十大能源消费国,人均能源使用量排第十七位。2014—2015 年,澳大利亚主要能源的消费量达 6016PJ。历经几十年强劲增长后,由于能效提高、能源密集型产业衰落及电价上涨等多种原因,澳大利亚的能源需求在 2014—2015 年略微下降。但预计其能源需求在 2049—2050 年将增加到 8541PJ。[2]

4. 煤炭是澳大利亚最大的能源资源。澳大利亚拥有世界第四大煤炭储量,是第四大煤炭生产国和第二大煤炭出口国。2014 年底,澳大利亚可采且证明有经济意义的煤炭资源为 63.3 Gt 黑煤和 62.0 Gt 褐煤。按 2014 年产量水平,澳大利亚拥有大约 112 年的可采黑煤和 1022 年的可采褐煤。澳大利亚拥有大量廉价的陆上煤炭储备,这意味着煤炭开采在澳大利亚能源结构中占据主导地位,目前澳大利亚约 80% 的电力来自煤炭发电。[3] 澳大利亚大部分煤炭开采(约 96%)分布在昆士兰州(Queensland)和新南威尔士州。

5. 天然气是澳大利亚的第三大能源资源,仅次于煤和铀。已

---

〔1〕 澳大利亚地质科学与资源和能源经济局:《澳大利亚能源评估》(2014 年第 2 期)(2016 年更新),内容提要,载 http://www.ga.gov.au/aera/executive-summary,最后访问日期:2016 年 11 月 6 日。

〔2〕 澳大利亚地质科学与资源和能源经济局:《澳大利亚能源评估》(2014 年第 2 期)(2016 年更新),内容提要,载 http://www.ga.gov.au/aera/executive-summary,最后访问日期:2016 年 11 月 6 日。

〔3〕 GA/BREE, *Australian Energy Resource Assessment* (2nd ed, 2014) (interim update 2016), *Coal*, http://www.ga.gov.au/aera/coal (accessed 6 Nov. 2016); Geoscience Australia, *Coal Resources*, http://www.ga.gov.au/scientific-topics/energy/resources/coal-resources (accessed 6 Nov. 2016).

探明天然气资源总量约为 279 819 PJ（257tcf），按目前产量标准，大约相当于 106 年的天然气产量。澳大利亚约 95% 的常规天然气资源位于澳大利亚西北和东南沿海的海上盆地。这些资源已逐步开发用于家庭使用和液化天然气（LNG）出口。截至 2014 年底，澳大利亚已查明的常规天然气资源总量估计为 186 200 PJ（169 tcf）。按照目前产量，澳大利亚有充足的可持续供应 34 年的常规天然气储量（77 200 PJ；70 tcf）。

6. 澳大利亚还有大量的非常规天然气资源，包括煤层气、页岩气和致密砂岩气。澳大利亚东部的主要煤炭盆地中探明储存有大量的煤层气资源，这些正被开发用于国内供应和出口液化天然气，尤其是昆士兰州，它拥有已公布煤层气储量的 93% 以上。尽管页岩气资源处于开采的早期阶段，总量仍需要进一步确定，但大量的页岩气资源（大约 11tcf 的潜在资源量）已在陆上被探明。库珀（Cooper）盆地的页岩气资源开发始于 2012 年，占已公布潜在页岩气资源的 80%。致密砂岩气潜在总量预计有 44tcf，探明储量位于传统的天然气生产盆地〔珀斯（Perth）、库珀和吉普斯兰（Gippsland）盆地〕，处在距离基础设施相对近的位置，正被考虑投入商业生产。其他潜在致密砂岩气资源位于没有基础设施的盆地，目前尚未考虑投入商业生产。[1]

7. 石油是重要能源资源，满足了澳大利亚大部分运输需求。澳大利亚国内原油供应有限，大部分原油和炼化液态石油需进口。2014 年，澳大利亚在世界已探明石油储量中排名第二十五位，约占世界石油储量的 0.2%。澳大利亚 2014 年的石油产量〔原油、凝析油、液化石油气（LPG）〕是 1022PJ 或 174mmbbl，约 90% 的石油产自海上油田。澳大利亚包括油页岩和页岩油在内的非常规石油资源具有很大的发展潜力。尽管油页岩的勘探和开采在澳大利亚具

---

〔1〕 GA/BREE, *Australian Energy Resources Assessment* (2nd ed, 2014) (interim update 2016), *Gas*, http：//www.ga.gov.au/aera/gas (accessed 6 Nov. 2016).

有很长的历史，但昆士兰州已被探明的油页岩资源仍没有显著的产量。澳大利亚仍有大量的油页岩资源待探明。[1]

8. 澳大利亚拥有三分之一以上的世界已探明铀资源。2015 年 12 月，澳大利亚拥有世界规模最大的确实可靠铀资源，预计有 1267 千吨，可以低于 130 美元/千克的价格开采。"确实可靠资源"（RAR）是指存在于已知矿藏中的铀，矿藏的大小、品位和结构可以确定，在给定的生产成本范围内，利用目前已证实的采矿和加工技术可以获取的产量。[2] 以澳大利亚现有的铀生产水平，这些资源能够被持续开采 200 年以上。澳大利亚测定有 532 千吨铀资源，可开采价格低于 130 美元/千克。另外测定 34 千吨确实可靠铀资源和 58 千吨推断铀资源可以 130 美元/千克~260 美元/千克的价格开采。澳大利亚有三个生产性铀矿：位于南澳大利亚的奥林匹克大坝矿（Olympic Dam）、四英里矿（Four Mile Mine）；位于北领地（Northern Territory）的兰杰矿（Ranger）。[3] 同时，西澳大利亚州各项目也已获得环评审批或正在进行评估和审批的手续。澳大利亚没有核能产业，生产的铀主要用于出口。澳大利亚也有丰富但却未投入生产的钍储量，在未来的几十年几乎不可能大规模投入生产。[4]

9. 澳大利亚拥有丰富多样的可再生能源。2015 年，澳大利亚

〔1〕 GA/BREE, *Australian Energy Resource Assessment* (2nd ed, 2014) (interim update 2016), Oil, http://www.ga.gov.au/aera/oil (accessed 6 Nov. 2016).

〔2〕 GA/BREE, *Australian Energy Resource Assessment* (2nd ed, 2014) (interim update 2016), Appendix B, Resource Classification, http://ww.ga.gov.au/aera/appendix-b-resource-classification (accessed 6 Nov. 2016). "推断资源" 是指在已探明矿床的范围内根据直接地质证据推断出的铀，或在已确定地质连续性但具体数据（包括矿床测量）和根据矿床特征推断，被认为不足以归类为确实可靠资源。

〔3〕 兰杰矿将于 2021 年租约到期时关闭。运营商澳大利亚能源资源公司（Energy Resources of Australia）一直在探索对该矿进行不公开的延期。然而，矿主里奥·蒂诺（Rio Tino）和米拉尔（Mirarr）的老矿主向管理局表示不支持延期。

〔4〕 Geoscience Australia and the Bureau of Resources and Energy Economics, *Australian Energy Resource Assessment* (2nd ed, 2014) (interim update 2016), *Uranium and Thorium*, http://www.ga.gov.au/uranium-and-thorium (accessed 6 Nov.2016).

14.6%的电力来自可再生能源，其中水电占 5.9%，风电占 4.9%，太阳能占 2.4%，生物质能占 1.3%。地热发电极少，且海洋能资源总体处于未开发状态。2015 年，塔斯马尼亚州（Tasmania）99.9%的电力供应来自可再生能源（水电占主导地位），南澳大利亚州占41.3%（风能和太阳能），西澳大利亚州占 12.1%，维多利亚州占12.1%，新南威尔士州占 7.7%，昆士兰州占 4.4%。[1] 可再生能源尤其是风能和太阳能比重增加的主要驱动力是 2001 年引入国家可再生能源目标（RET），它使得风能装机容量从 2000 年的不足100 兆瓦增加到 2015 年的 4187 兆瓦。[2] 州政府的政策，如太阳能固定电价，也推动了可再生能源的增长（见下文第五编）。

10. 澳大利亚的主要燃料结构有望在未来发生变化。尽管目前煤炭是澳大利亚的主要发电来源，但自 2008 年以来，电力需求的减少导致大量化石燃料发电厂被永久或暂时地从市场上撤走，撤退量超出新获发电许可的风能和太阳能设施容量。未来煤炭有望继续发挥重要作用，但低排放燃料转型预计将导致煤炭在电力生产中所占份额下降，更多的电力将来自天然气和可再生能源。[3]

第二节　法律与政治体制

11. 澳大利亚是联邦政府体制，包括联邦政府，6 个州（西澳大利亚州、新南威尔士州、昆士兰州、南澳大利亚州、维多利亚州和塔斯马尼亚州）和 2 个领地（北领地和首都领地）。澳大利亚实行君主立宪制：英国女王是澳大利亚国家元首。但是，立法权仍属于澳大利亚联邦和各州议会。女王在立法方面不承担任何角色，但

---

〔1〕　Clean Energy Council, *Clean Energy Australia Report* 2015, 6（Clean Energy Council, 2015）.

〔2〕　*Ibid.*, 50, 55.

〔3〕　GA/BREE, *supra* n. 3.

其代表——总督在议会程序中确实发挥有限的作用。

12. 联邦议会（也称立法机构）包括代表所有州和领地选民的众议院与参议院。内阁由众议院多数党中的两院议员组成。历史上，联邦政府主要由以下两个政党组建：澳大利亚工党（ALP），或者是与国家党结成政治联盟的自由党，称为"联盟"（Coalition）。人民不直接投票选举总理；工党或自由党的领导人成为总理（除非他们在议会败选）。总理不直接参与由联邦议会负责的联邦立法。州或领地的议会也行使立法权。

13. 联邦政府于1901年1月1日成立。《澳大利亚联邦宪法》（也称《澳大利亚宪法》《联邦宪法》或简称《宪法》）规定了联邦政府的权力。根据分权主义原则，联邦议会行使立法权、行政机关行使行政权、法院行使司法权。[1]然而，各部部长作为行政领导同时也是议会成员。实践中，议会赋予行政机构广泛的监管权。每个联邦政府的部长就其所在部门的工作向议会负责，部长的监管权通常下放给其负责的政府部门。

14. 《宪法》受州/领地和联邦议会之间划分立法权的影响，澳大利亚的陆上和海上能源、自然资源和环境立法是非常复杂的。

一、陆上自然资源开采监管

15. 随着英国人的定居，威斯敏斯特模式被19世纪成立的六个澳大利亚殖民政府所采用。作为前殖民地，澳大利亚各州继承了英国议会全权为其子民制定和平、秩序和良政之法律的传统。1901年联邦成立后，联邦仅被赋予就《联邦宪法》所明确规定的事项制定法律的权力。

---

〔1〕 尽管《宪法》将政府的行政权力赋予代表英国君主的总督，但按照传统，这些权力是由民选政府行使的。

16.《宪法》第 51 条列举了州和联邦同时享有立法权的若干事项。[1] 毫无疑问，在 1901 年时自然资源监管属于各州管辖范围，但没有具体的"权力首脑"赋予联邦议会在陆上采矿、石油、能源和/或环境方面的立法权。然而，其他权力首脑赋予了联邦有关自然资源的立法权，具体包括下列方面：州际和海外贸易与商业；[2] 对外贸易、金融和企业；[3] 外交事务；[4] 税务；[5] 国防；[6] 以及通过有关"任何种族的人"[7] 的立法的权力。

17. 随着 20 世纪 80 年代大量存在分歧的《宪法》案例的发生，现在人们普遍认为，如果联邦愿意，它可以对采矿、石油和能源行业的诸多方面进行立法。[8] 但联邦没有行使这些权力。各州几乎保留采矿和能源产业方面所有的监管权，包括矿物和碳氢化合物的勘探、生产、运输和加工/炼化。与电力生产、运输和供应一样，陆上矿产和石油的所有权、授权和批准权、环境保护、健康和安全等由各州监管，各州也征收特许权使用费（royalty），即矿物或石油的生产或开采权的对价，或者取得财产权的费用。[9] 然而，联邦议会具有开征关税和消费税的专属权力，即对国内或国外货物的

---

[1] Where there is an inconsistency between a Commonwealth and State law, the State law is invalid to the extent of the inconsistency: Commonwealth Constitution, s. 90.

[2] Commonwealth Constitution, s. 51 (i).

[3] Section 51 (xx).

[4] Section 51 (xxix).

[5] Section 51 (ii).

[6] Section 51 (vi). 这为联邦政府控制铀矿开采和核电提供了《宪法》依据。

[7] Section 51 (xxvi). 这为《1993 年原住民权利法》（联邦）提供了《宪法》依据。

[8] *Commonwealth v Tasmania* (1983) 158 CLR 1; *Richardson v. Forestry Commission* (1988) 164 CLR 261. See Crawford J, 'The Constitution and the Environment' (1991) 13 *Sydney Law Review* 11; Bate G, *Environmental Law in Australia* (8th ed, Lexis Nexis/Butterworths, 2013); Fitzgerald F, *Mining Agreements: Negotiated Frameworks in the Australian Minerals Sector* (Lexis Nexis, 2001).

[9] Harper v. *Minister for Sea Fisheries* (1989) 168 CLR 314.

生产、制造、销售或分销环节所加征的税。[1]

18. 各州对矿物和石油开采与提炼中与环境相关的事项进行监管。为避免联邦与州之间争执不休的冲突，在 20 世纪 90 年代，各州和联邦通过两项协议确立了"合作联邦制"的战略，即《1992年政府间环境协定》[2] 和 1997 年《联邦与州政府环境角色与责任的首脑协定》。[3] 这些协定为出台《1999 年环境保护和生物多样性保护法》（联邦）（EPBC Act）奠定了基础，联邦依据该法对具有国际和国家意义的环境事项开展监管。《1999 年环境保护和生物多样性保护法》（联邦）规范矿业和能源开发过程中与自然资源产业相关的事项。各州继续对州或地方关注的一系列环境问题进行监管，如规划、保护和遗产、原生植被和水资源。

二、海上自然资源开发监管

19. 海洋矿物和石油的监管更为复杂。1973 年，联邦工党政府通过《1973 年海洋与淹没陆地法》（联邦）阐明了联邦对近海区域的最高控制权。自由党在基于各州权利的竞选活动中赢得联邦选举的几天后，高等法院以判决的形式支持了该法的有效性。[4] 联邦与各州谈判达成一项政治协议——《海洋宪法解决协议》（OCS），[5] 通过了与此相似的联邦与州立法。根据该立法，各州保留从低水位线向海至 3 海里（nm）以内资源的所有权和立法权，

---

〔1〕 Commonwealth Constitution, s. 90; *Ha & Anor v. State of New South Wales & Ors* (1997) 189 CLR 465.

〔2〕 *National Environment Protection Council Act 1994* (Cth), Sch.

〔3〕 *Heads of Agreement on Commonwealth and State Roles and Responsibilities for the Environment* (Council of Australian Governments, 1997).

〔4〕 *New South Wales v. Commonwealth* (1975) 135 CLR 337.

〔5〕 *Offhore Settlement. A Milestone in Co-operative Federalism* (AGPS, Canberra, 1980) and *Offshore Constitutional Settlement: Selected statements and documents 1978-79* (Commonwealth of Australia, 1980).

这是当时领海的宽度。[1]

20. 因此，一般来说，各州的海上采矿和石油法以及环境法适用于从低水位线向海至 3 海里，即"沿海水域"。[2]《联邦海上采矿和石油法》适用于"联邦水域"，即从 3 海里向海至 200 海里[专属经济区（EEZ）的外部边界]或大陆架的外部边缘，以二者中较大者为准。在联邦水域，各州和联邦共同适用联邦的海上石油和采矿法。《1999 年环境保护和生物多样性保护法》（联邦）适用于所有近海区域。

三、联邦参与自然资源监管的主要领域

21. 由于大多数采矿业和能源行业都由各州进行监管，联邦政府直接参与的领域有限。联邦参与监管的一些关键事项包括：

　　-适用于所有行业的联邦竞争法；

　　-联邦水域海上石油和矿产开发以及碳封存；

　　-通过《1999 年环境保护和生物多样性保护法》（联邦）保护国内和国际所关注的环境，包括世界遗产区，以及国内和国际上列出的和迁徙的受威胁物种；

　　-联邦气候变化和可再生能源及能源效率法，包括"直接行动"[由减排基金（ERF）和保障机制组成]和可再生能源目标；[3]

　　-《1993 年原住民权利法》（联邦）对原住民权利的规定，包括要求与居住在其传统土地上和/或与之相关的原住民进行

[1] 通过的相似立法有《1980 年沿海水域（州权力）法》和《1980 年沿海水域（州所有权）法》。

[2] 尽管现在澳大利亚领海的宽度比基线宽 12 海里，但各州对海上资源的立法权和所有权仍为 3 海里。

[3] 可再生能源目标是依据《2000 年可再生能源（电力）法》（联邦）设立的。

谈判的规定；

　　-各种财政事项，包括：与石油和矿产有关的关税和消费税；包括采矿和能源税在内的税收，如石油资源租金税（PRRT）；补贴和财政援助，比如用于新型可再生能源技术研发；以及

　　-外商投资管制。

第二章 能源法的基本原则

第一节 矿产与石油资源公有制

22. 澳大利亚能源法的基本原则之一是自然资源的国有制，包括煤炭、石油、天然气和铀。各州和领地的自然资源立法通常都将矿产（包括煤炭和铀）和石油（石油和天然气）的所有权归州政府。[1] 然而，开采矿物和石油的是私营部门而不是政府部门。澳大利亚各管辖区域按照法定计划对矿物和石油的勘探和生产进行监管，未经相关部长的必要授权，禁止勘探和生产。作为所有者，各州对开采矿产或石油资源收取特许权使用费。矿产和石油的所有权在资源生产后转移给授权持有人。

第二节 引入竞争实现供应效率

23. 澳大利亚的电力基础设施，包括输电和配电网络，是通过州政府所有的大型、一体化的垄断性电力公司于20世纪建设的。它们负责电力供应的所有方面，包括发电、输电、配电和零售业务。历史上，各州按照本州法律规定拥有自己独立的供电系统。同样，在天然气行业，虽然私营石油公司生产天然气，但国有企业垄断了输电、配电和零售环节。生产者和消费者之间的长期合同决定了天然气的供应（和定价），而不受交易市场的支配。

24. 从20世纪90年代起，作为国家竞争政策下大范围微观经

---

[1] 见下文第三章"历史背景"以及第二编和第三编。

济改革进程的一部分，各州和联邦政府一直寻求改革各州垄断的能源产业，目前这个进程仍在继续。能源市场改革是当今能源法律和政策的基础，其基本原理是相信竞争性市场更能取得有效的市场结果。竞争市场促使资源合理分配，因为市场会平衡能源的需求与供应，且允许以最低成本向消费者提供能源产品和服务。澳大利亚能源法律和政策的基本目标之一是通过促进能源市场的竞争实现效率和效益，特别是能为消费者提供低价的产品。

25. 为引入竞争，从 20 世纪 90 年代中期开始，国有电力公司将其发电、输电、配电和零售业务进行拆分。在发电和零售环节引入竞争。伴随着业务拆分，国有企业逐步实现了公司化和/或私有化。南澳大利亚州、新南威尔士州和维多利亚州大多数发电和零售企业归私人所有，其他州继续保留国有能源公司。推进国有能源公司私有化改革以促进创新和提高生产效率，是现任联邦联合政府在《2015 年能源白皮书》中的一项国家政策。[1]

26. 作为引入竞争的一部分，在 20 世纪 90 年代中期，澳大利亚政府委员会（COAG）同意在澳大利亚建立一个竞争性电力市场，名为国家电力市场（NEM）。昆士兰州、新南威尔士州、维多利亚州、塔斯马尼亚州、南澳大利亚州和首都领地都参与了这个市场。西澳大利亚州和北领地由于距离太遥远未能实际参与，但西澳大利亚州一定程度上也参与了该市场，例如通过澳大利亚能源市场运营商运营西澳大利亚州市场。该市场依据《国家电力法》和《国家电力规则》（National Electricity Rules）而建立并受其管制。澳大利亚通过《国家天然气法》和《国家天然气条例》对三个特色鲜明的天然气市场进行管制：北部、西部和东南部天然气市场。

27.《国家电力法》和《国家天然气法》明确强调，效率是国家立法体系的首要目标。《国家天然气法》的目标是"为了消费者

---

〔1〕 Australian Government, Department of Industry and Science, *Energy White Paper* 2015, 8 (Commonwealth of Australia, 2015).

在天然气供应的价格、质量、安全及可靠性方面的长远利益，提高天然气投资、运营与使用效率"。[1]同样，《国家电力法》的目标是"为了消费者在（a）电力供应的价格、质量、安全、可靠性，以及（b）国家电力体系的可靠性、安全及安保方面的长远利益，提高电力投资、运营与使用效率"。[2]

28. 尽管电力和天然气产业某些环节是有竞争性的，但其输送和分配是有天然垄断性的。当今澳大利亚能源法的关键性原则之一是，对能源供应体系中的自然垄断环节进行管制以确保其与竞争性市场保持一致。其中一个表现就是电网收益的确定。该原则的一个特别重要的应用是对电力和天然气管道以及电网的第三方准入进行管制，以防止基础设施所有者利用其市场支配地位来提高进入门槛、妨害竞争，比如收取不合理的高价，或者对使用关键基础设施施加不合理的条款和条件。因此，国家重要基础设施（包括电力和天然气基础设施）的准入受《2010年竞争与消费者法》（联邦）第三（A）部分的管制，而管道（不限于国家重要基础设施）的一般准入制度受《国家天然气法》的管制，《国家电力法》对于电力入网也有所规定。[3]

29. 零售竞争是国家电力市场一个基本特征。市场规则旨在通过让零售商按要求提供信息来赋予消费者权利，并让零售商提供基础或标准零售合同以及提供谈判机会来保护小型消费者。[4]作为促进竞争和实现效率的一部分，当前联邦政府致力于消除扰乱竞争和价格信号的监管障碍。例如，联邦政府承诺废除当前的双重电价结构，即消费者除支付固定的连接费外，还需支付根据耗电量而产生

---

〔1〕《国家天然气法》第23条，《2008年国家天然气法》(南澳大利亚州)（以及相关立法），附表。

〔2〕《国家电力法》第7条，《1996年国家电力法》(南澳大利亚州)（以及相关立法），附表。

〔3〕 这些第三方准入制度在后面第一、二编有详细讨论。

〔4〕 见下文第一编。

的可变费用。目前联邦政府政策是引入反映成本的电价，最大限度减少消费者之间的交叉补贴，降低价格和网络成本。根据消费者的用电时间来支付供电成本，在用电高峰时利用价格信号降低需求，此时用电需求最大，用电成本最高。[1]为取得将成本反映于电价的效益，需要在全国推广先进或智能计量技术。

30. 通过澳大利亚政府委员会能源理事会（见下文第四章第一节）致力于提高天然气供应的竞争和效率。天然气市场传统上依赖供应商与消费者的长期合同，尽管近年来出现了交易市场和交易中心，但大多处于初期阶段。[2]随着过去5年~10年来液化天然气投资和出口的大量增加，整个市场经历了巨大变化。2014年，能源理事会发布《澳大利亚天然气市场愿景》，承诺继续推进天然气市场改革，致力于建立一个天然气价格透明的液化气批发市场，为天然气投资和供应提供市场信号，使市场参与者在接入和连接基础设施的情况下在澳大利亚各地区更便利地开展交易。[3]2016年8月19日，能源理事会发布了综合性的《天然气市场改革一揽子方案》，它包括四大优先领域（天然气供应、市场运营、天然气运输和市场透明度），旨在推动《澳大利亚天然气市场愿景》的实现。

第三节　全国统一性

31. 因为能源法律和政策在历史上一直是州和领地的事务，全国各地将继续存在不同的法律和政策。构成能源法律和制度基础的关键原则之一，是减少或消除能源制度的低效率和不必要的监管障碍，尤其是州和联邦监管重叠或重复产生的成本和低效率。例如，建立国家能源市场的一个基本目标是增强法律法规的一致性，从而

---

〔1〕 *Energy White Paper* 2015, *supra* n. 33, 11.

〔2〕 见下文第二编。

〔3〕 COAG Energy Council, *Australian Gas Market Vision*, 1 (COAG, 2014).

"消除消费者为支撑不同管辖区的监管环境而支付的成本，提高可靠性并且引入更多竞争以降低成本"。[1]为实现法律和政策的一致性，各州/领地在澳大利亚政府委员会的主持下签署了一系列国家协定、伙伴关系、战略、原则和框架（见下文第四章第一节）。这些政治协定以联邦立法和/或相似的联邦/州/领地立法的形式被纳入法律。

第四节　能源安全与供应可靠性

32. 作为拥有大量煤炭、天然气和可再生能源资源的能源净出口国，澳大利亚不必像高度依赖进口能源的国家那样担心能源供应安全。在澳大利亚，"能源安全"被定义为"充足、可靠和有竞争力的能源供应"，其中"充足"是指提供充足的能源以支持经济和社会活动；可靠是指以最低限度影响下的能源供给提供能源；竞争力是指以可承受的价格提供能源。[2]《国家电力法》和《国家天然气法》都着重关注能源安全问题，立法目标中都明确阐明提高效率以确保天然气、电力供应以及国家电力系统的可靠性和安全性。

33. 关于天然气供应和电网可靠性，有一些问题值得关注。2016 年底，联邦政府关注的第一个重要问题是向东部各州供应天然气的安全问题，因为澳大利亚天然气被越来越多地用于加工和出口液化天然气，以满足国际合同的要求。与此相关，随着天然气价格与更高的国际价格挂钩，国内天然气价格不断上涨。这就提出一个问题——各州和/或联邦政府是否应该坚持天然气储备政策。西澳大利亚州和昆士兰州政府有储备天然气供应国内用户的政策，尽管该政策尚未在昆士兰州实施。在昆士兰州，政府在授予特许权

---

〔1〕　*Energy White Paper* 2015, *supra* n. 33, 9.

〔2〕　Australian Government, Department of Resources, Energy and Tourism, *National Energy Security Assessment* 2011, 2（Commonwealth of Australia, 2011）.

时，可要求该特许权所在区域生产的天然气仅能供应澳大利亚市场。西澳大利亚州天然气储备政策的目标是每个出口天然气项目储备中15%的液化天然气产量用于满足国内需求。[1]

34. 澳大利亚联邦政府和新南威尔士州、南澳大利亚州、维多利亚州、塔斯马尼亚州、北领地和首都领地的政府不支持天然气储备政策。澳大利亚联邦政府在《2015年能源白皮书》中明确表示进行天然气市场改革，鼓励增加投资和天然气供应。[2] 澳大利亚竞争与消费者委员会（ACCC）在其《2016年东海岸天然气咨询报告》中支持这一做法，该报告建议不应采纳国内天然气储备政策，因为"人为降低价格削弱了天然气勘探和评估的经济激励作用"和"降低了开发新天然气资源的可能性，有损国内天然气用户的供应水平和多样性"。[3]

35. 天然气供应安全问题已引发联邦和州/领地在州/领地暂停生产非常规天然气问题上的分歧，原因是公众担忧开发非常规天然气所造成的环境影响（见下文第二编）。联邦政府批评了这一暂停令，因为这将限制天然气供应，并进一步对天然气价格造成压力。

36. 第二个值得关注的问题是国家电网的安全和可靠性，特别是随着更多的不稳定性电力如风能进入电力系统，且消费者越来越远离电网，使用带有电池储能的光伏装置。澳大利亚能源市场运营商负责监督国家电力市场和西澳大利亚州西南电力互联系统的电力系统安全。澳大利亚能源市场运营商组织制定了一项"未来电力系统安全"工作计划，以确定电力系统中可变电力较多、同步发电较少的情况下，短期（3年）和长期（10年）可能出现的与电力系

〔1〕 Warburton A and Reid J, 'Government reserves on domestic gas policy, but the pressure mounts…' (2 May 2014) http：//m. minterellison. com/publications/domestic-gas-policy/ (accessed 30 Nov. 2016).

〔2〕 *Energy White Paper* 2015, *supra* n. 33, 20.

〔3〕 Australian Competition and Consumer Commission, *Inquiry into the East Coast Gas Market*, 6-7 (ACCC, April 2016).

统安全和稳定相关的机遇与挑战。

37. 第三个潜在的问题是石油供应的安全。但是，澳大利亚多年来进口燃料供应很少中断。澳大利亚液态燃料供应链具有"相当大的跨度和多样性，包括向澳大利亚及其周边地区运输原油和石油产品、炼化产出，大宗燃料储存罐，广泛的终端和分销网络，6000多个零售点和主要燃料用户的大量燃料储存设施"，它以全球标准提供高水平的安全性和可靠性。[1]

38. 澳大利亚是国际能源署（IEA）条约的缔约国，该条约规定澳大利亚须持有相当于至少 90 天石油净进口量的原油储备。[2]历史上，澳大利亚一直依赖商业储备和大量的国内原油来履行其储备义务。但自 2009 年以来，不断增加的石油进口导致其违反了储备义务。[3]澳大利亚上一次国家能源安全评估是在 2011 年进行的，没有证据表明这些违规行为使澳大利亚国内能源安全有所降低。现今，澳大利亚政府认为，"由于国际原油与燃料市场的深度、流动性和多样性，加上当前澳大利亚库存和商业公司海上油轮的安排，澳大利亚的能源供应可靠性将得到保证"。[4]但是，澳大利亚政府同意了一项恢复履约计划，自 2016 年起的 4 年内提供 2380 万澳元用于建立能源安全办公室，支持其为满足储备要求所开展的活动。[5]

〔1〕 Australian Petroleum Institute, *Maintaining Supply Security and Reliability for Liquid Fuels in Australia*, 6 (API, 2013).

〔2〕 OECD, *Decision of the Council Establishing an International Energy Agency of the Organisation*, 15 Nov. 1974, C (74) 203/FINAL; *Agreement on an International Energy Program*, as amended 5 Feb. 1975 and by Subsequent Governing Board Decisions to May 1979, Paris, 18 Nov. 1974, 1979 ATS 7 (in force 19 Jan. 1976).

〔3〕 *National Energy Security Assessment 2011*, *supra* n. 42, 13, 16.

〔4〕 *Ibid.*, 13; *Energy White Paper 2015*, *supra* n. 33, 26.

〔5〕 Australian Government, Department of Energy and Environment, *IEA International Energy Program Treaty*, http://www.environment.gov.au/energy/energy-security-office/international engagement/iea-treaty (accessed 30 Nov. 2016).

39. 为履行国际能源署规定的其他义务，澳大利亚国家石油供应应急委员会已制定和实施国家液态燃料应急反应计划，确保澳大利亚政府和产业界在国家或国际层面协调应对任何液体燃料或石油供应紧急情况。

第五节　能源供应的可持续性

40. 作为《联合国气候变化框架公约》（UNFCCC）和《联合国气候变化框架公约的京都议定书》（以下简称《京都议定书》）的缔约方,[1]澳大利亚已于 2016 年 11 月 9 日批准加入《巴黎协定》,[2]并承诺到 2030 年前，温室气体排放量比 2005 年减少 26%~28%。[3]澳大利亚约 76% 的温室气体排放源于能源使用，承诺减少排放是能源法的一项根深蒂固的原则。然而，作为规范澳大利亚国家电力和天然气市场的主要法律，《国家电力法》和《国家天然气法》并没有将供应的环境可持续性作为立法目标。联邦政府关于气候变化的政策和目标，包括能源部门的温室气体减排，由单独立法进行规范。

41. 尽管澳大利亚承诺降低温室气体排放，但联邦政府的气候变化政策和实现减排的方式仍存在相当大的不确定性和变化。一般而言，较保守的联合政府更倾向于采取自愿性方式实现减排目标，而工党则致力于采取强制性措施，包括推出排放交易机制。不论是

---

〔1〕 United Nations Framework Convention on Climate Change, adopted 14 Jun. 1992, UNCED Doc A/CONF. 151/5/ Rev. 1, (Vol I), Annex I, 13 Jun. 1992, 31 *ILM* 874 (1992); Kyoto Protocol to the United Nations Framework Convention on Climate Change, *Report of the Conference of the Parties at its Third Session*, 1–11 Dec. 1997, U. N. Doc FCCC/CP/ 1997/7/Add. 1, 18 Mar. 1998, Annex.

〔2〕 United Nations Framework Convention on Climate Change, Report of the Conference of the Parties at its Twenty First Session, 30 Nov. – 11 Dec. 2015, FCCC/CP/2015/L. 9/ Rev. 1, 12 Dec. 2015, Annex.

〔3〕 见下文第五编。

强制或自愿，两党都表现出对基于市场的可交易证书机制的偏好，诸如可再生能源目标、碳定价机制（现已废除）和减排基金，辅之以基于市场的致力于实现能源效率的州内可交易证书机制。这些机制得到强制性义务的支持，例如温室气体排放报告、能源标签制度和能效标准等。气候变化法与政策在下文第三章第五节第一部分和第五编进一步探讨。

第三章 历史背景

第一节 石油和天然气勘探与开发

一、常规石油和天然气资源

（一）陆上

42. 澳大利亚陆上常规石油和天然气资源比海上资源的勘探早得多，南澳大利亚州早期勘探活动可追溯到 1886 年。常规石油资源对满足澳大利亚能源需求贡献甚微，天然气资源则更为丰富。

43. 横跨南澳大利亚州北部和昆士兰州东南部的库珀盆地和埃罗曼加（Eromanga）盆地是南澳大利亚州最重要的陆上石油盆地。蒙巴（Moomba）天然气田在 20 世纪 60 年代和 70 年代被广泛开发，并通过修建管道连接到阿德莱德市（1969 年）、新南威尔士州（1976 年）和昆士兰州（1993 年）的天然气市场。在北领地，20世纪 60 年代在极具前景的阿马迪厄斯（Amadeus）盆地发现的梅里尼（Mereenie）石油和天然气田以及棕榈谷（Palm Valley）天然气田于 80 年代开始开发，常规天然气是北领地发电的主要燃料。天然气也是西澳大利亚州的重要燃料，占该州能源供应的 70%，尽管其大多数开发都发生在海上。[1]

44. 虽然昆士兰州的常规天然气从 20 世纪 70 年代就开始开采，但非常规天然气开采，尤其是煤层气自 21 世纪初才开始迅猛发展，目前占国内天然气市场份额的 75% 以上。在新南威尔士州和昆士兰

---

〔1〕 Hunter T and Chandler J, *Petroleum Law in Australia*, 40, 58, 191, 196 (LexisNexis Butterworths, 2013).

州，虽然煤炭仍然是发电的主要燃料，但对煤层气的勘探却急剧增加。维多利亚州的陆上石油和天然气开采发生在奥特韦（Otway）盆地和吉普斯兰盆地的陆上部分，其中大部分陆上石油活动跟天然气运输有关。[1]

45. 石油勘探和生产须遵守法定条件，澳大利亚还没有制定与石油有关的普通法规定。[2]所有的石油和天然气都属国有财产。根据澳大利亚现行《宪法》规定，陆上矿产、石油和天然气行业的几乎所有方面，包括矿产、天然气和石油的勘探、生产、运输、加工/炼化均依据州和领地法律进行管理。作为碳氢化合物，石油和天然气的勘探和生产都受相同法律管制。

46. 对石油的第一次法律确认发生在州采矿立法早期（以及废除后），包括《1893 年采矿法》（南澳大利亚州）、《1904 年采矿法》（西澳大利亚州）、《1905 年采矿法》（塔斯马尼亚州）和《1906 年采矿法》（新南威尔士州），其中"矿物"的定义包括矿物油、油和/或石油。北领地、昆士兰州和维多利亚州对石油资源的法律确认始于专门的石油立法（以及废除后），即《1915 年石油法》（昆士兰州）、《1935 年矿业（石油）法》（维多利亚州）和《1954 年石油（勘探和采矿）法》（北领地）。最终，其他州和领地（除了首都领地和塔斯马尼亚）也通过了专门性的石油立法，即《1935 年石油法》（南澳大利亚州）、《1936 年石油法》（西澳大利亚州）和《1955 年石油法》（新南威尔士州）。

47. 截至 2016 年 11 月 1 日，州/领地用于管制石油和常规天然气勘探和生产的立法有：《1923 年石油法》（昆士兰）、《2004 年石油和天然气（生产和安全）法》（昆士兰州）、《2000 年石油和地热能源法》（南澳大利亚州）、《1998 年石油法》（维多利亚州）、《1967 年石油和地热能源资源法》（西澳大利亚州）［PGERA

---

〔1〕 *Ibid.* , 40, 193, 195 (LexisNexis Butterworths, 2013).

〔2〕 Hunt M, *Minerals and Petroleum Law* 4 (Butterworths, 1996).

（WA）]、《1991 年石油（陆上）法》（新南威尔士州）和《石油法》（北领地）。在塔斯马尼亚州，《1995 年矿产资源开采法》（塔斯马尼亚州）对石油进行管制。澳大利亚首都领地没有出台石油开采立法。

（二）海上

48. 澳大利亚的石油和常规天然气开发主要发生在海洋盆地。澳大利亚拥有不到 1% 的世界原油储备，但拥有大量的天然气资源，是世界第六大天然气出口国。

49. 20 世纪 60 年代在维多利亚州和塔斯马尼亚州之间的巴斯（Bass）海峡最早发现了海上石油。巴斯海峡的三个油田——马林、哈利布特和金菲舍（Marlin，Halibut and Kingfisher）油田坐落在吉普斯兰盆地和奥特韦盆地，自 20 世纪 70 年代初开始投入生产，巴斯海峡从 20 世纪 60 年代开始成为澳大利亚最重要的原油产区。自 20 世纪 60 年代以来，在西澳大利亚州西北沿海的西北陆架上发现了大量的油气储量。布劳斯、波拿巴和卡纳文（Browse，Bonaparte and Carnarvon）盆地蕴含石油储量和巨大的天然气储量，包括澳大利亚约 80% 的常规天然气储量，澳大利亚绝大部分液化天然气资源来自西北大陆架。对帝汶（Timor）海也进行了大量勘探，其中巨日升（Greater Sunrise）油气田拥有大量的常规天然气资源。澳大利亚还有 3 个未充分开发的海洋沉积盆地，即珀斯盆地、西澳大利亚州沿海的门特尔（Mentelle）盆地和位于大澳大利亚湾的贝特（Bight）盆地。[1]

50. 20 世纪 60 年代在巴斯海峡发现石油时，尚不清楚联邦或各州是否对近海地区拥有管辖权。1967 年，联邦和各州达成一项政治协议，[2] 各州和联邦据此颁布了《1967 年石油（淹没陆地）

---

〔1〕 Hunter and Chandler, *supra* n. 54, 38-39.
〔2〕 1967 年协议主要是关于勘探和开发澳大利亚大陆架、联邦某些领地和某些其他水下陆地的石油资源和其他资源。

法》（PSLA），用于规范海洋石油开采活动。但是，《1973 年海洋与淹没陆地法》（联邦）颁布后，在新南威尔士诉英联邦案中，高等法院维持了该法的宪法有效性。[1] 联邦和各州达成新的政治协议——《海洋宪法解决协议》。

51. 由于《海洋宪法解决协议》，各州于 1982 年颁布了新的《石油（淹没陆地）法》。

这些法律和《1967 年石油（淹没陆地）法》一起确立了澳大利亚近海区域的管理制度，各州据此颁布和实施适用于各州沿海海域（领海基线至 3 海里处）的石油立法；此外，联邦还颁布了海上石油立法用于管制联邦海域（向海 3 海里至 200 海里）和延伸至专属经济区之外大陆架的石油活动，但都由各州/领地和联邦依法联合监管。尽管立法已有变化，该机制仍保持至今。当前海上石油立法和管制制度的具体内容将在下文第二编和第三编进行探讨。

二、非常规资源

52. 据估计，澳大利亚非常规油气资源储量巨大。迄今为止，澳大利亚的石油和天然气公司已经瞄准了三种非常规资源：从页岩地层中提取的页岩气；从低孔低渗砂岩中提取的致密气和从煤地层中提取的煤层气（也称为煤层甲烷气）。[2]

53. 据估算，澳大利亚的页岩气可采储量可能超过 1000 兆立方英尺。[3] 尽管库珀盆地已开始生产了一些页岩气，但页岩气和致密气行业仍处于起步阶段，需要更多的勘探确认这些资源储量。[4] 相比之下，煤层气行业相对成熟。大部分煤层气储量位于昆士兰州中

---

〔1〕　(1975) 135 CLR 337.

〔2〕　Hunter T and Chandler J, *supra* n. 54, 181.

〔3〕　Australian Council of Learned Academies, *Engineering Energy*: *Unconventional Gas Production*: *A study of shale gas in Australia*, 50 (ACOLA, 2013).

〔4〕　*Ibid.*; Hunter T and Chandler J, *supra* n. 54, 59-60.

部的伯恩（Bowen）和苏拉特（Surat）盆地（92%），小部分位于新南威尔士州的冈尼达（Gunnedah）盆地、格洛斯特（Gloucester）盆地、悉尼（Sydney）盆地，以及新南威尔士州和昆士兰州边境的克拉伦斯-莫顿（Clarence-Moreton）盆地。[1]

54. 在澳大利亚的油气开发史上，煤层气行业只在最近才发展起来。从20世纪初期到20世纪40年代，人们一直致力于管理地下采煤活动所产生的天然气。最值得注意的是，位于巴尔曼（Balmain）的悉尼港煤矿提取的煤层气被压缩后作为工业和发动机燃料出售，当时大部分煤层气被简单排掉了。从20世纪50年代开始，考虑到采矿安全，人们更加重视在煤矿开采前排放瓦斯。[2]

55. 1976年在昆士兰伯恩盆地煤层气首次被作为独立资源进行勘探，尽管在20世纪80年代中期之前已经钻探了很多油井，但直到1996年澳大利亚才在开始昆士兰州中部开采煤层气。新南威尔士州在2001年开始开采煤层气。煤层气开采的迅猛增长发生在昆士兰州的伯恩盆地和苏拉特盆地。1995年煤层气年产量为0PJ，1996年增长到1PJ，2011—2012年增长到296PJ（0.2 tcf），约占澳大利亚天然气总产量13%。昆士兰州生产了占澳大利亚97%的煤层气，新南威尔士州生产了3%。2011—2012年间，共钻探735个煤层气勘探和生产井。[3]目前，供应澳大利亚东部天然气网络的资源

〔1〕 Geoscience Australia and the Bureau of Resources and Energy Economics, *Australian Energy Resource Assessment*, 96 (2nd ed, 2014).

〔2〕 Enever J, Jeffrey R and Wold M, *The Birth of the Coal Seam Gas Industry in Australia: the Role of Research* (no page numbers) (Australasian Mining History Association, 2014), http://www.mininghistory.asn.au/wp-content/uploads/2014/08/the-birth-of-the-coal-seam-gas-industry-in-australia.pdf (accessed 12 Nov. 2016).

〔3〕 Geoscience Australia and the Bureau of Resources and Energy Economics, *supra* n. 63, 101.

30%以上来自煤层气。[1]

56. 澳大利亚所有非常规燃料的勘探开发都发生在陆上，受州/领地立法的规制。新南威尔士州、北领地、南澳大利亚州和西澳大利亚州依据现有石油法律对非常规天然气勘探和生产进行授权，即《1991年石油（陆上）法》（新南威尔士州）、《石油法》（北领地）、《2000年石油和地热能源法》（南澳大利亚州）和《1967年石油和地热能源资源法》（西澳大利亚州）。昆士兰州还依据其综合性石油立法——《2004年石油和天然气（生产和安全）法》（昆士兰州）来对煤层气许可进行监管。该法系《1923年石油法》（昆士兰州）的修订版，后者已无法应对迅速扩张的煤层气产业。维多利亚州通过专门性立法，即《1990年矿产资源（可持续发展）法》（维多利亚州）来规范非常规油气资源的开发。

57. 非常规天然气开发面临社区的反对和对环境影响的担忧，主要是由于水力压裂（与页岩气和致密气开采有关）和煤层气开采用水会对环境造成影响、特别是引发含水层枯竭。因此，新南威尔士州和昆士兰州政府在土地利用、社区参与、环境保护，水和钻井活动实施了一系列立法改革。其他一些州也对非常规资源开采实行禁令或暂停，如塔斯马尼亚州和北领地暂停水力压裂，维多利亚州禁止开采非常规资源，并在2020年前暂停陆上天然气勘探和开采。[2]

第二节　煤炭开采

58. 黑煤最早于1791年在新南威尔士州的纽卡斯尔（Newcas-

---

[1] New South Wales Department of Industry, Division of Resources and Energy, *What is Coal Seam Gas?*, http://www.resourcesandenergy.nsw.gov.au/landholders-and-community/coal-seam-ras/the-facts/what-is-coal-seam-gas (accessed 12 Nov. 2016).

[2] 见第二编。

tle）附近被发现。在 1797 年又被发现于亨特河（Hunter）北部，于 1799 年开始投入生产和出口。1802 年在亨特河口附近建成一个罪犯流放地，此地之后成为澳大利亚第一个工业城镇——纽卡斯尔。[1] 1865 年，新南威尔士州的利斯戈（Lithgow）开始了煤炭的商业生产。1867 年起，政府对该地的煤炭资源进行了系统勘探。1897 年，悉尼港煤矿在巴尔曼开业。1908 年以前，新南威尔士州主导了澳大利亚的煤炭生产和出口，在全国 1010 万吨的煤炭产量中生产了 910 万吨煤，在当年全国出口总量 256 万吨中出口了 255 万吨。[2] 历史上，新南威尔士州的煤炭供应了该州的发电以及包括钢铁业在内的工业发展需求。从 20 世纪 60 年代开始，出口市场持续增长。新南威尔士州一直是主要的煤炭产区，直到 20 世纪 90 年代才被昆士兰州超越。[3]

59. 1825 年昆士兰州在伊普斯维奇（Ipswich）首次发现了黑煤，并于 1846 年进行第一次开采。伊普斯维奇在 19 世纪下半叶成为重要的工业城镇。1846 年在布莱尔·阿索尔（Blair Athol）发现煤炭后，尽管被 20 世纪 30 年代的经济大萧条限制了勘探和开发，但对煤炭资源的测绘和调查仍有所增加。20 世纪 60 年代以来，昆士兰州的煤炭勘探和开发迅速增长，其产量从 20 世纪 90 年代开始超过新南威尔士州，大部分用于出口。[4]

60. 维多利亚州最早于 1826 年发现黑煤，但直到 1908 年才在

〔1〕 Knight P and Hood M (eds), Coal and the Commonwealth: The Greatness of an Australian Resource, 46 (University of Queensland, October 2009).

〔2〕 New South Wales Department of Industry, *Exploration and production in NSW*, http://www.resourcesandenergy.nsw.gov.au/landholders-and-community/coal-seam-gas/the-facts/exploration-and-production_history-of-mining_002c-oil-and-gas-production (accessed 12 Nov. 2016).

〔3〕 Knights and Hood, *supra* n. 68.

〔4〕 Australian Bureau of Statistics, *1301. 0-Year Book Australia 1982*, 'Black Coal in Australia' (no page numbers) (Commonwealth of Australia, 1982); Knights and Hood, *supra* n. 68.

旺萨吉（Wonthaggi）进行开采。1857 年发现褐煤，1889 年开始在
雅鲁恩北部（Yallourn North）进行露天开采。褐煤的竞争导致旺萨
吉煤矿于 1968 年关停，目前维多利亚州没有再开采黑煤，开采的
褐煤一直用于发电。[1]

　　61. 西澳大利亚州于 1846 年在欧文河（Irwin River）发现了黑
煤。1883 年，重要的柯利矿（Collie）被发现并于 1898 年开始开
采，开采的煤炭被用于州内铁路和发电。1888 年在南澳大利亚州
的利克里克（Leigh Creek）发现了黑煤。但是，直到 1944 年才在
利克里克的泰尔福德（Telford）露天矿开始开采，所采煤矿曾被用
于铁路、工业和发电，但后来全部产量都用于南澳大利亚州的奥古
斯塔港（Port Augusta）发电厂，直到其关闭。塔斯马尼亚州于
1703 年首次发现煤炭，但由于该州的大部分能源供应来自水力发
电，煤炭勘探和开采并未发挥主要作用。[2]

　　62. 虽然所有的石油资源都归国有，但煤炭资源并非如此，因
为煤炭的发现远早于石油和天然气。煤炭是一种"矿物"资源，非
碳氢化合物。从 1788 年首次入驻到 19 世纪中叶，英国政府一直控
制着澳大利亚的自然资源。当殖民地总督授予土地所有权时，根据
判例法规则，矿物的所有权被认为是土地的一部分而一并转移给受
让人。[3]但例外的是，由于君主特权，贵金属、黄金和白银的所有
权仍归国家。[4] 1855 年，维多利亚州和新南威尔士州通过各自州

　　〔1〕　Australian Bureau of Statistics, *ibid.*; Australian Government, Geoscience Australia, *Coal Resources*（accessed 12 Nov. 2016）.
　　〔2〕　*Idid.*
　　〔3〕　普通法原则的拉丁语 "cujusest solum, ejusest usque ad inferos" 表述为 "土地所有者不仅拥有土地本身，也拥有土地以上的天空和地下的一切"。
　　〔4〕　作为普通法的一部分在澳大利亚适用：*Woolley v. A-G（Vic）*（1877）2 App Cas 163 at 167-8。

宪法获得了原属于国有的土地控制权,其他各州纷纷仿效。[1]这使得殖民地议会得以立法,要求王国政府在未来的土地出让中保留矿物所有权。[2]

63. 矿物私有制原则实际上已被法律废除。这是通过立法实现的,所有州均在 1909 年前通过了该项立法,即要求王国政府保留新授予土地中的矿物所有权。[3] 至于在立法前授予的土地,土地所有者保留对土地附属矿物的私人所有权(除了金和银),除非其或其前任已将此所有权转让他人。最近,各州通过立法确认其享有矿物的所有权。在新南威尔士州和维多利亚州,王国政府拥有包括煤炭在内的所有矿产所有权。[4]《1981 年煤炭收购法》(新南威尔士州)将所有未开采的煤炭所有权归于王国政府,其中新南威尔士州煤炭补偿委员会负责确定强制收购应付的赔偿金。

64. 昆士兰州仍存在一些煤炭资源私有权。《1989 年矿产资源法》(昆士兰州)第 8 条第 2 款将煤炭所有权归于王国政府:(a)煤炭位于土地表面或下方,根据《1901 年农用地特别收购法》的规定属于王国政府所有,且随后王国政府让渡了绝对土地所有权;及(b)煤炭位于土地表面或下方[(a)中土地除外],但如该土地在 1910 年 3 月 1 日前由王国政府让渡了绝对土地所有权的,授予该土地并不包含保留所属煤炭所有权。因此,1910 年之前煤

---

[1] *New South Wales Constitution Act* 1855(Imp),s. 2;*Victoria Constitution Act* 1855 (Imp),s. 2;*Australian Waste Lands Act* 1855(Imp),s. 5;*UK Constitution Act 1867*(*UK*);*Western Constitution Act 1890*(Imp),s. 3.

[2] Hunt M,*Minerals and Petroleum Law*,*supra* n. 56,8.

[3] *Crown Lands Act 1884*(NSW),s. 7;*Crown Lands Act 1888*(SA),s. 9;*Crown Lands Act 1891*(Vic),s. 12;*Crown Lands Act 1898*(WA),s. 15;*Crown Lands Act 1905* (Tas),s. 27;*Mining on Private Land Act 1909*(Qld),ss 6,21A;*Minerals*(*Acquisition*)*Ordinance 1953*(NT)*and the Northern Territory Self-Government Act 1978*(Cth);*Leases Act 1918* (ACT)*and the Land*(*Planning and Environment*)*Act 1991*(ACT),ss 211,218,219.

[4] *Mining Act* 1971(SA),s. 16;*Mineral Resources*(*Sustainable Development*)*Act* 1990(Vic),s. 9.

炭所有权作为土地授予的一部分，除非由官方根据《1901 年农用地特别收购法》获得，否则仍然属于私人所有。要确定昆士兰煤炭的所有权，必须从最初的授权协议中获取土地转让日期。

65. 在澳大利亚西部，《1978 年采矿法》（西澳大利亚州）第 9条（1）（b）规定，"所有存在于任何土地表面上或以下的天然矿产（除了贵金属）于 1899 年 1 月 1 日前未被王国政府让渡绝对土地所有权的，均属于国有财产"。因此，王国政府拥有在 1989 年 1月 1 日前未被其让渡土地所有权的所有煤炭资源。

66. 在澳大利亚各州和北领地，煤炭被定义为一种"矿物"，受矿物立法管制。澳大利亚第一批采矿法于 1851 年颁布。[1] 在 20世纪的一段时期内，大多数州和领地通过一般采矿立法规范煤矿开发，新南威尔士州和昆士兰州两个主要的采矿州均进行专门立法以规范煤炭开采活动。两个州的立法涵盖煤炭开采的各个方面，包括采矿健康与安全、采矿许可和其他相关内容。但是，昆士兰州和新南威尔士州分别于 1974 年和 1992 年废除了煤炭勘探和生产许可的法律制度。[2] 截至 2016 年 11 月 1 日，州或领地规范煤炭勘探和生

---

〔1〕 维多利亚州和新南威尔士州的州长于 1851 年发布公告称，黄金归国有。早期的一般采矿法包括：在维多利亚州，1852 年颁布了一项法案，通过简易程序限制未经授权的采矿活动（15 Vic. No. 35）和《1865 年采矿法》（维多利亚州），即"为采矿权益的管理和司法行政提供法律依据"（29 Vic. No. 291）；在新南威尔士州，为《1874 年采矿法》（新南威尔士州）（37 Vic. No. 13）；在南澳大利亚州，为《1893 年采矿法》（南澳大利亚州）（No. 587 of 56 和 57 Vic. 1893）；在昆士兰州，为《1898 年采矿法》（昆士兰州）（62 Vic. No. 24）；在西澳大利亚州，为《1904 年采矿法》（西澳大利亚州）（3 Edw. VII No. 30）；在塔斯马尼亚州，为《1859 年金矿管理法》（塔斯马尼亚州）（23 Vic. No. 26）和《1893 年采矿法》（塔斯马尼亚州）（57 Vic. No. 24）。

〔2〕 在昆士兰，参见《1912 年煤炭和矿物油开采法》（昆士兰州）（3 Geo. V. No. 6），后被《1925 年煤矿法》（昆士兰州）（16 Geo. V No. 3）废除。后者又被《1974 年采矿法》（昆士兰州）和《1974 年修正法》（昆士兰州）以及《1999 年煤矿安全与健康法》（昆士兰州）第 298 条废除。在新南威尔士州，《1973 年煤矿法》（新南威尔士州）对煤矿许可证的授予进行规范，直到《1992 年采矿法》（新南威尔士州）颁布后，前者被废除。

产活动的立法有：《1992 年采矿法》（新南威尔士州），《采矿法》（北领地），《1989 年矿产资源法》（昆士兰州），《1971 年采矿法》（南澳大利亚州），《1990 年矿产资源（可持续发展）法》（维多利亚州），《1995 年矿产资源开采法》（塔斯马尼亚州）和《1978 年采矿法》（西澳大利亚州）。

67. 由于煤炭对于能源和生产的重要战略意义，在 20 世纪新南威尔士州和昆士兰州政府均授权政府煤炭委员会对煤炭行业进行管制。成立于 1948 年的昆士兰州煤炭局被授予了与该州煤炭开采和配送相关的广泛权力；而新南威尔士州和联邦政府 1946 年成立的联合煤炭委员会（JCB）几乎承担了新南威尔士州与煤炭行业相关的所有职能。[1]但到 20 世纪末，由于两州的私人煤炭勘探、生产和分配体系都已经很发达，煤炭委员会也就被废除了。

第三节　铀开采

68. 19 世纪 90 年代澳大利亚发现了铀矿。20 世纪 30 年代在南澳大利亚州镭迪厄姆山（Radium Hill）和画家山（Mount Painter）首次开采铀，主要用于医疗用途。应英国和美国政府要求，澳大利亚从 1944 年开始进行系统勘探。1951—1974 年，在五个不同矿山中发现了铀矿并投入生产：1954 年南澳大利亚州的镭迪厄姆山、1954 年北领地的朗姆丛林（Rum Jungle）和南鳄谷（South Alligator Valley）两处矿山和 1958 年昆士兰州的玛丽·凯瑟琳（Mary Kathleen）。这些矿区的铀出口是为了履行与英国和美国的合同要求，

---

〔1〕 参见《1984 年煤炭工业（控制）法》（昆士兰州）（已废除）；《1946 年煤炭工业法》（联邦）（已废除）；《1946 年煤炭工业法》（新南威尔士州）（已废除）。关于联合煤炭委员会的历史，见《煤炭服务》，"关于我们"，载 http://www.coalservices.com.au/saboutus.aspx//History.aspx，最后访问日期：2016 年 11 月 17 日。新南威尔士州的"煤炭服务"的机构承担了健康和安全相关的职能。

主要用于武器试验，也用于核电。但由于合同履约期满或矿体耗尽，其中的四个矿区在 1964 年前被关停，只有朗姆丛林矿区延续到 1971 年。[1]

69. 20 世纪 60 年代，全球核电的发展引发了新一轮的勘探浪潮。兰杰矿床于 1969 年在北领地被发现，1975—1977 年的兰杰铀环境评估之后，经联邦政府授权批准，兰杰矿在 1981 年开始进行露天开采。北领地的纳巴勒克（Nabarlek）矿于 1980 年开始运营，虽然在 80 年代中期矿石资源枯竭时停产，但已被修复。玛丽·凯瑟琳矿于 1975 年重新投入运营，但由于矿石资源耗尽于 1982 年关停，如今也被修复完毕。奥林匹克大坝地下矿山（铜、金和铀）于 1988 年在南澳大利亚州开始运营。[2]

70. 目前澳大利亚有 3 个铀矿在运营，所有产出均用于出口。它们是兰杰矿、奥林匹克大坝矿和 2014 年 4 月 14 日开始运营的位于南澳大利亚州的四英里矿。由于矿体枯竭，兰杰矿的露天开采于 2012 年停止运营；尽管运营商选择地下采矿，但遭到传统原住民的反对，且租期到 2021 年到期，业主［力拓集团（Rio Tinto）］已宣布关停该矿。近些年南澳大利亚洲还运营了另外两个铀矿：贝弗利矿（Beverley）和蜜月矿（Honeymoon）。贝弗利矿于 2001 年开始运营，但于 2013 年停业，贝弗利北部矿于 2014 年停业。蜜月矿于 2011 年开始运营，但自 2013 年开始进入保修和维护期。[3]

71. 澳大利亚没有统一的铀矿开采法律或政策。铀矿开采和核电在澳大利亚历史上长期受到社区抵触。澳大利亚也没有核电，尽管铀矿已开始开采，但仍受到部分社区的排斥。在联邦层面，自由

〔1〕 World Nuclear Association, *Australia's Uranium*, Appendix: A Brief History of Australian Uranium Mining（updated November 2016）http：//www. world-nuclear. org/information-library/country-profiles/courntries-a-f/australia. aspx（accessed 23 Nov. 2016）.

〔2〕 *Ibid.* and Geoscience Australia and the Bureau of Resources and Energy Economics, *Australian Energy Resource Assessment*, 178（2nd ed, 2014）.

〔3〕 World Nuclear Association and Geoscience Australia/BREE. *Ibid.*

党和联盟党自 20 世纪 70 年代开始采取加快生产和出口铀的政策。然而，1977 年，随着澳大利亚各地反核和反铀抗议的增加，澳大利亚工党采取了宣布暂停开采和处理铀的政策，也称为"禁止开采新矿"政策。从 1984 年起，澳大利亚工党的政策是在现有运营的铀矿（兰杰矿、纳巴勒克矿和 1988 年以后的奥林匹克大坝矿）之外不再设立新矿，被称为"三矿政策"。这个政策很快被放弃。20 世纪 90 年代"禁止开采新矿"政策又被重新采纳，然后在 2007 年被永久废止。目前对铀矿开采的限制都来自各州。[1]

72. 各州的法律和政策有所不同，且各州内的政党也有分歧。目前，南澳大利亚州、北领地、西澳大利亚州和塔斯马尼亚州允许勘探和开采铀。2002 年，西澳大利亚州工党当政的时候颁布了铀矿开采禁令，但 2008 年西澳自由党执政时收回了该禁令。昆士兰州和新南威尔士州仅允许勘探铀。20 世纪 80 年代，昆士兰州禁止勘探和生产铀。2012 年时短暂解除了禁令，但 2014 年又重新实施。在 20 世纪 80 年代，新南威尔士州也禁止勘探和生产铀，但 2012 年开始准许勘探铀。[2] 维多利亚州不允许勘探或开采铀。[3]

73. 澳大利亚铀矿开采监管框架复杂。各州和北领地批准采矿许可并监管各自管辖区内铀矿的日常运营活动。在北领地勘探和生产铀需遵守《采矿法》（北领地）。在南澳大利亚州勘探和生产铀需遵守《1971 年采矿法》（南澳大利亚州）。尽管有特别立法，《1982 年诺克斯比道恩思（Roxby Downs）（契约批准）法》（南澳大利亚州）仍然适用于奥林匹克大坝矿。在西澳大利亚州，尽管有《1978 年铀协议法》（西澳大利亚州）等专门性立法对正在开发项目进行规范，但勘探和生产铀仍需遵守《1978 年采矿法》（西澳大利亚

〔1〕 World Nuclear Association, *ibid.*

〔2〕 *Uranium Mining and Nuclear Facilities Prohibition Act* 1986 (NSW); *Mining Legislation Amendment* (*Uranium Exploration*) *Act* 2012 (NSW).

〔3〕 *Nuclear Activities* (*Prohibitions*) *Act* 1983 (Vic).

州）。在塔斯马尼亚州，铀矿开采需遵守《1995年矿产资源开采法》（塔斯马尼亚州），不过该州尚没有投入运营的铀矿。新南威尔士州和昆士兰州勘探铀矿分别需遵守《1992年采矿法》（新南威尔士州）和《1989年矿产资源法》（昆士兰州）。至于煤炭和石油等其他资源，需遵守一系列其他相关立法，尤其是州环境法以及原住民所有权法。

74. 一系列联邦法律也适用于铀矿开采。澳大利亚是《不扩散核武器条约》的缔约方，因此澳大利亚的铀出口只能用于和平目的。[1]《1953年原子能法》（联邦）规定，一旦发现铀应通知资源、能源部长和北领地政府。[2]根据《1987年核不扩散（保护）法》（联邦），经澳大利亚保护和不扩散办公室许可后才能持有和运输铀。根据《1958年海关（禁止出口）条例》，未经资源、能源和北澳部长批准，禁止出口提炼的铀。[3]

75. 铀及其副产品运输受《1998年澳大利亚辐射防护与核安全法》（联邦）管制。州立法如《1982年辐射防护和控制法》（南澳大利亚州）规定了健康和安全事项。如果一项行动已经、将要或可能对"具有国家环境重要性的事项"产生重大影响，则需要根据《1999年环境保护和生物多样性保护法》（联邦）进行联邦环境评估和批准。由于"核行为"是具有国家环境重要性的事项，铀矿开采通常要涉及该法中的评估和许可条款。

---

〔1〕　Treaty on the Non-Proliferation of Nuclear Weapons（1 Jul. 1968），London，United Kingdom，Moscow，Russia and Washington DC，US；729 UNTS 161；7 ILM 8809（1968）；21 UST 483；〔1973〕ATS 3（in force 5 Mar. 1970）.

〔2〕　*Atomic Energy Act* 1953（Cth），s. 36.

〔3〕　Customs（Prohibited Exports）Regulations 1958 reg. 9，made under the *Customs Act 1901*（Cth）. 根据《1901年海关法》（联邦）制定的《1958年海关（禁止出口）条例》reg. 9。

第四节 电力和天然气市场监管

76. 19 世纪末澳大利亚开始电气化，由私营或市政小规模电力公司在首都进行小规模供电。但进入 20 世纪，这些机构由州公用事业机构接管。几十年之后直到 20 世纪 90 年代，澳大利亚政府所有的大型、垂直一体化的垄断型电力公司负责大规模电力供应。经济学的规模经济理论为大型电力垂直一体化和垄断供应提供了理论基础；而政府所有权源自对政府在促进经济发展、社会福利、就业、公平、正义和维护社区利益方面的信任，以及鉴于私营部门在提供基础设施方面缺乏资金和经验，政府有必要提供廉价、安全和高效的电力。[1]

77. 国有电力公司承担了电力供应的所有职能，包括发电、输电和配电网络以及零售/营销活动。由于发电和消费历来以煤炭为主，澳大利亚电力基础设施集中在高耗能区和煤炭资源区。公用事业机构在主要人口中心附近修建大型燃煤电厂，建设输配电线路，向国家配电。各州和领地的电力系统在物理上是分离的、没有互联互通。各州依据本州立法对其电力工业进行监管。

78. 虽然天然气在澳大利亚一些城市有着悠久的历史，但现代大规模的天然气供应比大型燃煤发电和水力发电发展得晚。例如，维多利亚州在 19 世纪 40 年代开始使用煤气灯，当时煤气灯被引入墨尔本（Melbourne），20 世纪 40 年代和 50 年代，悉尼（Sydney）和墨尔本等城市广泛使用煤气照明。但直到 20 世纪 60 年代末，澳大利亚才开始大规模生产和供应天然气，现在天然气被直接用于住

---

〔1〕 Abbott M, 'The Performance of an Electricity Utility: The Case of the State Electricity Commission of Victoria,' '1925–93', 46 (1) *Australian Economic History Review* 23, 25 (2006); Sharma D, 'The Multi-Dimensionality of Electricity Reform–An Australian Perspective', *31 Energy Policy* 1093 (2003).

宅供暖和烹饪以及燃气发电站发电。

79. 自 1963 年和 1966 年在库珀盆地的重大陆上发现之后，南澳大利亚州建设了蒙巴–阿德莱德（Moomba–Adelaide）输气管道，1969 年开始首次大规模供应天然气。在昆士兰州，1960 年在苏拉特盆地发现了天然气，1969 年开始通过管道向布里斯班（Brisbane）供气。在北领地，20 世纪 60 年代首次发现了天然气，1983 年第一次输送给艾丽斯·斯普林斯（Alice Springs），1987 年与达尔文接通。20 世纪 60 年代，巴斯海峡发现了大量海上油气资源，来自吉普斯兰盆地的天然气成为维多利亚州天然气的主要供应来源。在西澳大利亚州，20 世纪 70 年代在西澳大利亚州西北海岸发现了大量的天然气/凝析油，是该州天然气供应的主要来源。

80. 直到 20 世纪 90 年代，虽然天然气的生产一直由少数私营石油/天然气公司进行，但天然气的输送和分配是通过政府所有的管道进行，对天然气运输有垄断权。零售业务也是由大型国有天然气公司主导。在很多州，纵向一体化的国有公司控制着传输、配送和零售部门。鉴于澳大利亚的境内距离非常远，因此开发了三个独立的天然气"市场"，通过管线将天然气田与消费者相连，将南澳大利亚州、昆士兰州、新南威尔士州和维多利亚州连接起来：西部天然气市场（在西澳大利亚州）；北部天然气市场（在北领地）以及东部天然气市场。与电力行业一样，直到 20 世纪 90 年代，天然气行业主要由州立法进行管制。大多数国内天然气贸易已经并将继续通过生产商和主要用户以及生产商和零售商之间的合同进行。

81. 澳大利亚电力和天然气市场改革始于 20 世纪 90 年代，是国家竞争政策框架下更广泛的微观经济改革的一部分（见第七编）。改革过程包括以下内容：重组国有天然气、电力和其他垄断企业；引入竞争中立原则，使国有企业参与公平竞争；为国家重大基础设施包括管道和电力基础设施的准入提供便利条件，以促进竞争；加强对具有市场垄断地位的国有企业的监管，如电力和天然气供应中的传输和分配。[1]

82. 从 20 世纪 90 年代中期开始，大型纵向一体化国有电力企业被拆分成发电、输电、配电和零售部门，并逐步实现公司化和/或私有化。私有化程度在全国各地迥异。目前，在维多利亚州、新南威尔士州和维多利亚州，私营企业拥有最多的发电容量，零售业已经私有化。相反，在昆士兰州和塔斯马尼亚州，政府所有的公司拥有大部分发电容量。[2] 然而，近些年出现了"发电零售商"——即私营企业和国有企业将零售商和发电商进行纵向整合，以使现货市场上的风险控制内部化。[3] 输配电网被作为自然垄断，可能属于州所有或私人所有。

83. 澳大利亚政府委员会还将独立的州电力市场转换为受《国家电力法》管制的国家电力市场（见下文第一编）。通过互联网络建设国家电网，国家电力市场于 1998 年开始运营。主要特点如下：《国家电力法规》（National Electricity Code）规定了市场规则，由其执法机构负责实施；根据《1974 年贸易惯例法》（联邦）[现在是《2010 年竞争与消费者法》（联邦）]的第三（A）部分，制定了新的入网制度，由商业惯例委员会监管，成立国家电力市场管理公司来管理批发市场。

84. 澳大利亚天然气市场的改革也始于 20 世纪 90 年代，与电力一样，澳大利亚将垂直整合的天然气公用事业重组为独立的输配和零售部门，并在各州和领地不同程度地引入私营企业。作为《国家天然气法规》（National Gas Code）中准入原则的组成部分，通过《国家天然气管道第三方准入制度》引入了新的天然气管道准入协

---

〔1〕 Lyster R and Bradbrook A, *Energy Law and the Environment* 118-119（Cambridge University Press, 2006）.

〔2〕 Australian Energy Regulator, *State of the Energy Market* 2015, 39（Commonwealth of Australia, 2015）.

〔3〕 *Ibid.*

议。此外，通过立法消除了州际和海外贸易的障碍。[1]

85. 尽管 20 世纪 90 年代进行了改革，但天然气和电力行业的重大挑战显然仍有待解决。2001 年 6 月，成立了当时的澳大利亚政府委员会能源委员会（MCE），"为应对澳大利亚能源行业面临的机遇和挑战提供有效的政策领导"，并重点关注涉及澳大利亚能源政策和能源市场改革审查有关的一些优先任务。[2]澳大利亚能源委员会任命沃里克·帕雷尔（Warwick Parer）审查澳大利亚能源政策，其 2002 年报告——《建立一个真正的国家级高效的能源市场》（帕雷尔审查）包含了很多关于能源政策、电力和天然气市场改革的建议。这其中很多建议被澳大利亚能源委员会 2003 年提交给澳大利亚政府委员会的名为《能源市场的改革》的报告所采纳。[3]

86. 2004 年 6 月，澳大利亚政府委员会签署了《澳大利亚能源市场协议》，对帕雷尔审查和澳大利亚能源委员会报告做了全面回应。[4]这为国家电力市场监管框架变化的基础，包括成立两个新的监管机构负责国家电力市场和天然气市场，即澳大利亚能源市场委员会（AEMC）和澳大利亚能源管理局（AER），以及由前者引入新的《国家电力规则》。2008 年，通过了新的天然气市场改革规则和立法——《国家天然气法》和《国家天然气条例》。

87. 澳大利亚能源委员会（现在为澳大利亚政府委员会能源理事会）的工作计划对澳大利亚电力和天然气市场的发展与改革至关重要。澳大利亚能源委员会的电力和天然气改革议程在进行中。

〔1〕　Lyster and Bradbrook, *supra* n. 93, 130-131.

〔2〕　*Ibid*, 124.

〔3〕　Ministerial Council on Energy, Report to the Council of Australian Governments, *Reform of Energy Markets* (11 Dec. 2003).

〔4〕　*Australian Energy Market Agreement* (30 Jun. 2004) (as amended 9 Dec. 2013).

第五节　应对气候变化：可再生能源和能源节约

一、概况

88. "气候变化"一直并将继续具有政策不确定性的特点，在过去的 25 年里，联邦两个主要政党澳大利亚工党和自由党/联盟在气候变化法和政策上采取不同的做法。澳大利亚于 1992 年批准了《联合国气候变化框架公约》，但澳大利亚的国家温室气体排放目标及其实现目标的措施仍然是澳大利亚工党与联盟、各州与联邦之间存在政策分歧和政治争议的领域。在这方面，各州和英联邦通过了一系列与可再生能源和运输节能以及发电和使用有关的方案。能源和气候变化方面持续的不确定性和变化与两党在电力和天然气供应安全和效率方面采取的市场改革形成鲜明对比。

89. 联邦自由党/联盟基本上支持采取自愿办法应对气候变化。1997 年，霍华德自由党政府（Howard Liberal government）拒绝批准《京都议定书》，通过了"禁止反悔"（no regrets）的减排政策。1997 年"保护未来战略"和 1999 年"构筑更美好环境的措施"中的税收措施引入了一系列自愿性措施解决温室气体排放问题，如对太阳能、远程发电和可再生能源技术研发的激励，以及于 1998 年设立澳大利亚温室气体办公室。但是，这些举措在实现有意义的减排能力方面遭到批评。[1] 尽管自 20 世纪 80 年代以来，澳大利亚就开始考虑实施排放交易计划的可能性，但霍华德政府一直拒绝引

---

〔1〕 Australian Senate, Report of the Environment, Communications, Information, Technology and the Arts References Committee, *The Heat is On*: *Australia's Greenhouse Future* (7 Nov. 2000). *See also* Hon. Warwick L. Smith, *Independent Review of the Australian Greenhouse Office* (June 2002, released 4 Feb. 2003); Australian National Audit Office, Australian Greenhouse Office Audit Report No. 34 (2003-2004).

入这一计划。

90. 尽管如此，2001 年，霍华德政府通过澳大利亚政府委员会的能源委员会启动了一项重要的强制性计划，以减少温室气体排放：可再生能源目标，其目标是将可再生能源在发电中的比例比 1998 年提高 2%。第六编对此进行详细阐述。

91. 在缺乏强联邦的领导情况下，自 20 世纪 90 年代以来，各州和各领地都制定了自己的温室气体战略，自 20 世纪 90 年代以来通过了大量以州为基础的方案和倡议，例如新南威尔士州温室气体基准计划，2003 年 1 月开始实施的电力行业自愿减排基准和信贷计划。[1] 在 21 世纪初，各州还自行调研由各州立法的全国性排放交易计划的可能性。[2] 这项调研与联邦政府排放交易特别工作组的调研同时进行，后者建议建立排放交易计划。[3] 此后，约翰·霍华德（John Howard）总理领导的自由党和陆克文（Kevin Rudd）总理领导的工党都承诺在 2007 年的竞选中实施该计划。

92. 随着 2007 年澳大利亚工党赢得联邦选举，政策发生了变化。陆克文领导的工党政府批准了《京都议定书》，制定排放报告法规（emissions reporting legislation），并试图引入排放交易计划、碳污染减排基金。尽管这项计划 2011 年在参议院被否决，但由朱莉娅·吉拉德（Julia Gillard）总理领导的澳大利亚工党引入了"清洁能源一揽子计划"。其建立了许多新机制，包括：建立碳定价机制（CPM）、联邦排放交易计划；气候变化管理局（进行研究和审

〔1〕《1995 年电力供应法》（新南威尔士州）Pt. 8A。该机制将义务施加于所有新南威尔士电力零售商，即基准参与者，以减少由于新南威尔士州电力销售或消费导致的温室气体排放。参与者需要购买新南威尔士温室经认证的减排证书，并遵守证书履行机制。随着碳定价机制的推行，该机制于 2012 年被废止。该法于 2004 年推行了一个温室气体基准机制，但随着碳定价机制的启用，该机制也被废止。

〔2〕 National Emissions Trading Taskforce, *Possible Design for a National Greenhouse Gas Emissions Trading Scheme: Final Framework Report on Scheme Design* (NETT, 2007).

〔3〕 Prime Ministerial Task Force on Emissions Trading, *Report of the Task Force on Emissions Trading* (Australian Government, 2007).

查的独立法定机构）；澳大利亚可再生能源局，它将一系列不同的研发方案汇集到可再生能源技术中，并拥有20亿美元的基金；成立清洁能源金融公司（CEFC），以利用私营部门对可再生技术提供资金；成立气候委员会，旨在为公众提供有关全球变暖影响和潜在解决方案的公共信息。吉拉德政府还于2012年建立了一个全国性的、联邦电气产品能效框架。

93. 清洁能源一揽子计划是在保守的自由党的反对下推出的，现由托尼·阿伯特（Tony Abbott）总理领导。2013年连任后，托尼·阿伯特总理领导的联合政府废除了碳定价机制和气候委员会，并试图关闭清洁能源金融公司，该计划在强烈反对下被放弃。联邦政策再次强调自愿原则，引入自愿的排放减排基金作为减少温室气体排放的主要方案。在托尼·阿伯特总理的领导下，可再生能源技术仍令人怀疑，尽管不断的审查和变化在一定程度上削弱了可再生能源技术，但事实证明其对澳大利亚风能和太阳能的兴起至关重要。尽管自由党仍然反对引入排放交易，但重新引入排放交易计划仍然是澳大利亚工党政策的一部分。由于在联邦一级没有两党合作的办法，而且各州和领地继续提供各自的能源效率和可再生能源方案（下文第六编将对此进行详细阐述），与能源有关的气候变化法律和政策仍然存在分歧和不确定性。

二、主要可再生能源的发展背景

（一）水电

94. 2013年，澳大利亚拥有超过120座水电站，总发电量接近20千瓦时（GWh），占总发电量的8%。[1] 水资源的可利用性是制约澳大利亚未来水力发电增长的一个关键因素，尽管未来"小型水力发电"会有所增加，大多数大型水力发电目标已经实现。澳大利

---

[1] Australian Renewable Energy Agency, *Hydropower*, http：//arena. gov. au/about - renewable - energy/hydropower/ (accessed 23 Nov. 2016).

亚 90% 的水电装机容量分布在塔斯马尼亚州、新南威尔士州和维多利亚州，尽管昆士兰州有一些水电，南澳大利亚州也在运营一些小型水电项目。

95. 塔斯马尼亚州是唯一以水力发电为主要发电方式的州，也是澳大利亚水力发电的主要来源地。1895 年塔斯马尼亚州首先开始水力发电。1914 年，塔斯马尼亚州政府成立了水力发电部，于 1929 年成为水力发电委员会，之后又成立了塔斯马尼亚水电公司（Hydro Tasmania）。塔斯马尼亚水电公司是一家政府所有的公用事业机构，它依据《1995 年政府商业企业法》（GBE）和《1995 年水电企业法》（塔斯马尼亚州）进行运营。它在塔斯马尼亚州运营水电系统，向国家电力市场供电：首先向塔斯马尼亚州供电，然后通过巴士林互联网络（Basslink interconnector）向澳大利亚大陆供电。

96. 雪山水电项目（Snowy Mountains Hydro-Electric Scheme）是世界上规模最大、最复杂的项目之一。其于 1949 年开工，1974 年竣工。雪山水电公司由新南威尔士州（58%）、维多利亚州（29%）和联邦（13%）政府共同拥有。[1] 其作为公司依据《公司法》开展运营，拥有独立的董事会。根据《1997 年雪山水电公司法》（新南威尔士州）第五部分颁发的许可证对该计划的水上作业进行管理，该法使新南威尔士州、维多利亚州和联邦政府之间达成的《雪山水电调查结果实施契约》（2002 年 6 月 3 日）生效。

（二）风能和太阳能

97. 澳大利亚拥有世界上最好的风能资源，特别是在南部、西南部和东南部。自 2001 年制定可再生能源目标以来，澳大利亚的风能和太阳能装机量迅速增加。太阳能光伏板的成本下降，加上 2000 年以来的十年间国家对太阳能的激励政策，特别是固定电价，刺激了澳大利亚小型太阳能系统的增长，虽然澳大利亚巨大的太阳

---

〔1〕 Snowy Hydro, *Who We Are*, http://www.snowyhydro.com.au/our-business/who-we-are/ (accessed 23 Nov. 2016).

能资源基本上未被开发。迄今为止，太阳能热水已经成为主要的太阳能利用方式。

98. 许多与风能建设相关事项都受州和领地规划和环境法的管制。除了塔斯马尼亚水电公司参与风电开发外，风电开发通常由私营公司开展。普遍受关注的问题，包括涡轮机对鸟类和蝙蝠的影响、视觉影响和噪音影响，依据各州的规划和环境法进行处理。从21世纪初期到中期，随着澳大利亚陆上风电的快速发展，各州对规划和环境法进行了修订，将风力发电设施的指南和要求，例如将住宅缩进要求以及相关州环境保护局规定的噪声限值纳入其中。

99. 澳大利亚太阳能产业扩张面临的主要问题之一是与太阳能系统或其部件质量和正确安装相关的消费者保护。太阳能产品必须符合澳大利亚强制性标准；为了确保太阳能系统安装正确，需要遵守电气/管道工程的强制性许可要求。澳大利亚引入了由清洁能源委员会（CEC）管理的联合监管计划，该委员会是可再生能源的最高产业协会。清洁能源委员会处理的投诉涉及违反清洁能源委员会针对安装人员的自愿认证行为准则，以及与太阳能光伏系统相关的澳大利亚标准。认证和投诉准则已获得澳大利亚竞争与消费者委员会的批准，并依据《2000年可再生能源（电力）法》（联邦）具备了法律效力。

（三）地热能源

100. 澳大利亚的地热资源潜力巨大，主要来自非常规地热资源。其中包括热岩［强化地热系统（EGS）］地热能和热沉积含水层（HSA）地热能。目前，地热能是一个相对新兴的产业，所有州和北领地都在进行勘探，已经查明有大量资源，有几家公司正处于高级勘探阶段，在澳大利亚各地授予400个地热特许权，正在进行的项目规模约为15亿澳元。[1] 但是，截至2016年11月23日，大多数项目处于概念论证或早期示范阶段，尚未投入商业生产。各

[1] Australian Geothermal Energy Association, http://www.agea.org.au/（accessed 23 Nov. 2016）.

州/领地依据石油立法、矿产立法或独立的地热能立法对地热勘探和开发进行监管。[1]

第六节　原住民权利

101. 英国人殖民澳大利亚时，他们剥夺了原住民的传统土地。原住民和托雷斯海峡岛民的土地权利是指"在1788年澳大利亚被殖民之前，为获得他们称之为家园的土地和水域所有权的法律和道德认可而进行的持续斗争"。[2]1971年，联邦法院在米尔普姆诉纳巴科私人有限公司案（Milirrpum v. Nabalco Pty Ltd）中裁定，普通法不承认原住民的土地所有权或土地权利，联邦和一些州通过了具体的土地权利立法，从法律上承认原住民的土地所有权。[3] 土地权利立法有：《1976年原住民土地权利（北领地）法》（联邦）、《1981年安纳古·皮特贾特贾拉·扬库尼特贾塔拉（Anangu Pitjant-jatjara Yankunytjatjara）土地权利法》（南澳大利亚州）和《1984年马拉林加·特加鲁特加（Maralinga Tjarutja）土地权利法》（南澳大利亚州）。该项立法将土地作为不可剥夺的不动产所有权归还原住民。除其他事项外，该项立法与任何绝对土地所有权的土地权利一致，限制了进入土地的权利。

102. 尽管有这项具体的土地权利立法，但原住民对其传统土地的所有权直到1992年才在一个具有开创性意义的案件马博诉英

---

〔1〕　2016年11月1日至今的立法有：《1992年采矿法》（新南威尔士州）；《2009年地热能源法》（北领地）；《2010年地热能源法》（昆士兰州）；《2000年石油和地热能源法》（南澳大利亚州）；《1995年矿产资源开采法》（塔斯马尼亚州）；《2005年地热能源法》（维多利亚州）以及《1967年石油和地热能源法》（西澳大利亚洲）。

〔2〕　Australian Institute of Aboriginal and Torres Strait Islander Studies, *Land Rights*, http://aiatsis.gov.au/explore/articles/land-rights（accessed 25 Nov. 2016）.

〔3〕　*Milirrpum v. Nabalco Pty Ltd*（1971）17 FLR 141.

联邦案［Mabo v. Commonwealth（No. 2）］中得到普通法的承认。[1]
在该案中，高等法院认为，澳大利亚普通法承认，若原住民从欧洲
殖民之前开始一直与土地和/或水域保持着持续的文化联系，则可
能存在"原住民所有权"。某一特定群体的土地所有权将取决于这
些人的传统法律和习俗。原住民权利包括（但不限于）狩猎权、捕
鱼权、露营用地使用权和举行传统仪式的权利。但是，原住民权利
不包括开采矿产或石油的权利。在马博案之前，如果州或联邦的行
动与原住民权利不一致，原住民所有权可能被消灭；原住民所有权
可以被联邦或州的行动消灭，但自1975年以来，需遵守《1975年
种族歧视法》（联邦）。

103. 在马博诉英联邦案作出裁定后，联邦议会通过了《1993
年原住民权利法》（联邦）。[2] 这是一项庞大而复杂的立法，现在
是规范原住民权利及权益的主要法律渊源。与普通法一致，它要求
原住民保有土地所有权需与土地保持传统的联系。原住民所有权在
澳大利亚大部分地区得到承认或主张，国家原住民权利法庭是原住
民权利的裁决机构。立法要求遵循某些程序，以获得原住民所有权
对土地（如授予矿产和石油保有物，或获得电力基础设施用地，包
括可再生能源装置）的"未来行为"的许可，并在不能获得许可
的情况下就进入原住民土地制定解决程序。下文与煤有关的第四编
中将进一步介绍这些程序。

104. 《原住民权利法》允许各州和领地制定自己的矿产和石油
法程序，尽管这些程序须经政府批准，以确保它们不会减少一些州
的资源立法中规定的原住民所有权的保护程序，特别是在《1971
年采矿法》（南澳大利亚州）第九（B）部分和《1989年矿产资源
法》（昆士兰州）第十二至十九部分。

---

［1］ *Mabo v. Commonwealth*（No. 2）（1992）175 CLR 1.
［2］ 各州也颁布了原住民权利立法。

第四章 政府机构在能源法和政策制定与实施中的作用

第一节 澳大利亚政府委员会

105. 作为联邦制国家,联邦、六个州和两个领地的政府负责制定能源与自然资源立法和政策。各州之间、联邦与州之间在能源与自然资源法和政策方面存在相当大的差异。在澳大利亚实行全国统一的能源法和制度面临巨大挑战。

106. 在 20 世纪 90 年代,为了避免联邦和州之间在环境和自然资源管辖权上发生代价高昂和分裂性的冲突,各州和联邦政府采取了合作联邦制的策略。这一策略不仅使得联邦和各州避免了宪法法律挑战,而且还制定了关于环境、能源和自然资源等广泛问题的国家战略、政策和立法。联邦政府的角色是协调制定统一的国家政策,经常提供资金作为实施改革方案的激励措施。

107. 磋商的过程是通过部长级讨论会进行。澳大利亚政府委员会成立于 1992 年,是澳大利亚促进具有全国意义或需要所有澳大利亚政府采取协调行动的最高级别政府机构。它的成员是总理、州和领地总理、首席部长和澳大利亚地方政府协会主席。

108. 澳大利亚政府委员会部长理事会是合作联邦制的重要方面。部长理事会由州和联邦政府部长组成,由常务委员会和专业分委员会提供信息和建议。2001 年 6 月,澳大利亚政府委员会设立了两个与自然资源和能源法密切相关的常务委员会。矿产和石油资源部长理事会(MCMPR)的成立是为了"确保国家矿产与能源资源的安全、可靠和竞争性的开发,以优化社会的长期经济、社会和环境效益"。[1] 成立澳大利亚能源委员会的目的是"提供有效的政策领导，以应对澳大利亚能源部门面临的机遇和挑战"，聚焦大量与澳大利亚能源政策和能源市场改革有关的优先任务。[2]

109. 2011 年 6 月，澳大利亚政府委员会决定改革部长理事会制度，矿产和石油资源部长理事会和澳大利亚能源委员会合并成立政府委员会能源和资源常务委员会（SCER）。SCER 负责处理能源和资源部门具有国家意义的优先议题，推进前 MCMPR 和 MCE 的关键改革因素。2013 年 12 月，SCER 被废除，澳大利亚政府委员会能源理事会成立，以精简澳大利亚政府委员会的体系，并将其重点重新放在澳大利亚政府委员会的优先事项上。澳大利亚政府委员会能源理事会是目前推动综合和连贯的国家能源政策，以及推进州/联邦在国家能源改革方面合作的部长级平台。[3] 澳大利亚政府委员会能源理事会及其前身在澳大利亚电力和天然气市场改革中发挥了关键作用，还负责制定和评估可再生能源目标等其他事项。

110. 通过能源理事会及其前身，澳大利亚政府委员会一直参与制定了大量涉及资源和能源法与政策相关的政府间协议、国家伙伴关系协议、国家战略、原则和国家框架。这些协议表明各地区承诺去实施已经被澳大利亚政府委员会达成或确认的决定。在很多情况下，他们是联邦立法或反映联邦/州/领地立法的前身。[4] 澳大利亚政府委员会和/或其部长理事会达成或批准的协议类型示例如下：

- 《2004 年澳大利亚能源市场协议》；

---

〔1〕 http：//govtree. io/departments/14d53f08-ministerial-council-on-mineral-and-petroleum-resources-msmpr.

〔2〕 Bradbrook and Lyster, *supra* n. 93, 124.

〔3〕 http：//www. scer. gov. au/.

〔4〕 Council of Australian Governments, *Agreements and Reporting*, http：//www. co-ag. gov. au/agreements_and_reports（accessed 4 Nov. 2016）.

　　–《国家能源效率战略谅解备忘录（2009—2020 年）》
（2009 年 4 月 30 日）；《国家能源效率伙伴关系协议》（2009 年
7 月 2 日）（包含了《国家能源效率战略》）；

　　–《2013 年能源市场改革：修订后的固定电价协议国家原
则》；

　　–《2005 年二氧化碳捕获和地质储存：澳大利亚监管指导
原则》；

　　–《2012 年煤层气和大型煤矿开发国家伙伴关系协议》；
《2013 年煤层气国家统一监管框架》；

　　–《2002 年国家矿山安全框架》，旨在澳大利亚实现国内
一致的采矿业立法和职业健康及安全机制；

　　–《2010 年处理矿业废弃矿山战略框架》，为处理废弃矿
山问题提供了高层指导。

　　111. 受其职权范围指导，本届能源理事会的工作涵盖以下广
泛主题：对澳大利亚天然气和电力市场负首要责任和指导出台相关
政策；促进澳大利亚能源效率和能源生产率；澳大利亚电力、天然
气和石油产品能源安全；联邦、州和领地政府间合作；促进澳大利
亚矿产和能源资源的经济和竞争性发展。[1]能源理事会对澳大利亚
资源行业和能源市场开展多方面评估，其工作计划是基于大约六个
战略主题：发电、网络、零售、能源生产率、天然气资源生产率及
其开发。[2]能源理事会也监督并与运营和监管国家电力市场和天然
气市场的机构合作，包括澳大利亚能源市场委员会、澳大利亚能源
市场运营商（AEMO）和澳大利亚能源管理局。

---

　　〔1〕　COAG Energy Council *About Us*，http：//www. scer. gov. au/about – us/our – role
（accessed 12 Nov. 2016）.

　　〔2〕　*Ibid.*

第二节　联邦和州政府部门

112. 联邦和州政府资源管理部门在能源政策和法律的实施和发展中发挥了重要作用。这些部门负责实施资源立法，依法评估石油、天然气和煤炭勘探和生产的许可/授权，并依法开展合规/执法活动。各部门还进行立法审查，发布讨论文件，接受和整理公众有关立法审查和修正案的建议，并向有关部长提供咨询意见。环境部门执行环境保护相关立法，开展审查并向相关部长提供政策建议。

一、联邦政府部门

113. **工业、创新与科学部**。[1] 工业、创新与科学部（DIIS）合并了原资源、能源和旅游部，其创立于 2007 年，解散于 2013 年。DIIS 负责管理一系列工业、研究、创新、科学和资源计划，实施与资源和能源部门相关的大量关键领域的立法，并提供政策建议。DIIS 发布了《2015 年能源白皮书》，该白皮书阐述当前澳大利亚政府的能源政策框架。[2]

114. DIIS 的一个主要职责是执行澳大利亚海域石油勘探和开发相关的法律框架。该部为澳大利亚政府提供海上石油相关的政策建议；协助签发海洋石油勘探许可证和其他授权。国家海洋石油产权管理局是一个部门分支机构，负责联邦水域海上石油活动有关的所有权和数据管理；协助监管海上石油活动。由于澳大利亚大部分液化天然气生产都发生在联邦水域，该部还监管海上石油开发，对澳大利亚液化天然气行业发挥着重要作用。

115. DIIS 还参与一些关键的矿业活动和计划。它负责大量包括煤炭在内的澳大利亚矿产品的国家政策，并负责与澳大利亚主要贸

---

〔1〕 http：//www.industry.gov.au/pageS/default.aspx（accessed 12 Nov. 2016）.

〔2〕 http：//ewp.industry.gov.au/（accessed 12 Nov. 2016）.

易伙伴和其他利益相关方（包括中国、印度、日本、韩国、美国）定期开展双边矿物和能源磋商，该部还与负责煤层气监管的州/领地政府合作，并参与国家矿山安全框架。该部负责实施低排放化石燃料技术倡议立法、政策和计划，包括碳捕获和储存。

116. DIIS 还对创新和研发项目进行管理，包括清洁能源产业的创新和研发，并为之提供政策建议。

117. **环境与能源部**。[1]环境与能源部（DEE）成立于 2016 年 7 月 19 日，此时能源政策的制定职责移交给环境部。环境部多年来承担了大部分联邦环境立法和政策制定的职责。[2]DEE 就一系列与环境和遗产保护有关的事项上提供政策建议，并执行联邦环境保护相关法律。

118. 由环境与能源部部长（授权给 DEE）实施的主要环境立法是《1999 年环境保护和生物多样性保护法》（联邦），该法首先规定了对具有国家和国际意义的行动进行环境评估和批准的法律机制；其次，规定了有关生物多样性和遗产保护的条款，包括建立联邦保护区制度和保护物种立法。其他由 DEE 实施的立法包括：《1984 年原住民和托雷斯海峡岛民遗产保护法》（联邦）；《2003 年澳大利亚遗产委员会法》（联邦），多部《大堡礁海洋公园法》（联邦），《1981 年环境保护（海洋倾倒）法》（联邦），《2000 年燃料质量标准法》（联邦）；《1994 年国家环境保护委员会法》（联邦）；《1998 年国家环境保护措施（实施）法》和多部《联邦臭氧保护和合成温室气体法》。

119. DEE 还负责制定能源政策，并在一定程度上负责国家电力

---

〔1〕　https：//www.environment.gov.au/（accessed 12 Nov. 2016）.

〔2〕　该部经历不同的名称，包括环境部（2013—2016 年）；可持续性、环境、水、人口和社区部（2010—2012 年）；环境、水、遗产和艺术部（2007—2010 年）；环境与遗产部（2002—2007 年）；澳大利亚环境部（1998—2001 年）；环境部（1997—1998 年）；以及环境、体育与领土部（1995—1997 年）。

市场。DEE 负责：制定和协调国内气候变化政策；可再生能源政策，包括可再生能源目标、监管和协调，以及可再生能源技术开发；能源效率；温室排放和能源消费报告，气候变化适应战略与协调，气候变化科学活动协调以及温室气体减排方案。该部有关国家电力市场的职责是支持联邦负责能源的部长所担任的澳大利亚政府委员会能源理事会主席角色，并在澳大利亚政府委员会能源理事会决定中寻求实现澳大利亚政府的政策目标。

120. DEE 实施的能源立法包括：《2004 年澳大利亚能源市场法》（联邦），《2011 年澳大利亚排放单位登记法》（联邦），《2011 年澳大利亚可再生能源机构法》（联邦），《2010 年建筑能效披露法》（联邦），《2011 年碳信用（碳农业倡议）法》（联邦），《2012 年清洁能源金融公司法》（联邦），《2011 年清洁能源监管局法》（联邦），《2011 年气候变化管理局法》（联邦），《2012 年温室和能源最低标准法》（联邦）（GEMS Act），《2007 年国家温室和能源报告法》（联邦）（NGER Act），《2000 年产品监管（石油）法》（联邦）和《2000 年可再生能源（电力）法》（联邦）。

121. **基础设施与区域发展部**。[1] 该部就与运输基础设施有关的问题向运输和基础设施部长提供政策建议，包括能源有关的政策，如车辆排放的国家标准。

122. **总理与内阁部**。[2] 总理与内阁部（PM & C）就一系列国内和国际事务向总理和内阁提供政策建议，包括澳大利亚政府、州和领地政府关系及相关影响。总理与内阁部就国际政策为总理提供建议，包括贸易协议和澳大利亚在全球和区域合作中的角色，并致力于达成自由贸易协议，推动澳大利亚包括资源/能源在内的出口。

---

〔1〕 https：//infrastructure. gov. au/（accessed 12 Nov. 2016）.

〔2〕 http：//www. dpmc. gov. au/（accessed 12 Nov. 2016）.

123. **澳大利亚税务局**。[1] 澳大利亚税务局（ATO）实施税收立法的规定，包括个人所得税、商品及服务税、石油租赁资源税、燃料税和燃料退税计划。

二、州/领地政府部门

124. 各种州/领地政府部门负责州和领地实施与评估自然资源、能源（包括可再生能源）和环境法，并为政府首脑提供政策建议。表1列出了大量政府部门及其职责：

表1 负责实施能源法和政策的州/领地政府部门（2016年11月1日）

州/领地	政府部门
新南威尔士州	工业、技术与区域发展部（资源与能源部门） 规划与环境部
北领地	矿业与能源部 环境与自然资源部（土地资源管理） 土地、规划与环境部
昆士兰州	自然资源与矿业部 环境与遗产保护部 能源与水供应部
南澳大利亚州	州发展部（能源资源司与矿产资源司） 环境、水与自然资源部 规划、运输与基础设施部 总理与内阁部（南澳大利亚州首席经济学家办公室、低碳装置、可再生能源）

---

[1] https：//www.ato.gov.au/（accessed 12 Nov. 2016）.

州/领地	政府部门
塔斯马尼亚州	州发展部（塔斯马尼亚州矿产资源） 第一产业、园区、水与环境
维多利亚州	经济发展、就业、运输与资源部（地球资源监管） 环境、土地、水与规划部
西澳大利亚州	政府矿业与石油部 环境监管部 规划部 水资源部

第三节 独立法定机构

125. 一系列独立法定机构承担自然资源和能源法领域的监管、规则和政策制定职能。这些机构依法成立，作为政府的代理人，依法履行其职责和权力。独立法定机构有一个独立的管理委员会，在履行职能时不受政府或任何政府部长或官员的指导或控制。然而，这些机构通常出政府部长担任，有关部长可能有权向该机构发出特定指令，例如，有关财政管理的一般政策。根据设立时所依据的法律，这些机构通常负有报告义务。

126. 具有能源监管职能的联邦独立法定机构主要包括：AER（国家电力和天然气市场管理机构），AEMC（制定国家电力和天然气市场的规则），CER（清洁能源监管局）（负责监督可再生能源目标、减排基金和保护机制管理局），NOPSEMA（国家海洋石油安全与环境管理局）（联邦水域的海洋石油管理机构），澳大利亚竞争与消费者委员会（联邦竞争法监管机构）。下文第一、二、三、五、七编对它们的职责进行详细讨论。

127. 大量的独立法定机构也在州/领地层面运行。这些包括州电力监管机构，诸如新南威尔士州独立定价与监管法庭（IPART），南澳大利亚州基本服务委员会，西澳大利亚州经济管理局和各种州环境保护局。

第四节　其他独立机构

128. 一系列其他机构在自然资源与能源法的实施和/或制定方面发挥作用。这些机构可能负责立法审查和研究、提供建议，或在评估与批准的过程中发挥建议或咨询的作用。下面仅列出部分例证。

129. 第一，参议院可以将某些事项提交参议院常务委员会进行调查并向议会质询和报告。参议院环境与通信常务委员会就能源和环境问题开展质询。环境与通信立法委员会就参议院有关能源或环境法问题提交的法案进行质询，并监督政府部门的履职情况。环境与通信常务委员会可以就参议院提交的任何其他事项开展更广泛的调查。例如，2014 年，参议院就风机问题成立了一个风力涡轮机特别委员会，对风机监管和风力涡轮机的经济影响进行调查，而在 2016—2017 年，该委员会对燃煤发电站的退出以及大澳大利亚湾的石油或天然气生产进行了调查。

130. 第二，成立各种研究机构和部门开展政策和立法评估，向政府提供咨询意见。生产力委员会是一个就经济、社会和环境问题向政府提供独立研究与建议的主要机构。[1] 该委员会按照澳大利亚政府要求开展调查和研究，经常关注市场壁垒和无效率，并提供立法改革建议。能源与自然资源领域的最新报告和研究成果包括：《2015 年阻碍更有效天然气市场的障碍审查报告》《2014 年矿产与能源资源勘探咨询报告》《2013 年电网监管调查报告》和《2009

---

〔1〕　http：//www.pc.gov.au/（accessed 12 Nov. 2016）.

年上游石油（石油和天然气）监管责任审查》。

131. 根据《2011 年气候变化管理局法》（联邦）成立的气候变化管理局在实施澳大利亚气候变化政策和立法治理方面发挥着重要作用。它对碳农业倡议、减排基金和保障机制、国家温室和能源报告系统以及负责气候变化的部长或澳大利亚议会要求的任何其他事项开展独立的研究、审查并提出建议。它就气候变化减缓倡议向政府提供独立专家咨询建议。[1]

132. 第三，独立的科学委员会对一系列与能源有关的问题进行研究并提供咨询意见。例如，根据《1999 年环境保护和生物多样性保护法》（联邦）成立的煤层气与大型煤矿开采独立专家科学委员会（IESC）就煤层气和大型煤矿开发对澳大利亚水资源的潜在影响向监管机构和决策者提供科学建议。该委员会还向澳大利亚政府提供有关研究重点和项目的建议。[2]风力涡轮机独立科学委员会是一个独立的、多学科的专家团体，就风能设施噪音的测量与监测等一系列问题提供咨询。[3]

133. 第四，可以任命独立专员处理投诉，协助实施能源法律或政策。例如，国家风电场专员是由澳大利亚政府任命的向环境部长报告的独立主体。该专员的职责是接受和反映来自社区居民对风电场的投诉，并对业界和政府在风电场的规划和运作方面的最佳做法进行推广。[4]

134. 第五，可成立专家小组对实施能源法或政策提供建议或协助。能源和自然资源领域专家小组的例子是新南威尔士州采矿与石油门户小组，该小组是根据 2007 年新南威尔士州环境规划政策

---

〔1〕 http：//climatechangeauthority. gov. au/（accessed 12 Nov. 2016）.

〔2〕 http：//www. iesc. environment. gov. au/（accessed 12 Nov. 2016）.

〔3〕 https：//www. environment. gov. au/climate－change/renewable－energy（accessed 12 Nov. 2016）.

〔4〕 https：//www. nwfc. gov. au/（accessed 12 Nov. 2016）.

（采矿、石油生产和采掘业）成立的独立科学家机构。当拟建煤矿位于战略农用地上时，在提交开发许可申请之前，必须将煤矿开采项目提交给门户小组，以便对战略农用地及其相关的水资源影响进行独立、科学的评估。[1]

135. 第六，成立政府机构来管理清洁和可再生能源项目的资金。例如，依据《2012 年清洁能源金融公司法》（联邦）创设的清洁能源金融公司来为可再生能源和清洁技术项目筹措私营部门资金，识别和消除项目障碍。根据《2011 年澳大利亚可再生能源机构法》（联邦）成立的澳大利亚可再生能源局（ARENA）是作为独立的法定机构为以下方面提供财政支持：可再生能源技术研究；可再生能源技术的开发、示范、商业化或部署；可再生能源技术相关的信息和知识存储和共享。

---

[1]　http：//www.mpgp.nsw.gov.au/（accessed 12 Nov. 2016）.

第五章　能源法的渊源

第一节　条　约

136. 条约并不是在行政批准后自动成为澳大利亚法律，需要通过议会立法才能使条约条款生效。澳大利亚是若干条约的缔约方，这些条约规定的义务通过纳入国内法的形式对能源和自然资源相关的国家立法造成影响。

137. 虽然这里有太多条约需要讨论，包括多边贸易和投资条约如关税及贸易总协定/世界贸易组织，以及双边条约如中澳自由贸易协定，日澳经济伙伴关系协定和韩澳自由贸易协定。澳大利亚已签署但尚未批准《能源宪章条约》。澳大利亚还批准了一系列影响澳大利亚能源和自然资源立法的环境条约，包括《联合国气候变化框架公约》《京都议定书》以及《巴黎协定》。[1]

138. 其他跟能源法特别相关的其他条约包括与东帝汶签订的关于开发帝汶海石油和天然气资源的条约。《帝汶海条约》《巨日升和特鲁巴杜尔油田统一开发协定》和《帝汶海特定海上安排条约》已经谈判通过，以便在帝汶海进行石油和天然气开发，尽管澳

---

〔1〕 *United Nations Framework Convention on Climate Change*, Adopted 14 Jun. 1992, UNCED Doc A/CONF. 151/5/Rev. 1, (Vol I), Annex I, 13 Jun. 1992, 31 ILM 874 (1992); *Kyoto Protocol to the United Nations Framework Convention on Climate Change*, Report of the Conference of the Parties at its Third Session, 1–11 Dec 1997, U N. Doc FCCC/CP/1997/7/Add. 1, 18 Mar. 1998, Annex; *Paris Agreement*, United Nations Framework Convention on Climate Change, Report of the Conference of the Parties at its Twenty First Session, 30 Nov.–11 Dec. 2015, FCCC/CP/2015/L. 9/Rev. 1, 12 Dec. 2015, Annex.

大利亚和东帝汶在帝汶海海洋划界问题上的争端尚未解决。[1]这些条约的规定通过《2006 年海上石油和温室气体储存法》（联邦）（OPGGSA）纳入澳大利亚法律。

第二节　《联邦宪法》

139. 虽然《联邦宪法》本身不是能源法的渊源，但它对澳大利亚能源法的结构至关重要，因为它规定了联邦与各州和领地之间立法权力和责任的划分。

第三节　立法与附属立法

140. 能源法的主要渊源是联邦和州立法，即议会制定的法律以及根据这些法律制定的附属立法或条例。条例比立法更快、更容易修订，主要是为执行法律而制定的更详细的要求。包括所适用的法律定义、费用、表格和其他信息，例如煤炭、天然气和石油特许权和特许权使用费价格。其他类型的附属立法包括由相关部长根据法律和规章签发的条例、指示、决定、计划、政策和通知。

141. 政府法规也被视为能源法的渊源之一。当立法要求遵守这些规定时，这些法规具有法律效力。例如，《2014 年矿产和能源资源（共同条款）法》（昆士兰州）（简称《共同条款法》）赋予《土地准入法规》（昆士兰州）法律效力。其他例子包括新南威尔

---

[1] *Timor Sea Treaty Between the Government of Australia and the Government of East Timor*, (Dili, 20 May 2002), [2003] ATS 13 (entered into force 2 Apr. 2003); *Treaty Between the Government of Australia and the Government of the Democratic Republic of Timor-Leste on Certain Maritime Arrangements in the Timor Sea*, (Sydney, 12 Jan. 2006), [2007] ATS 12 (entered into force 23 Feb. 2007); *Agreement Between the Government of Australia and the Government of the Democratic Republic of Timor-Leste Relating to the Unitisation of The Sunrise and Troubadour Fields* (Dili, 6 Mar. 2003) [2007] ATS 11 (entered into force 23 Jan. 2007).

士州有关采矿的各种环境规则，即《勘探实践规则：环境管理》《勘探实践规则：成品水管理、储存与运输》《勘探实践规则：恢复》和《勘探实践规则：社区咨询》。这些规则包含矿产勘探的强制性要求，任何对这些强制条款的违反都将构成自动违反勘探许可证的条件，使得保有物持有人有责任遵守和执行相关采矿法的规定。

142. 行业准则通过立法中的引用也可成为一类"硬法"。例如，澳大利亚清洁能源委员会是最高级别的清洁能源行业协会，执行一个太阳认证计划来认证安装者在设计和安装独立的和与电网相连接的太阳能光伏系统的能力。只有这个或澳大利亚可持续能源商业委员会认证计划认证的安装者，而且服从和遵守清洁能源委员会的鉴定规则，才可根据《2000 年可再生能源（电力）法》（联邦）及其附属《2001 年小型可再生能源计划：可再生能源（电力）条例》的规定获得小型技术证书。[1]

第四节　普通法

143. 当英国人定居澳大利亚时，殖民地继承了当时英国的普通法规则。这是由英国法院从 10 世纪起制定的法律。普通法在澳大利亚继续存在和发展，尽管其规则可能被成文法废除或更改。能源和自然资源法领域主要由成文法而不是普通法进行规范。然而，在与能源法和自然资源法互动的法律领域，特别是合同法、侵权法（如过失法）和财产法，普通法的规则仍然很重要。

---

〔1〕 *Small-Scale Renewable Energy Scheme: Renewable Energy (Electricity) Regulations* 2001, reg. 20AC.

第五节　法院的作用

144. 尽管立法及其配套立法是能源法规则的主要渊源，但法院也协助塑造了澳大利亚能源法的结构和内容。高等法院有关宪法问题的判决已证明其对于决定联邦和各州的立法权划分至关重要。高等法院也有权决定联邦立法的合宪性。

145. 法院还通过司法解释影响能源法的适用。在个案中，法院通过对政府决定进行司法审查，审查事实和诉求，从而对行政执法产生影响。法院在有关进入私人土地进行矿产和石油勘探方面的争议解决方面发挥关键作用。法院根据资源立法有权解决采矿公司和土地所有者无法达成协议的土地准入争议问题；法院可以拒绝进入土地，或有条件允许其进入土地，比如支付补偿费。

第一章　概　述

第一节　引　言

146.《澳大利亚宪法》列举了联邦所享有的权力，各州全面享有权力。[1]在这种宪法框架下，电力主要是受各州和领地法律的管制。

147. 从20世纪90年代中期以来，作为1993年通过国家竞争政策审查（National Competition Policy Review）向联邦政府报告而导致的微观经济改革的一部分，电力部门的监管发生了重大的变化。[2]根据跨管辖权协议，澳大利亚所有管辖区联合执行国家竞争政策，并由专门成立的国家竞争委员会进行检测和审查。[3]每个管辖区承担审查国有垄断企业的具体义务，确保政府企业和私营部门之间竞争中立。[4]这些义务导致了许多部门对国有企业进行审查和重组。

---

〔1〕　*Commonwealth of Australia Constitution Act*（UK），s. 51.

〔2〕　Hilmer F, Rayner M & Taperell G, *National Competition Policy Review*（Commonwealth of Australia，1993）.

〔3〕　*Competition Principles Agreement*（11 Apr. 1995），*Conduct Code Agreement*（11 Apr. 1995）and the *Agreement to Implement the National Competition Policy and Related Reforms*（11 Apr. 1995）.

〔4〕　*Competition Principles Agreement*（11 Apr. 1995），cls 3, 4.

148. 电力部门改革导致电力供应的纵向一体化，负责供电的国有垄断企业被分解、重组为公司，并在有些管辖区域被私有化。拆分使电力部门的发电和零售环节引入竞争，并针对电网（配电和输电）制定和实施有针对性的监管政策。

149. 电力行业引入竞争需要适用不同的监管体系。电力市场需要有独立于国有供应商的监管，以及专门针对自然垄断、消费者保护和拆分环境下竞争性市场的协调监管。各州和领地在其管辖范围对电力行业实施监管。

150. 虽然针对有些问题采取了共同的监管方式，但澳大利亚各州和领地之间的监管框架却是严重碎片化的。各州/领地在各自管辖范围内设立了独立的电力行业监管机构。通常在经济监管和技术监管方面设立了单独的监管机构。独立的经济监管机构一般负责许可证发放、电网业务的经济监管、消费者保护、电力市场参与者之间的协调以及网络接入等事务。电力价格继续受到监管，这也是经济监管机构的一个职能。

151. 恰逢电力部门拆分，国家电力市场自 1998 年 12 月 13 日开始运行。其最初是一个批发市场，通过相互联通的国家电网为南澳大利亚州、维多利亚州、新南威尔士州、澳大利亚首都领地和昆士兰州提供服务。塔斯马尼亚州于 2005 年 5 月加入国家电力市场，随着 2006 年 4 月 19 日巴士林（Basslink）海底电缆（连接澳大利亚大陆与塔斯马尼亚州之间的传输互联网络）投入使用而充分活跃起来。西澳大利亚州和北领地不属于国家电力市场的服务范围。

152. 目前依据《国家电力法》和《国家电力规则》对国家电力市场进行监管。这是南澳大利亚州议会通过《1996 年国家电力法》（南澳大利亚州）确立的"法律实施"机制，并由国家电力市场所服务的各州议会通过出台相关立法来实施。尽管监管框架的设计促进了国家电力市场在各管辖区适用的一致性，但在法律适用上的各种排外和差异导致了各辖区间存在一些区别。这在国家电力市场的早期更加明显，但目前仍然在延续。

153. 新技术的出现和竞争性电力行业不断成熟正在对现有监管框架带来挑战。可再生能源发电增长和引入嵌入式发电正在挑战监管框架存在的基础。国家电力市场监管系统的重大改革方案正在通过跨管辖区的澳大利亚政府委员会能源理事会进行调查研究。[1]

154. 虽然国家电力市场监管制度是澳大利亚电力行业监管最重要的制度，但仍与州和领地（管辖区的）监管相关。例如，尽管《国家电力规则》有详细的规定，但发电仍需服从管辖区的管理。[2] 受技术和安全法规的约束，发电商通常由技术监管机构进行监管。[3] 国家电力市场除了注册外，还要求获得管辖区内的许可。[4]除此之外，西澳大利亚州和北领地分别实行不同的电力监管制度。[5] 本编不再对电力部门的管辖规则进行阐述，接下来集中对国家电力市场展开讨论。

第二节　国家电力市场

一、国家电力市场概述

155. 主要根据目标、涉及的管辖区、监管机构和运营商、注

〔1〕 COAG Energy Council, Energy *Market Transformation Project Team −2016 Forward Work Program*, http：//www.coagenergycouncil. gov. au/council − priorities/energy − market − transformation（accessed 21 Nov. 2016）.

〔2〕 *Electricity Act* 1996（SA）；*Electricity Safety Act* 1971（ACT）；*Electricity Supply Act* 1995（NSW）；*Electricity Act* 1994（Qld）；*Electricity Safety and Administration Act* 1997（Tas）；*Electricity Industry Act* 2000（Vic）；*Electricity Safety Act* 1998（Vic）.

〔3〕 例如，根据《1996年电力法》（南澳大利亚州）第7条设立的技术监管者具有第8条要求的供电行业相关的功能，《2012年电力（一般）条例》（南澳大利亚洲）规定了具体的技术要求。

〔4〕 例如，根据《1996年电力法》（南澳大利亚州）第15~22条规定的南澳大利亚州基本服务委员会的许可。

〔5〕 *Electricity Industry Act* 2004（WA）；*Electricity Reform Act*（NT）.

册参与者、国家电网、电力现货市场和市场辅助服务等对国家电力市场进行阐述。

（一）国家电力目标

156.《国家电力法》中阐明的"国家电力目标"（NEO）在以下方面促进电力服务的有效投资、运营和使用，以维护电力消费者的长远利益：

（a）电力供应的价格、质量、可靠性和安全性；

（b）国家电力系统的可靠性、安全性。[1]

157. NEO 强调的供电效率和安全性反映在《国家电力规则》的监管范围中，该规则涉及：

-参与国家电力市场；[2]

-电力批发市场和辅助服务市场的运营和结算；[3]

-系统安全；[4]

-接入国家电网；[5]

-配电网和输电网的经济监管；[6]以及

-计量。[7]

158. 与电力部门有关的事项，但超出国家电力市场政策范围的，受专门的监管系统管辖。值得注意的是，促进环境可持续的电力部门是根据联邦各项立法单独进行监管的（见下文第五编）。

---

[1]　*National Electricity Law*, s. 7.

[2]　*National Electricity Rules*（version 85）（1 Nov. 2016），Ch. 2.

[3]　*Ibid.*，Chapter 3.

[4]　*Ibid.*，Chapter 4.

[5]　*Ibid.*，Chapter 5.

[6]　*Ibid.*，Chapters 6 and 6A.

[7]　*Ibid.*，Chapter 7.

（二）参与的管辖区

159. 参与国家电力市场的管辖区有南澳大利亚州、维多利亚州、新南威尔士州、澳大利亚首都领地、昆士兰州和塔斯马尼亚州。[1]南澳大利亚州最先对《国家电力法》的具体实施进行立法。[2]其他参与的管辖区均制定了实施《国家电力法》的附属立法。[3]由于这些附属立法内容有些不同，导致各辖区间国家电力市场监管存在差异。

160. 负责制定《国家电力法》并将其作为各自管辖区法律的部长（负责部长）根据《国家电力法》拥有特定的职能和权力，包括：向 AEMO 寻求报告、信息或服务；[4]根据《国家电力规则》取消管辖权；[5]以及就澳大利亚能源管理局做出的可复议的监管决定在澳大利亚竞争法庭上介入审查的权力。[6]

161. 澳大利亚政府委员会能源理事会通过制定能源市场政策对国家电力市场开展监管。各管辖区通过澳大利亚政府委员会能源理事会（连同西澳大利亚州和北领地）的政策继续影响国家电力市场的改革和发展。澳大利亚政府委员会能源理事会制定的工作计划包括审议与新技术、创新和市场变化有关的电力市场政策和监管对策。[7]

162. 除南澳大利亚州和维多利亚州外，国家电力市场的所有管辖区都保留了部分电力企业的政府所有权。这些国有企业的运作

---

〔1〕 *National Electricity Law*, s. 5.

〔2〕 *National Electricity (South Australia) Act* 1996 (SA).

〔3〕 *Electricity (National Scheme) Act* 1997 (ACT)；*National Electricity (New South Wales) Act* 1997 (NSW)；*Electricity-National Scheme (Queensland) Act* 1997 (Qld)；*Electricity-National Scheme (Tasmania) Act* 1999 (Tas)；*National Electricity (Victoria) Act* 1997 (Vic).

〔4〕 *National Electricity Law*, s. 51.

〔5〕 Subsection 91 (3).

〔6〕 Paragraph 71J (b).

〔7〕 COAG Energy Council, *supra* n. 138.

方式明显不同于政府部门,采用的是独立董事会的公司化模式。

(三)监管机构和运营商

163. 有三个机构专门负责国家电力市场的监管和运作:澳大利亚能源市场运营商、澳大利亚能源管理局和澳大利亚能源市场委员会。

1. 澳大利亚能源市场运营商

164. AEMO[之前被称为国家电力市场管理公司(NEMMCO)]自 1998 年启动电力市场以来一直是国家电力市场的运营商。AEMO是根据《2001 年公司法》(联邦)成立的有限责任公司。NEMMCO最初由参与国家电力市场的各管辖区的能源部全资拥有。

165. NEMMCO 在 2009 年 7 月 1 日被重新命名为"AEMO",这说明 NEMMCO 的业务超出了 NEM 的运营范围。自该日起,AEMO开始承担电力和天然气市场一系列运营和规划职能,这些职能以前由位于不同管辖区的六个独立主体负责。[1]各管辖区共享 AEMO 的成员资格,其由政府成员(即参与国家电力市场的管辖区)和行业成员组成。政府成员行使 60% 的投票权,其余 40% 由行业成员行使。[2]

166. 就国家电力市场而言,AEMO 承担《国家电力法》和《国家电力规则》规定的一系列法定职责。[3] AEMO 的职责主要包括:参与者注册、市场运营、保障电力系统安全和网络规划。[4]

---

[1] Australian Energy Market Operator, *AEMO in Profile*, https://web.archive.org/web/20091014131437/ http://www.aemo.com.au/corporate/0000-0002.pdf(accessed 21 Nov. 2016).

[2] AEMO *Constitution*, cl. 6.11.

[3]《国家电力法》第 49 条,澳大利亚能源市场运营商根据《国家天然气法》和《国家天然气条例》(见第二编)承担天然气市场的法定职能,根据《国家能源零售法》和《国家能源零售规则》(见本编第五章第三节和第三编)承担能源零售监管的法定职能。

[4] *National Electricity Rules*(version 85)(1 Nov. 2016), Chs 2-5 respectively.

《国家电力法》赋予 AEMO 承担这些职责的法定权力。[1] 各参与的管辖区法律和 AEMO 的章程赋予 AEMO 一些其他职责。[2]

2. 澳大利亚能源管理局

167. AER 是根据《2010 年竞争与消费者法》（联邦）成立的。[3] AER 有关国家电力市场的职责包括：监督和执行《国家电力法》和《国家电力规则》；承担输配电网络的经济监管职能。[4] 为促进其合规职能，澳大利亚能源管理局拥有一系列强制性法定权力，以对涉嫌违反《国家电力法》和《国家电力规则》的行为进行调查。[5]

3. 澳大利亚能源市场委员会

168. AEMC 是根据南澳大利亚州法律建立的。[6] AEMC 负责制定能源市场及其发展相关的规则。[7]《国家电力法》中规定了 AEMC 与国家电力市场有关的具体职能。[8] 主要负责：

　　-根据《国家电力法》和《国家电力规则》规定的程序修订《国家电力规则》；[9]
　　-成立可靠性小组，负责监测、审查和报告国家电力系统的安全性和可靠性；[10]

---

〔1〕　*National Electricity Law*, S. 49A.

〔2〕　Section 50.

〔3〕　*Competition and Consumer Act 2010*（Cth）, Pt. ⅢAA.

〔4〕　*National Electricity Law*, S. 15.

〔5〕　Part 3.

〔6〕　*Australian Energy Market Commission Act 2004*（SA）, s. 5.

〔7〕　Section 6.

〔8〕　澳大利亚能源市场委员会根据《国家天然气法》和《国家天然气条例》也承担部分职能。

〔9〕　*National Electricity Law*, s. 34.

〔10〕　Section 38.

－根据澳大利亚政府委员会能源理事会的要求开展审查。[1]

（四）注册参与者

169. 参与国家电力市场受到严格监管，仅限于在 AEMO 注册（或免于注册）的实体。[2]《国家电力规则》第二章规定了注册参与者的类型和注册标准。[3] 根据《国家电力规则》的规定，不同类型的注册参与者承担不同的义务。[4]下文第二至五章介绍了适用于发电商、电网服务提供商（输电和配电网络）、市场用户（零售商和其他现货市场购电商）和计量供应商的监管框架。

二、国家电力市场监管

（一）《国家电力法》和《国家电力规则》的作用

170. 如上所述，《国家电力法》为国家电力市场提供了监管框架。《国家电力规则》是根据《国家电力法》制定的附属法规。《国家电力规则》最初是由南澳大利亚州能源部长于 2005 年 6 月制定的，[5]它取代了自国家电力市场启动以来实施的《国家电力法规》。

（二）参与国家电力市场

171. 参与国家电力市场必须通过注册批准或持有注册豁免。

---

[1]　Section 41.

[2]　Section 11.

[3]　*National Electricity Rules*（version 85）（1 Nov. 2016），Ch. 2；Australian Energy Market Operator，*Participant Categories in the National Electricity Market*，http：//www. aemo. com. au/-/media/Files/PDF/Participant-Categories-in-the-National-Electricity-Market. ashx（accessed 21 Nov. 2016）；Australian Energy Market Operator，*NEM Current Registration and Exemption List*，https：//www. aemo. com. au/Electricity/National-Electricity-Market-NEM/Participant-information/Current-participants/ Current-registration-and-exemption-lists（accessed 21 Nov. 2016）.

[4]　*National Electricity Rules*（version 85）（1 Nov. 2016），cl. 2. 1. 2 ⓒ.

[5]　*South Australian Gazette*，63（30 Jun. 2005）（Hon Patrick Conlon）.

连接到国家电网的发电商、从现货市场购买电力的市场用户、电网
服务提供商和计量提供商必须通过注册或有豁免注册的资质。[1]

172.《国家电力规则》第二章规定了注册参与者的类型和子类
型。一个实体可以多种身份参与国家电力市场，前提是该实体为每
种身份进行注册。[2]发电商、网络服务提供商、市场用户和计量提
供商将在下文第二至五章进行讨论。根据《国家电力规则》，其他
注册者的类型包括：

-交易商：根据《国家电力规则》第3.18条规定，注册后
可参与剩余物的拍卖交易；[3]

-再分配商：根据3.15.11条的规定，注册后能参与到再
分配交易；[4]

-特殊参与者：是澳大利亚能源市场组织指定的执行《国
家电力规则》第四章规定职能的系统运营商，或负责控制或运
营配电系统任何部分的配电系统运营商；[5]

-意向参与者：即有意从事需注册活动的主体。[6]

173. 注册参与者须遵守《国家电力规则》。[7] 注册参与者必
须支付 AEMO 决定的参与费用。[8]除非市场参与者满足参与国家电
力市场所需的审慎要求，否则不得参与国家电力市场。[9]《国家电

---

[1] *National Electricity Law*, ss 11–14.

[2] *National Electricity Rules*（version 85）（1 Nov. 2016），cl. 2.8.1（b）.

[3] *National Electricity Rules*（version 85）（1 Nov. 2016），r. 2.5A；*see also clause* 3.6.5.

[4] Rule 2.5B.

[5] Rule 2.6.

[6] Rule 2.7.

[7] Clause 2.8.1（a1）.

[8] Clause 2.11.

[9] Clause 2.4.1.

力规则》第三章规定了这些要求。[1] AEMO 只有在确信申请者符合审慎要求且遵守《国家电力规则》(包括支付费用)和管辖法律的相关要求的情况下才可批准注册。[2] 注册的转让须经 AEMO 批准。[3]

(三) 市场运营

174. AEMO 须运营和管理电力现货市场的销售和采购以及市场辅助服务。[4] 通过国家电力市场交易的电力是市场发电商输出的发电量。AEMO 利用辅助服务维持国家电力市场的频率和电压,以便以安全、稳定和可靠的方式运营电力系统。[5] 提供不同类型的附属服务以应付国家电力市场的不同情况。这些服务的一部分取决于 AEMO 的协议,其他的则通过现货市场的市场辅助服务提供。[6]

175. 《国家电力规则》中规定的市场设计原则旨在指导 AEMO 现货市场的运营。这些原则指:尽量减少 AEMO 的决策,以最大限度地赋予市场参与者商业自由;最大限度地提高透明度,以实现市场的高效率;避免对特定技术进行任何特殊处理;为现有和潜在的市场参与者提供平等的市场准入机会。[7]

176. 现货市场的运营要求 AEMO 建立和管理一套中央调度系统,包括以下设施:接收市场发电商的调度报价和市场用户的调度报价;发布调度指令和对中央调度施加限制;结算;使市场高效运

---

[1] Rule 3.3.

[2] *National Electricity Law*, para. 49 (1) (c); *National Electricity Rules* (version 85) (1 Nov. 2016) cl. 2.4.2.

[3] *National Electricity Rules* (version 85) (1 Nov. 2016), cl. 2.9A.

[4] *National Electricity Law*, paras 49 (1) (a) and 49 (1) (b); *National Electricity Rules* (version 85) (1 Nov. 2016); cls 3.2.2, 3.15.1.

[5] Australian Energy Market Operator, *Guide to Ancillary Services in the National Electricity Market*, 4 (April 2015).

[6] *Ibid.*, 4 and 8.

[7] *National Electricity Rules* (version 85) (1 Nov. 2016), cl 3.1.4.

行的数据、预测和报告汇编以及信息传播。[1]

177. AEMO 运营的中央调度系统必须平衡电力系统的供应和需求。[2] AEMO 还要求在最大限度地提高现货市场的价值同时尽最大努力维持电力系统的安全。[3] 国家电力市场调度引擎（NEMDE）是 AEMO 用于运行中央调度的电子系统。[4]

178. 中央调度程序的廉洁性是通过限制重新招标、明确报价和投标的相关要求（不具有误导性或欺骗性）以及承担未能遵守调度指令的后果进行监管的。[5] 如果发生时间安排错误，则受影响的市场参与者可向参与者补偿基金索赔。补偿权和金额取决于根据《国家电力规则》第八章成立的争议解决小组的决定。[6]

179. 在一个交易间隔内支付的电力价格是该交易间隔内调度电力的时间加权平均值。[7] 支付辅助市场服务的价格是为各区域确定的这些服务的边际成本。[8] 价格可能在"市场最低"价 1000 澳元/兆瓦时和"市场最高"价 12 500 澳元/兆瓦时之间浮动。[9] 鉴于现货市场价格的潜在金融风险，市场参与者通过场外交易对冲风险。这些交易不受《国家电力规则》的管制，但允许在结算系统中进行重新分配，以方便交易。[10]

---

[1] Clause 3.2.2.
[2] Clause 3.8.1 (a).
[3] Clause 3.8.1 (a).
[4] Clause 3.8.21.
[5] Clauses 3.8.22, 3.8.22A, 3.8.23.
[6] Clause 3.5.24.
[7] Clauses 3.9.1, 3.9.2.
[8] Clause 3.9.2A.
[9] Clauses 3.9.4, 3.9.6.
[10] Clause 3.15.11. Hedging arrangements may be subject to the *Corporations Act* 2001 (Cth), Ch. 7.

（四）系统稳定、安全和可靠性

180. AEMO 需要承担电力系统的日常运行。[1] AEMO 有一系列现成的机制完成其义务，尽合理努力维持电力系统的稳定性。《国家电力规则》规定，AEMO 可为此目的部署一系列不断升级的市场干预措施。[2]

181. AEMO 组织管理系统充裕性预测评估（PASA），为市场参与者提供电力系统短期（6 个交易日）至中期（两年）的充裕性信息。[3] AEMO 以滚动的 24 个月为基础每周进行关于系统充裕性预测评估的信息汇编。[4] AEMO 需要准备的其他预测包括：网络拥堵模式、[5]间歇性发电（如风能和太阳能）的可用容量预测、[6]能源约束的影响、[7]以及需求侧参与信息。[8]

182. AEMO 还必须确定因网络中断而对电力系统产生的限制，以及区域之间或区域内电力流动的限制。[9]

183. 一个专门的可靠性小组（AEMC 内的机构）负责编制可靠性设置和标准指南。[10] AEMO 需要发布其将如何执行可靠性小组的指南的指导原则。[11]

---

[1] *National Electricity Rules*（version 85）（1 Nov. 2016），cl 3. 2. 3（a）.

[2] Clauses 3. 2. 3（a）and（b）.

[3] Clauses3. 7. 1，3. 72，3. 7. 3.

[4] Clause 3. 7. 1（C）.

[5] Rule 3. 7A.

[6] Rule 3. 7B.

[7] Rule 3. 7C.

[8] Rule 3. 7D.

[9] Clause 3. 8. 10.

[10] Clause 3. 9. 3A. *see also* http：//www. aemc. gov. au/About-Us/Panels-committees/Reliability-panel. aspx.

[11] Clause 3. 9. 3D.

第二章 发 电

第一节 概 述

184. 煤炭仍然是澳大利亚发电的主要燃料。2014—2015 年，煤炭发电量占到国家电力市场装机容量的 54%，但占发电量的 76%。[1]天然气是另一种主要燃料，燃气发电机组占到国家电力市场注册容量的 20%。然而，2014—2015 年，天然气产量占发电量的 12%。[2]铭牌额定功率超过 30 兆瓦的煤炭和天然气发电机组由于能够响应 AEMO 发布的调度指令，将被注册为计划发电机组。[3]

185. 铭牌额定功率超过 30 兆瓦的半调度发电机组（如风力发电机组和太阳能发电机组）由于其发电的间歇性而以不同方式参与中央调度。AEMO 能够通过使用网络约束限制半调度发电机组的输出发电量，但在其他情况下，发电机组可以提供最大容量。[4]2014—2015 年，风电占装机容量的 6.6%，发电量的 4.9%（比上一财年增长 8%）。[5]

186. 太阳能发电主要是小型屋顶太阳能光伏发电，不在国家电力市场交易。2014—2015 年，屋顶太阳能装机容量相当于国家电

---

〔1〕 Australian Energy Regulator, *State of the Energy Market* 2015, 27 (updated February 2016).

〔2〕 *Ibid.*

〔3〕 Australian Energy Market Operator, *Participant Categories in the National Electricity Market*, *supra* n. 173, 2.

〔4〕 *Ibid.*

〔5〕 Australian Energy Regulator, *supra* n. 213, 29.

力市场注册发电容量的 8%（预计还会增长）。[1]

第二节　参与国家电力市场

一、注册

187. 除非适用豁免的情况，否则所有连接到国家电网的发电机必须在 AEMO 注册。[2]只要不与国家电力目标的要求矛盾，AEMO 可以免除发电机注册。AEMO 为此发布了指南。[3]铭牌额定功率小于 5 兆瓦的发电机组由于其对国家电力市场的影响很小，可以获得长期的豁免。[4]对于铭牌额定功率超过 5 兆瓦的发电机组，需向 AEMO 提交豁免申请。对于铭牌额定功率在 30 兆瓦或以上的发电机组，只有在特殊情况下才能给予豁免。[5]

188. 除此之外任何人如因其他原因须注册为发电商可借中介机构的注册而获豁免注册。为了注册中介机构，必须满足 AEMO 的技术要求，即为了《国家电力规则》规定的目的，该中介机构可被视为相关发电系统所有者或运营商。[6]

189. 注册发电商分为两类：市场化发电商和非市场化发电商。除适用豁免外，与国家电网相连的每个发电机组必须分类为市场或非市场发电机组。[7]所有铭牌额定功率超过 30 兆瓦（除非免于注

〔1〕 *Ibid.* , 30.

〔2〕 *National Electricity Rules* (version 85) (1 Nov. 2016), cl. 2.2.1 (a).

〔3〕 Clause 2.2.1 (c); Australian Energy Market Operator, 'Guideline on Exemption from Registration as a Generator', *Guide to NEM Generator Classification and Exemption* (August 2014), Part 3.

〔4〕 *Ibid.* , section 3.6.

〔5〕 *Ibid.* , ss 3.8 and 3.9.

〔6〕 *National Electricity Rules* (version 85) (1 Nov. 2016), cl.2.9.3.

〔7〕 Clause 2.2.1 (f).

册）的发电机组将被归类为市场发电机组，除非该发电机组的全部输出量被"当地零售商"或位于国家电网同一连接点的用户购买。如果满足其中一项要求，则发电机组将被归类为非市场发电机组。[1]

190. 根据《国家电力规则》第二章的规定，市场发电机组的全部发电量必须通过现货市场提供。市场发电商通过 AEMO 管理的结算系统收取现货市场的付款。[2]

191. 在市场和非市场分类中，发电机组被标示为：计划发电机组；非计划发电机组；或半计划发电机组。这些标示表明发电机组接受并遵守 AEMO 发布的调度指令的能力。[3] 此外，市场发电机组可被 AEMO 归类为辅助服务发电机组。[4]这种分类能使发电机组提供辅助服务（见下文第二编）。[5]

192. 2013 年 1 月 1 日起开始出现被称为"小发电机聚合器"的注册参与者。[6]引入这一新注册者的目的是通过一个小型发电聚合器对发电机组的发电量进行聚合，以便利于小型发电机组所有者参与国家电力市场。[7]在引入小发电机组聚合器之前，小发电机组所有者需要分别满足跟大型发电机组所有者一样的注册要求，这就对其参与国家电力市场起到了抑制作用。[8]

---

〔1〕 Clauses 2. 2. 4 and 2. 2. 5.

〔2〕 Clause 2. 2. 4 (c).

〔3〕 Clauses 2. 2. 2, 2. 2. 3, 2. 2. 7.

〔4〕 Clause 2. 2. 6.

〔5〕 Clause 2. 2. 6.

〔6〕 Clause 2. 3A.

〔7〕 Australian Energy Market Commission, *Rule Determination*: *National Electricity Amendment* (*Small Generation Aggregator Framework*) *Rule* 2012 (29 Nov. 2012), ss 3. 2, 3. 3.

〔8〕 *Ibid.*, 9.

二、参与中央调度

193. 市场发电商应通过提交调度要约参与中央调度程序。[1]参与集中调度的发电机组容量必须根据《国家电力规则》通知 AE-MO。[2]每个市场发电商必须根据 AEMO 的调度指令调度其发电机组。[3] 根据《国家电力规则》，不遵守调度指令的将被认定为不合规。[4]

194. 调度电力通过现货市场被市场用户购买。AEMO 负责这些交易的财务结算。一天会有 48 个 30 分钟的交易区间，6 个 5 分钟的派遣区间。AEMO 调度的市场发电商根据发电商提供的调度报价输出发电量。最终，每个交易区间的现货价格是由该交易区间发出的最高报价决定的。[5]

195. 市场发电商可以向 AEMO 申请将一个发电机组归类为市场辅助服务发电机组。[6]《国家电力规则》将辅助服务描述为"对维护电力系统稳定性的必要服务，能促进电力有序交易、确保供电质量可接受"。[7]有 8 种不同类型的市场辅助服务。[8]市场辅助服务的调度按投标价格进行。[9]与现货电力市场一样，市场辅助服务的边际价格是由调度区间中的最高报价所决定的。[10] AEMO 通过结算系统对市场辅助服务的付款进行管理。[11]

---

[1] *National Electricity Rules* (version 85) (1 Nov. 2016), cl. 3. 8. 2.

[2] Clause 3. 8. 4.

[3] Clause 3. 8. 21.

[4] Clause 3. 8. 23.

[5] Rule 3. 9.

[6] Clause 2. 2. 6.

[7] Clause 3. 11. 1 (a).

[8] Clause 3. 11. 2 (a)

[9] Clause 3. 8. 7A.

[10] Clause 3, 11. 1 (b).

[11] Clause 3. 15. 6A.

196. 提交给调度者和辅助服务者的要约价格是确定且不能更改的。改变报价的其他方面（如可用容量）的能力有限。[1]

---

[1] Clauses 3. 8. 22 (a), (b).

第三章　输　电

第一节　概　述

197. 市场发电机组向国家电网输送电力，市场用户购买通过国家电网输送的电力。[1]国家电网是国家电力市场参与管辖区内所有联网配电和输电系统的总和。[2]国家电力市场参与管辖区内运行的 5 个输电网络由 6 个跨境互联器连接组成。[3]这个输电系统的总长度超过 43 000 千米。[4]

198. 配电网、输电网和互联器的所有权在各州和领地之间存有差异。[5] 维多利亚州的输电网络结构独特，其所有权与网络规划和扩建责任相分离。[6] 输电网络所有者和运营商的收入受 AER 监管。[7] 与国家电网的连接和对额外网络基础设施的投资也受监管。[8]

第二节　参与国家电力市场

一、注册

199. 除非在 AEMO 注册或免于 AER 注册，否则任何主体不得

---

〔1〕　Clauses 2. 2. 4（c），2. 3. 4（c）.

〔2〕　Chapter 10.

〔3〕　Australian Energy Regulator, *supra* n. 213, 66.

〔4〕　*Ibid.*，Table 2. 1. 68.

〔5〕　*Ibid.*，Tables 2. 1 and 2. 2.

〔6〕　*Ibid.*，Table 2. 1, 66.

〔7〕　*National Electricity Rules*（version 85）（1 Nov. 2016），Ch. 6A.

〔8〕　Chapter 5.

拥有或运营与国家电网相连的输电网络系统。[1] AER 只能在符合 AEMO 要求且与相关管辖区电力执法机构磋商后才能给予注册豁免。[2] 否则，应注册为传输网络服务提供者（TNSP）的主体可以通过注册为中介机构而获得豁免。要注册为中介机构，必须从技术角度满足 AEMO 的要求，即为实现《国家电力规则》的目标，中介机构可以被视为相关输电系统所有者或运营商。[3]

二、经济监管

200. 根据《国家电力法》第六（A）章的规定，AER 对两种服务进行监管：法定输电服务和协议输电服务。[4] 传输网络服务提供者们有义务按照《国家电力规则》规定的接入条件向 NEM 现有或有意注册的参与者提供法定和协议输电服务。[5]

（一）法定输电服务

201. 根据《国家电力规则》第六（A）章的规定，做出输电决定的 AER 对提供法定输电服务的传输网络服务提供者们的最大年收入进行监管。[6] 收入按不少于五年的监管控制期来确定。[7] AER 须依据《国家电力法》规定的国家电力目标和收入定价原则履行经济监管职能。[8]

202. 每次修订规章 AER 均按照规定的流程进行。大约在现有规

---

〔1〕 Clauses 2.5.1 (a), 2.5.1 (d), 5.2.3 (a); Australian Energy Regulator, *Network Service Provider Registration Exemption Guideline* (27 Aug. 2013).

〔2〕 *National Electricity Rules* (version 85) (1 Nov. 2016), cls 2.5.1 (d), (f).

〔3〕 Clause 2.9.3.

〔4〕 Clauses 6A.1.4 (a), 6A.2.1.

〔5〕 Clause 6A.1.3.

〔6〕 Part C, Ch. 6A.

〔7〕 Clause 6A.4.2 (c).

〔8〕 *National Electricity Law*, ss 7, 7A, 16.

章到期前两年开始，AER 发布有关修订规章的框架和方式文件，[1]
TNSP 应向 AER 提交收入计划和计划的定价方法。[2]《国家电力规
则》规定，AER 对这些信息进行初步考察，如果 AER 认为存在需
要由 TNSP 解决的不合规情况，TNSP 应重新提交信息。[3]

203.《国家电力规则》还规定将 TNSP 提供的信息和 AER 提
出的方法向公众征求意见。[4]在 AER 发布初步决定后，将进一步
进行协商。[5]做出最终决定时会考虑已收到的所有相关建议。[6]
《国家电力规则》对确定输电容量进行了规定。[7] AER 应提供其决
定的理由和依据。[8]

204. 根据 TNSP 提交的数据，AER 采用构建块方法确定满足下
一个监管控制期预期资本和运营成本所需要的收入。[9]为此，AER
根据《国家电力规则》发布了一个税后收入模型。[10] 构建块方法
的关键组成部分是：

－资本收益率：监管资产的基础价值取决于从一个监管控

---

〔1〕 *National Electricity Rules*（version 85）（1 Nov. 2016），cl. 6A. 10. 1A；Australian
Energy Regulator，*supra* n. 213，Table 2. 3，72；Australian Energy Regulator，AER *Forward
Calendar*：*Regulatory Determinations*（June 2016）.

〔2〕 *National Electricity Rules*（version 85）（1 Nov. 2016），cl. 6A. 10 1；*see* r. 6A. 25
in respect of the regulation of pricing methodologies.

〔3〕 Clauses 6A. 11. 1，6A. 11. 2.

〔4〕 Clause 6A. 11. 3.

〔5〕 Rule 6A. 12.

〔6〕 Rule 6A. 13.

〔7〕 Clause 6. 14. 1.

〔8〕 Clause 6A. 14. 2.

〔9〕 Clause 6A. 5. 4.

〔10〕 Australian Energy Regulator，*Electricity Transmission Network Service Providers*，*Post-
tax Revenue Model Handbook*（29 Jan. 2015）；*National Electricity Rules*（version 85）（1
Nov. 2016），cl. 6A. 5. 1.

制期到下一个监管控制期的前滚模型的估价。[1] 由 AER 确定准许收益率;[2]

　　－作为监管资产基础的折旧必须根据每个监管年年初的资产价值计算;[3]

　　－企业所得税成本采用《国家电力规则》规定的公式估算;[4]

　　－在一个监管周期内用于分配由运营支出比预计支出或多或少导致的收益或损失的效益分享机制;[5]

　　－在一个监管周期内由 TNSP 为高效资本投资提供激励的资本支出效率机制;[6]

　　－营业支出预测;[7]

　　－资本支出预测。[8]

205.《国家电力规则》或 AER 的决定规定了具体的成本转移情况。[9]这些情况产生的成本可以转嫁到输电服务费中。[10] 这些情况产生的节余可被要求转嫁到收费中。[11]

206. AER 可以在有限条件下重新开启关于应用 TNSP 的传输决定。[12] 如果 AER 认为这个决定受到重大错误或规定的缺陷类型的

---

〔1〕 *National Electricity Rules* (version 85) (1 Nov. 2016), cl 6A. 6. 1, Sch. 6A. 2.

〔2〕 Clause 6A. 6. 2.

〔3〕 Clause 6A. 6. 3.

〔4〕 Clause 6A. 6. 4.

〔5〕 Clause 6A. 6. 5.

〔6〕 Clause 6A. 6. 5A.

〔7〕 Clause 6A. 6. 6.

〔8〕 Clause 6A. 6. 7.

〔9〕 Clauses 6A. 6. 9, 6A. 7. 3.

〔10〕 Clause 6A. 7. 3 (a).

〔11〕 Clause 6A. 7. 3 (b).

〔12〕 Clause 6A. 7. 1.

影响，也可以否决或修订传输决定。[1] TNSP 可以申请澳大利亚竞争法庭对传输决定进行复审。[2]

（二）协议输电服务

207.《国家电力规则》第六（A）章第 D 部分规定了获得协议输电服务的监管框架。《国家电力规则》中规定了适用这些价格的各种原则，包括协议传输服务的价格应以 TNSP 提供服务的成本为基础。[3] TNSP 的成本必须根据 AER 批准的 TNSP "成本分配方法"中规定的原则和政策确定。[4]

208. AER 确定协议输电服务标准，以适用于协议输电服务的条款和条件，包括价格。[5] "谈判框架"（也是经 AER 批准的）适用于 TNSP 和服务申请人之间就协议输电服务进行的谈判。[6] "谈判框架"包括双方诚信谈判的义务，也要求各方交流信息以促进谈判。[7] 如果价格无法协商，根据《国家电力规则》可以将其作为输电服务接入争议提交给 AER，[8] 指定一名商业仲裁员来解决该争议。[9]

三、连接电网

209. 接入国家电网受《国家电力规则》第五章的管制。适用于连接电网的原则包括所有注册参与者有机会以合理的条款和条件

---

〔1〕　Rule 6A. 15.

〔2〕　*National Electricity Law*, s. 71B.

〔3〕　*National Electricity Rules*（version 85）（1 Nov. 2016），cl. 6A. 9. 1（1）.

〔4〕　Clause 6A. 9. 1（1）; *see also* Rule 6A. 19.

〔5〕　Clauses 6A. 9. 2（a），6A. 9. 4; *see*, for example，Australian Energy Regulator，*ElectraNet Transmission Determination 2013−14 to 2017−18*（April 2013），25.

〔6〕　*National Electricity Rules*（version 85）（1 Nov. 2016），cls 6A. 9. 2（a），6A. 9. 3.

〔7〕　*See*, for example，*ElectraNet Negotiating Framework for the Provision of Negotiated Transmission Services 1 Jul. 2013−30 Jun. 2018*，cls. 4−7.

〔8〕　*National Electricity Rules*（version 85）（1 Nov. 2016），r. 6A. 30.

〔9〕　Clause 6A. 30. 2.

连接到网络。[1]

210. 在未向 TNSP 申请的情况下，不得将新的或改造过的设施或设备连接到输电网络。[2] 传输网络服务提供者们有义务根据《国家电力规则》审查和处理连接申请。[3] 建立或修改连接到传输网络的程序是法定的。[4]

211. 相关 TNSP 须考虑和回应寻求连接到输电网络的主体的询问。[5] 在考虑连接询问时，TNSP 必须与可能会受到连接影响的其他电网服务商沟通。[6] TNSP 可以从申请者那里寻求其他信息来支持连接询问。[7] 申请者必须提供具体的信息。[8] 这些信息能有助于主体向 TNSP 提交连接申请。[9]

212. 连接可以基于 TNSP 事先确定的"自动接入标准"，或者，当这些标准不适用时，则基于 TNSP 和连接申请人之间谈判达成的协议接入标准。[10] 当自动接入标准或协议接入标准适用时，TNSP 必须进而做出连接报价。[11] 连接报价可由连接申请人协商并接受。[12] 具体规定适用于发电商、[13] 网络服务提供商[14]或用户[15]的连接。

213. 为维持电网安全，所有注册参与者有义务遵守《国家电

---

[1] Clause 5.1.3.
[2] Clauses 5.2.4 (b), 5.2.5 (b).
[3] Clause 5.2.3 (d).
[4] Rule 5.3.
[5] Clauses 5.3.1, 5.3.2.
[6] Clause 5.3.3 (a).
[7] Clause 5.3.2 (b) and Sch. 5.5.
[8] Clause 5.3.3 (b).
[9] Clause 5.3.4.
[10] Clauses 5.3.3 (b1), 5.3.4 (e), 5.3.4A; *see also* Sch. 5.2.
[11] Clause 5.3.5 (a).
[12] Clause 5.3.7.
[13] Clause 5.3.9; *see also*, Sch. 5.2.
[14] Schedule 5.3 (a).
[15] Schedule 5.3.

力法》《国家电力规则》和良好的行业惯例运行设备。[1]《国家电力规则》中的技术标准和连接协议的要求也影响到与 TNSP 连接的设施的设计和规划。[2] TNSP 也必须遵守《国家电力规则》规定的技术标准。[3]

214. 连接协议的一方有权根据《国家电力规则》进行检查和测试，以确定对方是否遵守协议约定的技术要求。[4] 连接到输电网络的设备的调试也受到监管。[5]

四、电网规划与投资

215. 电网规划由 TNSP 负责。[6] 每年，TNSP 将从连接到 TNSP 的注册参与者那里收到有关发电和负荷预测的信息，以便 TNSP 能为输电网运营和扩建做出规划。[7] 各 TNSP 必须发布年度输电规划报告。[8] 报告中要显示的最短规划周期是 10 年。[9] TNSP 有义务与连接到输电网的配电网服务商（DNSP）进行联合网络规划。[10]

216. AEMO 对国家输电规划负有责任。[11] 包括就输电网扩建是否对网络造成实质性影响提供建议和进行评估。[12]

217. 电网投资受到监管限制。通过法定输电服务价格资助的每个拟议电网投资必须进行"监管投资测试"。[13] 对输电网投资而

---

〔1〕　Clause 5.2.1.

〔2〕　Clauses 5.2.4, 5.2.5.

〔3〕　Clause 5.2.3 (b) and Schs 5.1a, 5.1.

〔4〕　Rule 5.7.

〔5〕　Rule 5.8.

〔6〕　Clauses 5.11.2, 5.12.1.

〔7〕　Clause 5.11.1 and Sch. 5.7.

〔8〕　Clause 5.12.2.

〔9〕　Clause 5.12.1 (c).

〔10〕　Clause 5.14.1.

〔11〕　Rule 5.20.

〔12〕　Rule 5.21.

〔13〕　Rule 5.15; Australian Energy Regulator, *supra* n. 213, 74.

言，这被称之为"输电监管投资测试"（RIT-T）。RIT-T 的目的是确保投资是高效的，因为消费者会通过受监管的收入支付投资成本。[1] 如果电网扩容的成本不能通过消费电价来支付（例如，扩容由发电商承担费用），则不适用 RIT-T。[2]

218. 在进行 RIT-T 时，电网投资的支持者必须考虑所有可信的选择，通过拟议电网投资实现目标。最可取的选择将是对国家电力市场中生产、消费和运输电力所有者净经济效益现值最大化。[3] AER 决定 RIT-T 要涵盖的事项。[4]

219. 所做的分析是将执行的可靠方案对比没有执行的方案进行的未来成本-收益分析。[5]《国家电力规则》中规定了 RIT-T 的其他强制要求，包括遵守 AER 发布的指南和咨询意见。[6] 基于紧急和不可预见的回应、项目价值、项目目标（如为了维护或替换，而不是扩容）或者通过规定的输电服务以外的其他方式实现成本开采的情形下，RIT-T 获得豁免的情形是有限的。[7]

220. 详细的咨询要求适用于 RIT-T。[8] RIT-T 项目评估报告中得出的结论也容易受到负责裁定争议的 AER 的质疑。[9] 2016 年 8 月 19 日，COAG 能源理事会为 RIT-T 的审查要求设定了职权范围。[10]

---

〔1〕 COAG Energy Council, *Review of the Regulatory Investment Test for Transmission*: *Consultation Paper* (30 Sept. 2016), 7.

〔2〕 *National Electricity Rules* (version 85) (1 Nov. 2016), r. 5.18

〔3〕 Clause 5. 16. 1 (b).

〔4〕 Clause 5. 16. 1 (a); Australian Energy Regulator, *Regulatory Investment Test for Transmission* (June 2010).

〔5〕 Clause 5. 16. 1 (c) (1).

〔6〕 Clauses 5. 16. 1, 5. 16. 2.

〔7〕 Clauses 5. 16. 3 (a), 5. 16. 4.

〔8〕 Clause 5. 16. 4.

〔9〕 Clause 5. 16. 5.

〔10〕 COAG Energy Council, *RIT-T Review-Terms of Reference* (19 Aug. 2016).

第四章　配　电

第一节　概　述

221. 作为国家电网组成部分的配电网由公共和私人所有。[1]这些配电网的总长度为 730 642 公里，为 9 608 292 个用户提供服务。[2]配电网所有者和运营商的收入受 AER 监管。[3] 与国家电网的连接和对额外网络基础设施的投资也受监管。[4]

第二节　参与国家电力市场

一、注册

222. 与输电网系统一样，任何人不得拥有或运营与国家电网相连的配电网络系统，除非在 AEMO 注册或获得 AER 豁免。[5] 只有在符合国家电力目标并与相关辖区内电力监管机构协商后，AER 才能给予注册豁免。[6] 否则如有其他需要注册为 DNSP 的主体可以通过注册为中介机构而获得注册豁免。要注册为中介机构，必须从技术角度满足 AEMO 的要求，即为了《国家电力规则》之目的，

---

〔1〕　Australian Energy Regulator, *supra* n. 213, Table 2.2, 69.

〔2〕　*Ibid.*

〔3〕　*National Electricity Rules* (version 85) (1 Nov. 2016), Ch 6.

〔4〕　Chapter 5.

〔5〕　Clauses 2.5.1 (a), (d); AER, *Network Service Provider Registration Exemption Guideline* (27 Aug. 2013).

〔6〕　Clauses 2.5.1 (d), 2.5.1 (f).

中介机构可被视为相关配电系统所有者或运营商对待。[1]

二、经济监管

223. 根据《国家电力法》第六（A）章的规定，有两类服务受 AER 监管：直接调控服务和协议配电服务。[2] 配电网服务商们有义务根据《国家电力规则》规定的接入条件向申请该服务的主体提供直接调控服务和协议配电服务。[3]

（一）直接调控服务

224. 直接调控服务又分为两类：标准条款服务和辅助条款服务。[4] 在确定配电服务的分类上，AER 应考虑诸多因素，包括在提供服务的市场中发展竞争的潜力。[5]

225. AER 有义务在每个监管周期（不少于五年）为每个配电商做出配电决定。[6] 配电决定只须特别考虑每个标准调控服务和辅助调控服务的收入和价格设置。[7] AER 可以使用各种收入和价格调控机制。标准调控服务和辅助调控服务的收入和价格设定根据具体问题进行具体分析。[8] 澳大利亚能源管理局发布了有关 DNSP 经济监管的各种指南。[9] 同样，AER 必须执行《国家电力法》规定的国家电力目标和收入定价原则。[10]

226. 直接调控服务的监管与上文第三章描述的法定输电服务大致相同，但本监管适用于配电网服务商们而非传输网络服务提供

---

〔1〕 Clause 2. 9. 3.

〔2〕 Clause 6. 2. 1 (a).

〔3〕 Clause 6. 1. 3 (a).

〔4〕 Clause 6. 2. 2 (a).

〔5〕 Clause 6. 2. 2 (c).

〔6〕 Clauses 6. 2. 4, 6. 3. 2 (b).

〔7〕 Clauses 6. 2. 5.

〔8〕 Clauses 6. 2. 5 (b), (c), (d).

〔9〕 Clause 6. 2. 8.

〔10〕 *National Electricity Law*, ss 7, 7A, 16.

者们。因此，有关监管重置[1]、公共咨询[2]、AER 的构建块方法[3]、具体的转嫁成本事项[4]、AER 重启、撤销或修订分配决定的权力，[5] 以及 DNSP 向澳大利亚竞争法庭[6]申请审议配电决定的权利等细节在此不再逐字罗列。本质上，立法计划对直接调控服务采取了与法定输电服务相同的标准和原则。

（二）协议配电服务

227.《国家电力法》第六章第 D 部分对协议配电服务进行了规定。[7] 同样，这些规定大体上反映了传输网络服务提供者们原则上适用于协议配电服务的定价，包括协议配电服务的价格应该基于 DNSP 提供服务所发生的成本。[8] DNSP 的成本必须根据 AER 批准的 DNSP "成本分配方法"中阐明的原则和政策确定。[9]

228. AER 确定协议配电服务标准，以适用于获得协议配电服务的条款和条件，包括价格。[10] AER 批准的 "谈判框架"也适用于 DNSP 和服务申请人之间就协议配电服务进行的谈判。[11] 谈判框架

---

〔1〕　*National Electricity Rules*（version 85）（1 Nov. 2016），cls 6.8, 6.8.1A, 6.8.2, 6.9.1, 6.9 and r. 6A.25；Australian Energy Regulator, *supra* n.213, Table 2.3, 72；Australian Energy Regulator, *supra* n.261.

〔2〕　*National Electricity Rules*（version 85）（1 Nov. 2016），cls 6.9.3, 6.12.1, 6.12.2 and rr6.10, 6.11.

〔3〕　Clauses 6.4.1, 6.5.1–6.5.3, 6.5.5–6.5.8, 6.5.8A, 6.6.2–6.6.4 and Sch. 6.2；Australian Energy Regulator, *supra* n.270.

〔4〕　Clauses 6.5.10, 6.6.1.

〔5〕　Clauses 6.6.5, 6.6A.2；r.6.13.

〔6〕　*National Electricity Law*, s.71B.

〔7〕　*National Electricity Rules*（version 85）（1 Nov. 2016），cl.6.2.7 and Pt. D, Ch.6.

〔8〕　Clause 6.7.1（1）.

〔9〕　Clause 6.7.1（1）.

〔10〕　Clauses 6.7.2（a），6.7.4；see, for example, Australian Energy Regulator, *SA Power Networks Determination 2015–16 to 2019–20–Final Decision*, Attachment 17（October 2015）.

〔11〕　*National Electricity Rules*（version 85）（1 Nov. 2016），cls 6.7.2（a），6.7.3.

包括双方诚信谈判的义务。[1] 谈判框架要求双方交换信息以促进谈判。[2] 如果 DNSP 和服务申请人之间无法就价格达成一致，根据《国家电力规则》的规定，该事项可作为配电服务接入争议提交给 AER。与 TNSP 相关的监管不同，在这里，AER 负责对争议做出裁定。[3]

三、连接电网

229. 接入国家电网受《国家电力规则》第五章的管制。配电网与输电网的接入制度基本相同（见上文第三章）。配电网的接入协议必须符合《国家电力规则》规定的要求。[4] 嵌入式发电的接入或变更适用特殊规定。[5]

四、电网规划与投资

230. 配电网服务商们必须制定年度配电规划。[6] 报告中显示的最短规划期为五年。[7] 配电网服务商们有义务与连接配电网的负责传输服务的配电网服务商们联合进行电网规划。[8]

231. 电网投资受到监管限制。通过法定配电服务收费资助的每个拟议电网投资项目必须开展"监管投资测试"。[9] 配电网络投资，被称为"配电监管投资测试"（RIT-D）。RIT-D 的目的是确保投资是高效的，因为消费者将通过受监管的收入支付投资成

〔1〕 See , for example, Australian Energy Regulator, *supra* n. 355.
〔2〕 See, for example, *ElectraNet Negotiating Framework*, *supra* n. 289, cls 4–7.
〔3〕 *National Electricity Rules*（version 85）（1 Nov. 2016），r. 6. 22. 1.
〔4〕 Rule 5. 5.
〔5〕 Rule 5. 3A and Sch. 5. 4B.
〔6〕 Rule 5. 13.
〔7〕 Clause 5. 13. 1（b）.
〔8〕 Clause 5. 14. 1.
〔9〕 Rule 5. 17.

本。[1] 适用于 RIT-D 的要求与适用于 RIT-T 的要求基本相同（见上文第三章）。网络扩容成本不能通过消费者电价（扩容是由发电商承担费用）来支付，不适用 RIT-D。[2]

---

〔1〕　Rule 5. 17. 1.
〔2〕　Rule 5. 18.

第五章　消　费

第一节　概　述

232. 没有统一适用于电力消费者的监管框架。电力零售商和大型工业电力用户参与现货市场受《国家电力规则》管制，包括接入到电网和用表计量的权利。[1] 国家消费者保护框架在《国家能源用户框架》（NECF）中有明确说明，包括《国家能源零售法》（NERL）、《国家能源零售规则》（NERR）和《国家电力规则》第五（A）章。根据《2011年能源零售法（南澳大利亚州）》（南澳大利亚州），NERL作为法律应用计划适用。[2] 但是，这一计划并没有被广泛采用。NERL并不适用于西澳大利亚州或北领地，只适用于维多利亚州的部分地区。[3] 而且，每个管辖区的适用法律对NECF进行了各种修改，州/领地法规继续在消费者保护方面发挥作用，即使在实施NECF的管辖区内也是如此。

---

〔1〕　Chapters 5A，7.

〔2〕　《国家能源零售法》是《2011年国家能源零售法（南澳大利亚州）》（南澳大利亚州）的附表。《国家能源零售法》由各适用法在各个管辖地适用：《2011年国家能源零售法（南澳大利亚州）》（南澳大利亚州）、《2012年国家能源零售适用法》（新南威尔士州）；《2012年国家能源零售法（首都领地）》（首都领地）；《2012年国家能源零售法（塔斯马尼亚州）》（塔斯马尼亚州）；《2014年国家能源零售法（昆士兰州）》（昆士兰州）。

〔3〕　在维多利亚州，《国家电力规则》第五（A）章自2016年7月适用，但《国家能源零售规则》未适用，见澳大利亚能源市场委员会：《国家能源用户框架（2016年）应用指南》。

第二节　参与国家电力市场

一、市场用户

233. 通过国家电网购买电力的主体必须注册为用户。[1] 注册用户的类别与所购电力的来源有关。用户从现货市场购买电力的话，必须注册为市场用户。[2] 反映批发现货市场的性质，市场用户通常是电力零售商和大型工业电力用户。[3] 必须符合《国家电力规则》规定的审慎要求，才能注册为市场用户。[4]

234. 市场用户购买的电力可以被列为计划负荷（意味着用户将参与由 AEMO 协调的中央调度过程）。[5] 市场用户也可以申请将其负荷指定为辅助市场负荷，使其能提供辅助服务。[6] 市场用户通过提交调度报价在现货市场购电。[7] 通过调度报价提交的价格是固定而不可更改的。改变投标书其他方面的能力有限。[8]

二、用表计量

235. 计量和计量数据服务受《国家电力规则》第七章的管制。适用于国家电力市场的计量程序由 AEMO 确定。[9] AEMO 还公布

---

〔1〕 *National Electricity Rules*（version 85）（1 Nov. 2016），cl. 2.3. 1（a）.

〔2〕 Clause 2.3.4（c）.

〔3〕 Australian Energy Market Operator, *NEM Current Registration and Exemption List*, *supra* n. 173.

〔4〕 *National Electricity Rules*（version 85）（1 Nov. 2016），cls 2.4.1（c），3.3.

〔5〕 Clause 2.3.4（e）.

〔6〕 Clause 2.3.5.

〔7〕 Clause 3.8.7.

〔8〕 Clauses 3.8.22（a），（b）.

〔9〕 Clause 7.3.1, r. 7.14.

了对所有注册参与者都有约束力的"市场结算和转让解决程序"。[1] 计量数据被 AEMO 用于管理现货市场的结算系统。[2]

236. 每个市场参与者有义务确保每个连接点都有计量装置，而且该装置已在 AEMO 注册。[3] 安全要求适用于计量装置和数据。[4]《国家电力规则》规定了计量装置的技术标准和计量数据服务标准。[5]《国家电力规则》还规定了计量装置的检查、测试和审计以及计量数据的验证。[6]

237. 每台计量装置必须指派一名负责人。他可以是相关市场参与者或计量服务提供商。该负责人负责每个连接点的计量安装和该装置计量数据的收集。[7] 计量装置只能由计量供应商提供，计量数据服务只能由计量数据供应商提供。[8] 任何人均可向 AEMO 申请认证和注册为计量提供商或计量数据提供商，但他们需满足法定条件。[9]

238. AEMO 公布计量数据产生程序，解决向零售用户提供信息的问题。[10]

239. 作为 2017 年 1 月 1 日起适用计量新框架的一个结果，《国家电力规则》中引入了一类新的注册类型——计量协调员。新框架的目标是促进高级计量的安装。[11] 高级计量是 AEMC 当前"选择权"改革的一个关键组成部分，这项改革提高了消费者的能源消费

〔1〕 Clause 7.2.8.

〔2〕 Rule 7.9.

〔3〕 Clauses 7.2.1 (a), 7.2.7, 7.3.1 (a), 7.5.1 and Sch. 7.5.

〔4〕 Rule 7.8.

〔5〕 Rules 7.3, 7.11 and Sch. 7.2.

〔6〕 Rule 7.6 and Sch. 7.3.

〔7〕 Clause 7.2.1 (a).

〔8〕 Clauses 7.4.1, 7.4.1A.

〔9〕 Clauses 7.4.2, 7.4.2A and Schs 7.4, 7.6.

〔10〕 Clause 7.16.1.

〔11〕 Australian Energy Market Commission, *Rule Determination*: *National Electricity Amendment* (*Expanding competition in metering and related services*) *Rule 2015* (26 Nov. 2015), iii.

意识和消费选择能力。[1]

240. 在连接点从事计量服务协调的人员可向 AEMO 注册为计量协调员。[2] 一般来说，负责国家电网连接点的电力零售商需要在该连接点安排一名计量协调员。[3] 计量协调员负责聘请计量提供商进行计量装置的安装和维护，并聘请计量数据提供商提供计量数据服务。根据《国家电力规则》，这些不同的职能[4]都可以由计量协调员完成。[5]

第三节　《国家能源零售法》

241.《国家能源零售法》对消费者的能源零售供应（包括电力和天然气）进行监管，并适用于零售商和分销商。[6] 零售商必须持有 AER 根据《国家能源零售法》颁发的授权书，或有资格获得豁免。[7] 国家能源零售目标是"促进能源服务的有效投资、高效运营和使用，以实现能源消费者在价格、质量、安全、可靠性和能源供应安全方面的长远利益"。[8] 为实现这一目标，零售商和分销商之间必须进行协调合作。《国家能源零售规则》为此合作提供了框架。[9]

---

[1] Australian Energy Regulator, *supra* n. 213, 17; Australian Energy Market Commission, *Power of Choice Review-Giving Consumers Options in the Way They Use Electricity* (30 Nov. 2016); Australian Energy Market Commission, *Rule Determination*, *supra* n. 390, i.

[2] *National Electricity Rules* (version 85) (1 Nov. 2016), cl. 2.4A.

[3] Australian Energy Market Commission, *Rule Determination*, *supra* n. 390, V.

[4] Chapter 7, *National Electricity Rules* (version 85) (1 Nov. 2016).

[5] Australian Energy Market Commission, *Rule Determination*, *supra* n. 390, V.

[6] *National Energy Retail Law*, s. 16.

[7] *National Energy Retail Law*, ss 88, 110; *see* Australian Energy Regulator, *supra* n. 213, Table 5.1, 125.

[8] *National Energy Retail Law*, s. 13.

[9] *National Energy Retail Rules* (version 6) (23 Jun 2016), Pt. 5.

242.《国家能源零售法》重点规范连接到国家电网的小用户的能源供应。[1]《国家能源零售法》将"小用户"定义为：居民用户（主要为个人、家庭或住宅用途购买能源的人）；以及每年耗电量低于 100 兆瓦时（MWh）或 1 万亿焦耳（TJ）的商业用户。[2]小用户占到电力连接的 98%，占到天然气连接的 99%。[3] 根据《国家能源零售规则》，电力和天然气分销商有义务连接小用户。[4]连接合同分两种类型，即标准连接合同和协议连接合同。[5]

243. 完全零售竞争适用于所有澳大利亚管辖区，意思是用户可选择跟任何授权的电力零售商签订合同。[6]《国家能源零售规则》规定，与小用户只能签署两种类型的能源合同：标准零售合同和市场零售合同。[7]

244. 被指定为固定场所服务的零售商有义务以固定报价向该场所的小用户提供标准零售合同。[8] 长期报价必须由零售商在其网站上发布。[9] 根据管辖要求，零售商可更改长期报价。[10] 每个零售商和分销商必须准备并发布一份标准合同。[11]《国家能源零售规则》规定标准合同中要提供的示范条款，也可以规定标准零售合同的适用、形式和内容。[12] 如果标准合同的条款与示范条款不一

---

〔1〕 *National Energy Retail Law*（*South Australia*）*Act 2011*, s. 16（a）.

〔2〕 *National Energy Retail Law*, ss 3, 5; *National Energy Retail Regulations*, reg. 7.

〔3〕 Australian Energy Regulator, *supra* n. 213, 122.

〔4〕 *National Energy Retail Law*, s. 66.

〔5〕 Section 67.

〔6〕 Australian Energy Regulator, *supra* n. 213, 127.

〔7〕 *National Energy Retail Law*, s. 20.

〔8〕 Section 22; *National Energy Retail Rules*（version 6）（23 Jun. 2016）, cl. 16.

〔9〕 *National Energy Retail Law*, s. 23.

〔10〕 Subsection 23（2）.

〔11〕 Sections 24, 69.

〔12〕 Sections 21, 24（2）, 68, 72; *National Energy Retail Rules*（version 6）（23 Jun. 2016）, cls 12, 13, 81 and Schs 1, 2.

致，则其无效。[1]

245. 小用户与零售商可以就市场零售合同进行协商。[2]《国家能源零售规则》可规定适用于市场零售合同的最短期限。[3] 类似地，用户和分销商之间可以达成协商连接合同。[4]

246.《能源营销条例》对能源营销进行管制。[5] 它规定了零售商与小用户签订合同前必须满足的最低信息要求。[6] 通过门到门销售和邮寄的直接营销也受到管制。[7] 各种其他消费者保护机制被纳入《国家能源零售法》，包括：

　　-能源零售商必须遵守的最低服务标准规定；[8]
　　-要求每个零售商采用一项用户履约损失政策并提供付款计划；[9]
　　-计费要求；[10]
　　-处理用户投诉的强制性能源监察专员计划；[11]
　　-零售商保底计划；[12]

---

〔1〕 *National Energy Retail Law*, ss 29. 73.

〔2〕 Section 33.

〔3〕 Sections 34, 36; *National Energy Retail Rules*（version 6）（23 Jun. 2016），cls 14, 15 and Part 7.

〔4〕 *National Energy Retail Law*, s. 78; *National Energy Retail Rules*（version 6）（23 Jun. 2016）cl. 81.

〔5〕 *National Energy Retail Law*, s. 53; *National Energy Retail Rules*（version 6）（23 Jun. 2016），Div. 10.

〔6〕 *National Energy Retail Rules*（version 6）（23 Jun. 2016），cl. 64.

〔7〕 Clauses 65, 66.

〔8〕 *National Energy Retail Law*, s. 23.

〔9〕 *National Energy Retail Law*, ss 43, 44; *National Energy Retail Rules*（version 6）（23 Jun. 2016），cls 71, 72.

〔10〕 *National Energy Retail Rules*（version 6）（23 Jun. 2016），Div. 4.

〔11〕《国家能源零售法》第83~86条。《国家能源零售法规》reg. 5：该计划将各个管辖区的一名能源监察专员纳入在内。

〔12〕 *National Energy Retail Law*, Pt. 6.

　　-连接和供应义务（包括对断电或断网的限制）;[1] 以及

　　-分销商向用户支付小额补偿金的制度。[2]

247. 目前正在通过修订《国家电力规则》实施"选择权"改革，旨在使消费者了解其电力消费情况，并就电力类型做出选择。[3] 国家电力市场的电价上涨对消费者行为产生了影响，2014年6月30日之前的五年中，消费量平均每年下降1.7%。[4] 进一步推动计量供应竞争的改革始于2014年，包括使消费数据更透明，随着要求采用默认通信协议以推动计量供应商之间的竞争，2015年又进一步推进改革。[5] 到2017年，分销商需要执行反映供应消费者电力的有效成本的定价。[6]

248. 除了部署先进的计量和反映成本的电价外，通过获得去中心化的技术和对电力供应替代方案（包括去中心化的配电和可再生能源）的认识提高，消费者的权利意识得以增强。[7] 随着更多技术选择的出现和应用，改变消费模式和采用替代电力供应选择的激励措施会更加普遍。电力用户的消费决策将影响电力行业未来的监管和商业活动。

---

〔1〕 *National Energy Retail Rules*（version 6）（23 Jun. 2016），Pt. 4，Divs 5，6；and Pt. 5，Divs 2，3.

〔2〕 *National Energy Retail Law*，Pt. 7.

〔3〕 Australian Energy Market Commission，*Power of Choice Review*，*supra* n. 391；Australian Energy Market Commission，*Rule Determination*，*supra* n. 390，i.

〔4〕 Australian Energy Regulator，*supra* n. 213，24.

〔5〕 *Ibid.*，17.

〔6〕 *Ibid.*，18.

〔7〕 Wouters C，Vigar C and Van Hende K，'Increasing consumer choice -the potential impact of prosumers on electricity market regulation'，*ICER Chronicle*（ed. 3）（March 2015）.

第一章　生　产

第一节　天然气资源所有权

249. 不同形式的矿产所有权及开发制度在世界各地确认如下：

　　-王权制度下国家拥有所有矿产，但在规定条件下将开采这些资源的权利出租或转让给私人开发商；

　　-国家对矿产的所有权是不可剥夺的，资源由国有实体直接开发或者通过合约由私营部门进行开发；以及

　　-矿产所有权与土地所有权挂钩的制度。[1]

250. 在澳大利亚，矿产开发总体上是在王权制度下进行的，尽管有一些直接的公共资源开发。

251. 石油是一种可以以多种形式存在的物质，可以在地下移动和迁移，因此需要创造一种独特的法律制度。每部澳大利亚石油

---

〔1〕　Mining Industry Commission, *Mining and Minerals Processing in Australia*, Report No. 7, vol. 1, 10 (Australian Government Publishing Service, 1991).

法（陆上和海上）都规定一个相对标准的石油定义。[1] 石油是指"任何天然存在的气态、液态或固态碳氢化合物"。因此，在澳大利亚，天然气的所有权、勘探和生产受各州和联邦石油法的管制。

252. 在澳大利亚，规范石油/天然气所有权和开发的法定制度分为陆上和海上制度，其中海上制度又进一步分为州沿海水域（从低水位线向海至 3 海里）和联邦海域（从 3 海里向海的区域）的海上制度。

一、石油所有权：陆上和海上

（一）陆上

253. 在澳大利亚，不论谁拥有地表土地的所有权，陆上或 3 英里领土范围内发现的石油和天然气所有权归属政府（实际上，州和领地政府）。在澳大利亚各州和北领地，法律规定所有土地地上或地下的石油都是政府财产。[2] 含有石油的土地不管政府何时授权转为私有，政府都拥有任何天然产生的地表或地下石油。这些立法使财产所有权的普通法原则完全不适用：即土地表面所有者拥有地表下至地心的土地。

（二）海洋

254. 根据国际法，澳大利亚对其领海拥有主权，即从领海基

---

〔1〕 *Petroleum（Onshore）Act 1991*（NSW），s. 3；Petroleum Act（NT），s. 5；*Petroleum and Gas（Production and Safety）Act 2004*（Qld），s. 10；*Petroleum and Geothermal Energy Act 2000*（SA），s. 4；*Petroleum Act 1998*（Vic），s. 6；*Petroleum and Geothermal Energy Resources Act 1967*（WA），s. 5；*Ofshore Petroleum and Greenhouse Storage Act 2006*（Cth），s. 7；*Petroleum（Submerged Lands）Act 1982*（NT），s. 4；*Petroleum（Offshore）Act 1982*（NSW），s. 5；*Petroleum（Submerged Lands）Act 1982*（Qld），s. 4；*Petroleum（Submerged Lands）Act 1982*（SA），s. 4；*Petroleum（Submerged Lands）Act 1982*（Tas），s. 3；*Offshore Petroleum and Greenhouse Gas Storage Act 2010*（Vic），s. 6；*Petroleum（Submerged Lands）Act 1982*（WA），s. 4.

〔2〕 *Petroleum（Onshore）Act 1991*（NSW），s. 6；*Petroleum Act*（NT），s. 6；*Petroleum and Gas（Production and Safety）Act 2004*（Qld），s. 26；*Petroleum and Geothermal Energy Act 2000*（SA），s. 5；*Mineral Resources Development Act 1995*（Tas），s. 6；*Petroleum Act 1998*（Vic），s. 13；*Petroleum and Geothermal Energy Resources Act 1967*（WA），s. 9.

线到 12 海里的水域。基线通常是低水位线。直到 20 世纪 70 年代,尚不清楚澳大利亚各州或联邦议会是否对当时宽度为 3 海里的领海拥有管辖权。在《1973 年海洋与淹没陆地法》(联邦)中,联邦确认了其对领海及大陆架和专属经济海域拥有主权。各州政府反对联邦对所有近海区域行使管辖权的主张,并在高等法院提起诉讼,质疑立法的合宪性。1975 年,高等法院维持了《海洋与淹没陆地法》的合宪性,裁定联邦对从基线到领海外部界限的水域包括其下面的海底拥有主权。[1]

255. 在这项决定之后,联邦和各州展开谈判,结果产生了 1979 年达成的 OCS。[2] OCS 处理联邦和各州对领海外部界限内的水域管辖权。一般来说,各州对从领海基线到 3 海里以内的区域具有管辖权,这些区域被称为州"沿海水域"。作为 OCS 的一部分,《1980 年沿海水域州属所有权法》第 4 条规定,各州沿海水域下海底的所有权归各州所有。

> 根据本法的规定,在不违反本法的情况下,自本法生效之日起,各州对沿海水域下海底的财产享有相同的权利和所有权。如果海底是该州管辖海域以下的海底,自延期之日起,各州拥有相同的海底以上空间(包括被水占据的空间)的权利。

256. 联邦、各州和北领地还商定,联邦海上石油立法应限定在各州和北领地沿海水域以外的区域,为此目的,各州和北领地沿海水域的外部界限应为距领海基线 3 海里处(这反映了当时澳大利亚领海的界限)。在这些沿海水域的外部界限上,政府对海底石油

---

〔1〕 *New South Wales v. The Commonwealth* (1975) 135 CLR 337.

〔2〕 *Offshore Settlement. A Milestone in Co-operative Federalism* (AGPS, Canberra, 1980) and *Offshore Constitutional Settlement: Selected Statements and Documents 1978-79* (Commonwealth of Australia, 1980).

或天然气的所有权没有任何法律或其他依据。尽管联邦有权就大陆架资源的勘探和开发进行立法，但根据普通法，联邦在大陆架上没有财产。[1]海上石油立法无意宣布联邦拥有位于大陆架之上或之下的任何石油财产。在这方面，英联邦的权利属于主权权利，而不是所有权。

二、所有权转移

257. 各州、北领地和联邦的石油立法都授权石油生产许可或租约持有者进行石油生产作业，并在其租约或许可所在区域生产和开采石油。尽管表述不完全统一，但总体上都规定在石油开采或获取后即成为许可持有者的财产。[2] 一般认为，在许可区域获取石油的权利创设了在石油层开采的法定权利。[3] 这使得生产许可持有者不仅有权获取颁发许可时该许可区域的石油和天然气，而且还包括获取在生产活动过程中迁移至该许可区域的石油。

258. 尽管由于 OCS 的存在，宪法和法律的立场更为复杂，但州沿海水域中的天然石油的地位与陆上石油立法的规定相同。与陆上石油立法不同，海上石油法律不包含确认政府地下石油所有权的规定。

第二节　许　可

259. 上游石油部门可分为三个环节：勘探与评估，开采建设和生产。

---

〔1〕 *Commonwealth v. WMC Resources Ltd* (1998) 194 CLR 1.

〔2〕《石油法》（北领地）第 6 条；《2004 年石油和天然气（生产和安全）法》（昆士兰州）第 28 条；《2000 年石油和地热能源法》（南澳大利亚州）第 5 条；《1998 年石油法》（维多利亚州）第 17 条；《1967 年石油和地热能源资源法》（西澳大利亚州）第 11A 条；《2006 年海上石油和温室气体储存法》（联邦）第 285 条；《1982 年石油（淹没陆地）法》第 127 条。《1991 年石油（陆上）法》（新南威尔士州）或《1995 年矿产资源开采法》（塔斯马尼亚州）没有此类条款。

〔3〕 Toskas E, 'A Comparative Review of Unit Development under the Commonwealth Petroleum Act', 26 ARELJ (2007).

260. 中游石油部门包括天然气输送环节，在该环节，加工天然气通过高压管道被输送至配气系统（或主要制造业或发电用户）。

261. 下游活动包括炼化、分配、批发和零售。

262. 州政府对位于陆上和它们各自沿海水域的石油和天然气储量拥有主权和管辖权。尽管有大量法律影响澳大利亚石油和天然气开发（见表2），但每个州（塔斯马尼亚州除外）有其自己的部门石油立法和管理框架。[1] 这些法律制度通过颁发授权管辖着澳大利亚上游石油勘探和开采，这些授权被称为所有权、特许权、特许、许可和/或租约。不同授权为不同的活动赋予不同权力。

表2　影响上游石油的主要立法[2]

立法范围	陆　上	海　上	
		沿海水域	联邦水域
石油和管道	州陆上石油立法ᵃ	《1992年石油（淹没陆地）法》或等效法律ᵇ	《2003年石油（帝汶海条约）法》（联邦）
	州管道特定立法ᶜ		《2006年海上石油和温室气体储存法》（联邦）
	《2003年巴罗岛法》（西澳大利亚州）		
职业健康与安全	《1991年职业健康与安全法》（联邦）		
	州职业健康与安全或主要危险设施立法		

---

〔1〕 *See* Table 2, note a. In Tasmania, both mineral and petroleum development are regulated under the *Mineral Resources Development Act 1995* (Tas).

〔2〕 Australian Productivity Commission, *Review of the Regulatory Burden in the Upstream Petroleum (Oil and Gas) Sector: Research Report* (Productivity Commission, 2009) (updated).

续表

立法范围	陆　上	海　上	
		沿海水域	联邦水域
环境、遗产和发展	《1999 年环境保护和生物多样性保护法》（联邦）		
	《1984 年原住民和托雷斯海峡岛民遗产保护法》（联邦）		
	其他联邦环境和特定遗产立法		
	州环境、遗产和发展特定立法		
	地方政府立法		
原住民所有权和土地权利	《1993 年原住民权利法》（联邦）		
	《1976 年原住民土地权利（北领地）法》（联邦）（仅北领地）		
	州原住民权利、土地权利和其他土地准入立法		
其　他	《2007 年国家温室和能源报告法》（联邦）		
	《1990 年澳大利亚海事安全局法》（联邦）		
	《2012 年航海法》（联邦）		
	《1963 年海底电缆和管道保护法》（联邦）		
	《2003 年海上运输和海上设施安全法》（联邦）		
	《1903 年国防法》（联邦）		
	《1901 年海关法》（联邦）		
	《1908 年检疫法》（联邦）		

a. 《1991 年石油（陆上）法》（新南威尔士州）；《石油法》（北领地）；《2004 年石油和天然气（生产和安全）法》（昆士兰州）；《2000 年石油和地热能源法》（南澳大利亚州）；《1995 年矿产资源开采法》（塔斯马尼亚州）；《1998 年石油法》（维多利亚州）；《1967 年石油和地热能源资源法》（西澳大利亚州）。

b. 《1982 年石油（海上）法》（新南威尔士州）；《1981 年石

油（淹没陆地）法》（北领地）；《1982 年石油（淹没陆地）法》
（昆士兰州）；《1982 年石油（淹没陆地）法》（南澳大利亚州）；
《1982 年石油（淹没陆地）法》（塔斯马尼亚州）；《2010 年海上石
油和温室气体储存法》（维多利亚州）；《1982 年石油（淹没陆地）
法》（西澳大利亚州）［PSLA（WA）］。

c.《1967 年管道法》（新南威尔士州）；《2015 年能源管道法》
（北领地）；《2000 年天然气管道法》（塔斯马尼亚州）；《2005 年管
道法》（维多利亚州）；《1969 年石油管道法》（西澳大利亚州）。

263. 澳大利亚石油管理体制实际上分三个许可阶段：

（1）勘探许可：在评估的基础上授权在许可区域进行石油勘探
和开采。

（2）保留租约：当区域内含有石油，虽然石油的开采尚不具备
商业可行性，但有可能在 15 年内具备商业可行性时，适用保留租
约。保留租约以评估为基础授权在租赁区域开展石油勘探和石油开
采。

（3）生产许可：勘探许可或保留租约的持有者申请生产许可
证，以授权在该区域开采石油（以及进一步勘探）。

264. 石油和天然气输送管道附有独立的许可证。（见下文第三
章）。

265. 在每个管辖区都有所有权注册系统。这些石油所有权的
交易需要经政府批准，而且注册将包含这些交易的历史记录。

一、勘探许可

（一）陆上

266. 石油和天然气的勘探程序是一样的。立法规定需要取得
许可方能开展石油勘探，通常称为勘探许可证或勘探执照，但在昆
士兰州被称为勘探授权。可供勘探的土地面积根据各种石油法的规
定确定，许可申请材料包括法律规定的财务状况、技术资质和守法

能力证明。许可一旦颁发后，其持有者对许可区域具有独家勘探权。可能从事的勘探活动类型包括地震勘测，地震勘测使得勘探者能够查看地表以下区域，使其确认可能积聚石油的区域。

267. 所有州的石油立法都禁止进行与许可不符的活动，而且这些法律都规定了保留许可/租约（昆士兰州除外），允许勘探许可/租约持有者保留尚未商业化开发的区域。这些许可/租约的名称详列于表 3 中。新南威尔士州称其为评估租约。在昆士兰州，部长可以部分授权勘探"潜在商业区域"，在那里石油生产或储存可能在 15 年内变为现实。[1] 在南澳大利亚州，关于授予石油保留许可的规定要求至少钻探一个油井，以证明受管制资源的存在。[2]

268. 当勘探许可证或执照持有人转向商业生产时，他们必须申请一种不同类型的许可证，授权其进行商业化批量生产，一般称为生产许可证，尽管在新南威尔士州被称为生产租约。除西澳大利亚州外，[3] 各州并未规定申请生产许可证或保留许可须声明位置或明确的期限，但勘探许可证期满除外。

269. 新南威尔士州、北领地、昆士兰州、南澳大利亚州和维多利亚州的陆上石油法都授权相关部长要求勘探许可证持有者申请生产许可。[4] 立法一般不考虑在一个勘探许可区域（南澳大利亚州除外）发放多个生产许可证。

（二）海洋

270. 根据《2006 年海上石油和温室气体储存法》（联邦）第 97 条规定，除非获得石油勘探许可证或该法规定的许可证，否则在联邦近海区域勘探石油属于违法行为。勘探许可证授权其持有者

〔1〕 *Petroleum and Gas（Production and Safety）Act 2004*（Qld），s. 90.

〔2〕 *Petroleum and Geothermal Energy Act 2000*（SA），s. 30.

〔3〕 *Petroleum and Geothermal Energy Resources Act 1967*（WA），s. 48A.

〔4〕 *Petroleum（Onshore）Act 1991*（NSW），s. 37; *Petroleum Act*（NT），s. 30; *Petroleum and Gas（Production and Safety）Act 2004*（Qld），s. 96; *Petroleum and Geothermal Energy Resources Act 2000*（SA），s. 36; *Petroleum Act 1998*（Vic），s. 35.

在许可区域内进行勘探的专有权。[1]各州的海上石油立法中有关勘探许可证/执照的规定，适用于各州沿海水域。

二、生产许可

（一）陆上

271. 一旦发现储层，就要制定油田开发计划。油田开发完成后，即进入生产阶段。初级、二级和三级方法用于获取碳氢化合物。生产石油需要生产许可证。

272. 西澳大利亚州几乎在出台《1967 年石油（淹没陆地）法》的同时出台了《1967 年石油法》，并采用了适用于内水和外水的相似原则。这些原则通过划分区块和标识包含"发现物"的区块来界定许可区域。这反过来又为必须申请生产许可证的时间开始计时。尽管西澳大利亚州、新南威尔士州、北领地和昆士兰州都是通过参照区块确定许可区域，但南澳大利亚州和维多利亚州并非如此。

273. 与西澳大利亚州不同，南澳大利亚州在 20 世纪末对其《1940 年石油法》进行了一次重大审查，但没有遵循联邦海上石油开采法规。相反，转向了基于确定性、公开性、透明度、灵活性、实用性和高效性等原则的监管方式。承租时间更短的小型勘探承租人被纳入进来以促进竞争，并将生产许可证的区域限制在已探明和可能的石油储量下面积的两倍。

274. 生产许可证通常包含以下条件；被许可人遵守法律；应支付特许权使用费；提供指定金额的保险或"财务保证"，用于当违反法律时所应承担的责任。表 3 比较了与生产许可证有关的州制度的一些主要特点，包括生产许可证的名称、勘探许可证或保留许可证持有者是否有权在商业性探明石油时有权获得生产许可、是否

---

[1] *Offshore Petroleum and Greenhouse Gas Storage Act 2006*（Cth），s. 98.

可以获得保留租约以评估资源的商业可行性、生产租约的条件以及石油开采权的特许权使用费。

表3 州/领地生产许可制度主要特点

州/领地	自动获得生产许可权或由决策者自行决定	评 估	生产许可的期限	矿区土地使用费	授权名字
西澳大利亚州	法定权利	保留租约	21 年	5% ~ 12.5%	生产许可证
新南威尔士州	州长自主决定	评估租约	最多 21 年	前 5 年为零；从第 6 到第 10 年为 6% ~ 10%	生产租约
维多利亚州	州长与委员会	保留租约	无期限限制	10%	石油租约
昆士兰州	州长与委员会	无保留租约	最多 30 年	10%	石油租约
南澳大利亚州	法定权利	保留租约	无限制	10%	石油生产许可证
北领地	法定权利	保留租约	21 年 ~ 25 年	10%	生产许可证

（二）海上

275. 各州和北领地的海上石油立法中也有关于生产许可证的规定，并适用于各州沿海水域。在联邦海域，OPGGSA 第 161 条规定需要生产许可证以授权开采石油，以及为此目的进行必要的勘探和操作。申请者可以申请从属于当前勘探和/或保留租约的区块的生产许可证。如果勘探许可证持有者按照 OPGGSA 的规定发现商业石油，将被颁发生产许可证，授权许可证持有者在许可区域开采石油，并授予其开采石油的产权。[1]

276. 如果联合管理局（JA）决定授予生产许可证，国家海洋石油产权管理局（NOPTA）将向申请者签发要约，申请者可通过提交授予生产许可证的请求来接受该要约。[2] OPGGSA 对生产许可证加了一些标准条件，联合管理局也可以附加其认为适当的任何条件。[3] 许可证没有固定期限，但如果 5 年内没有任何活动，许可证可能会被终止。[4]

277. 生产许可证转让的权利已被考虑到。在澳大利亚西部矿业资源公司诉联邦的案例中，[5] 人们发现，根据适用于帝汶海的海上联邦石油法签发的勘探许可证是“财产”，尽管这是一项由成文法而非普通法创造的权利，因为勘探许可证可以酌情转让并予以注册，被注册在注册簿上，并且可限定条件。但是，联邦法院的裁定被上诉到高等法院，后者推翻了该裁定。[6]

278. 根据所使用的生产设施类型［例如移动式海上钻井装置（MODU）］，申请者可能还需要考虑其是否受任何澳大利亚海事法规的约束，包括《1981 年航运登记法》（联邦）和《2012 年航海法》（联邦）。

第三节　特许权使用费

279. 石油是政府的财产，一旦生产即产生支付特许权使用费

---

〔1〕《海上石油和温室气体储存法》第 98 条授予开发的权利。《海上石油和温室气体储存法》第 285 条表示，从许可区域获取的石油属于石油生产许可所属的财产。

〔2〕 *Offshore Petroleum and Greenhouse Gas Storage Act 2006*（Cth），s. 260.

〔3〕 Section 162.

〔4〕 Section 166.

〔5〕 *Commonwealth v. WMC Resources*（1996）67 FCR 153.

〔6〕 *Commonwealth v. WMC Resources*（1998）194 CLR 1.

的义务。使用费总体上是 10%～12.5%，是根据实际销售收入减去处理、加工、炼化和运输成本后计算得出的。

第四节　非常规石油

280. "非常规石油"是用来描述烃源岩缺乏渗透性的术语，在这里，油气被截留，并且石油向油井的移动受到限制。因此，需要非常规的方式来维持生产。

281. 迄今为止，澳大利亚所有非常规天然气的勘探和开发都发生在陆上，因此受州/领地立法的管制。新南威尔士州、北领地、南澳大利亚州和西澳大利亚州利用其现有石油立法对非常规天然气的开采许可进行管制。[1]只有维多利亚州颁布专门立法来管制非常规石油资源的开发，即《1990 年矿产资源（可持续发展）法》（维多利亚州）。

282. 澳大利亚的石油立法不是为了处理从页岩或低渗透岩开采的石油而起草的，这与从常规石油储藏区开采的石油不同。因此，从勘探许可证过渡到生产许可证的许可区域的规模和期限是按照常规意义起草的，需要适用于非常规生产。这会给它们的适用带来问题。

283. 由于不需要防渗盖层，非常规资源的面积可能比常规资源大得多。非常规资源的划界很难确定，通常需要在维持生产可行性基础上采取额外的步骤。常规石油作业已经确立的方法或步骤有：勘探；一旦发现就对油井进行评估、开采与生产。在常规石油生产方面，一个单独的油井可用来生产相当数量的资源。因此，在常规生产中判断何时进行商业化生产是可行的、何时过渡到生产许

---

〔1〕 *Petroleum（Onshore）Act 1991*（NSW）；*Petroleum Act*（no date）（NT）；*Petroleum and Gas（Production and Safety）Act 2004*（Qld）；*Petroleum and Geothermal Energy Act 2000*（SA）；*Petroleum and Geothermal Energy Resources* Act 1967（WA）.

可证阶段要比非常规生产更清晰，后者可能需要钻探多个油井、测试流量并使用试验装置。

284. 由于资源评估需要相当长时间，非常规作业的开发阶段可能会重叠。立法没有对非常规石油或概念验证型作业中的"评估"进行定义。它也没有提供小规模试验厂和石油销售来检验页岩或致密岩项目的可行性。南澳大利亚州和昆士兰州确实提供了一些针对可行性检测的具体规定。

285. 此外，社区对水力压裂对环境的影响、煤层气开发中的用水、地下水开采对地下蓄水层的影响以及侵入农用地等非常规资源问题的关注，促使其开展问询和管制，并对石油勘探许可证采取禁止或暂停的形式。例如：

　　−在维多利亚州，自 2012 年起暂停非常规石油和天然气活动。2016 年 8 月，政府禁止所有非常规陆上天然气（压裂）和煤层气开采，并暂停任何其他陆上天然气作业，直至 2020 年 6 月 30 日。

　　−2016 年 9 月开始在北领地暂停压裂法并进行独立科学调查。

　　−在塔斯马尼亚州，政府从 2014 年 3 月至 2020 年 3 月暂停压裂法，尽管，迄今为止塔斯马尼亚州没有油气生产，也没有采用过压裂法。允许开展其他非常规天然气资源勘探活动。

286. 其他州没有禁止开发非常规天然气资源，但已开展或委托进行调查和/或加强环境监管。2012 年 12 月，南澳大利亚州制造、创新、贸易、资源与能源部（DMITRE）（现称为州发展部能源司）发布了南澳大利亚州非常规天然气项目路线图。路线图包含 125 个建议，涵盖非常规天然气项目的全生命周期，从勘探到生产以及可能的液化天然气出口，以根据《2000 年石油和地热能源法》

（南澳大利亚州）鼓励对非常规天然气进行安全勘探和生产。[1]

287. 2011 年，新南威尔士州冻结了陆上石油勘探许可申请。2012 年，政府对煤层气生产商提出了新要求，包括：作为新的战略性区域土地使用政策的一部分，在居民区和村庄周边划定两公里的专属区，蓄水层干预政策，油井完整性实施规程，煤层气压裂增产实施规程以及禁止有害物质苯系物（BTEX）化学品（石油化合物苯、甲苯、乙苯和二甲苯）和蒸发池。[2] 2013 年 2 月，总理指示新南威尔士州首席科学家和工程师对煤层气相关活动进行全面审查，重点关注人类健康和环境影响。[3] 新南威尔士州煤层气活动独立审查最终报告于 2014 年 9 月 30 日发布，之后政府发布了《新南威尔士州天然气计划》（2014 年），阐明其对报告的回应以及煤层气行业的战略监管计划。虽然勘探许可证冻结已于 2015 年 9 月到期，但天然气计划带来了大量立法和监管变化，包括指定环境保护局作为负责煤层气相关审批的主要监管机构。

288. 昆士兰州也确立了一个全面的治理框架，以对该州煤层气行业发展进行监管。所有重大煤层气生产项目的申请都必须经过严格的评估和审批程序，依据《1971 年州开发和公共工程组织法》（昆士兰州）或《1994 年环境保护法》（昆士兰州）开展环境影响报告程序。除此之外，昆士兰州政府已禁止使用蒸发坝，提高了煤层气水处理和使用的条件；禁止在压裂液体中使用苯系物化学品；根据《2014 年区域规划利益法》，为区域利益领域的拟议活动制定

---

〔1〕 Department of State Development, *Unconventional Gas Projects*, http://www. statedevelopment. sa. gov. au/resources/unconventional-gas-projects (accessed 21 Nov. 2016).

〔2〕 New South Wales Government, Department of Industry, Resources and Energy Division, *Coal Seam Gas: Codes, Policies and Legislation*, http://www. resourcesandenergy. nsw. gov. au/landholders-and-community/coal-seam-gas/codes-and-policies (accessed 21 Nov. 2016).

〔3〕 http://www. chiefscientist. nsw. gov. au/reports/coal-seam-gas-review (accessed 21 Nov. 2016).

了区域利益开发审批（RIDA）要求；并设立了煤层气合规部门，以监管煤层气运营商以确保它们符合现行法律法规；通过《2014年矿产和能源资源（共同条款）法》（昆士兰州）制定了有关土地准入和补偿的新规定。

289. 2011 年，西澳大利亚州矿山与石油部委托一份独立报告，评估《1967 年石油与地热资源法》（西澳大利亚州）对该州页岩气勘探和生产活动的管制能力。这份名为《西澳大利亚州页岩气、煤层气和致密气活动监管》的报告于 2011 年发布。矿山与石油部于 2011 年 10 月 31 日公开进行回应，并接受了大量改善监管的建议。然而，2013 年 8 月，为回应社区的持续关切，西澳大利亚州议会环境与公共事务常务委员会对水力压裂及其对该州的影响进行了调查，并于 2015 年 11 月提交了报告。[1]该州目前适用常规石油和天然气法律法规来评估非常规资源的生产。《西澳大利亚州页岩气和致密气监管框架指南：一个整体政府方法（2015 年)》阐述了该州对页岩气和致密气项目的评估与监管流程。

290. 各州和北领地都没有关于页岩油或致密岩油的特殊许可制度。许可制度未专门针对页岩油或致密岩油，或从这些地质形态中开采的石油。所有的石油法律都有石油的定义，即所有天然发生的气态、液态或固态的碳氢化合物，但油页岩和煤除外。油页岩是一种富含有机质的细粒沉淀岩，含有机复合油母岩。为了从油母岩中提取石油，必须对其进行开采和处理。

---

〔1〕 Standing Committee on Environment and Public Affairs, *Implications for Western Australia of Hydraulic Fracturing for Unconventional Gas*, Report 42 (November 2015).

第五节　石油立法管理

一、陆上石油

291. 澳大利亚所有州和领地都有强有力的监管框架，以处理石油勘探和生产造成的影响。在澳大利亚所有的管辖区，有意开展钻探和增产作业的公司必须向有关部门提交多项申请，包括：钻井申请、环境规划和安全管理计划。对这些计划的评估将确定作业期间所需的额外措施，诸如蓄水层的监控。

292. 州和领地政府部门负责石油立法的管理，包括对上游石油和天然气活动的监管。表4列出了负责管理陆上石油法的相关州政府部门。

表4　州和领地石油监管机构（截至2016年11月21日）

辖　区	部　门
新南威尔士州	工业部资源与能源司：矿产与石油
维多利亚州	环境与第一产业部
昆士兰州	自然资源与矿山部
西澳大利亚州	矿山与石油部
南澳大利亚州	州发展、能源与资源部
塔斯马尼亚州	基础设施、能源与资源部
北领地	矿山与能源部

二、海上石油

293. 在州沿海水域，州和领地资源部门执行州/领地海上石油立法。[1]

294. 自 20 世纪 90 年代开始至今，联邦海上立法与执法体制的发展与现代化是一项长期工作。它见证了基于旧《1967 年石油（淹没陆地）法》的命令性监管结构逐渐被基于结果的监管所取代：首先关于职业安全，随后是环境、数据管理，直至最近是资源管理。2006 年，《1967 年石油（淹没陆地）法》（联邦）被修订并重新颁布为《2006 年海上石油法》（联邦）（OPA），目前称为《2006 年海上石油和温室气体储存法》（联邦）。

295. 2009 年澳大利亚北部海域发生蒙塔拉井喷和漏油事件后，监管体系发生了一些根本性变化。蒙塔拉井喷事件的调查报告批评了北领地对监管任务采取的最低限度的做法，并对海上监管框架提出了一些批评。[2]联邦立法机关颁布了《2010 年海上石油和温室气体储存立法修正案（综合措施）》（联邦），以扩大安全监管机构即国家海洋石油安全管理局（NOPSA）的权力，以对设施、油井及相关设备的结构整体性进行监管，以前由指定机构（DA）负责。《2011 年海上石油和温室气体储存修正案（国家监管机构）》（联邦）做了进一步修改。2012 年，NOPSA 经修正案更名为国家海洋石油安全与环境管理局，将环境管理纳入管理范围。[3]

296. 随着《2013 年海上石油和温室气体（合规措施）法》（联邦）和《2013 年海上石油和温室气体（合规措施 2）法》（联邦）的通过，现代化进程、环境保护、合规和执法进一步加强。这些法律引入了民事处罚制度，提高了刑事处罚标准，并实施了一系列替代执行机制，这些机制在 2014 年 10 月颁布《2014 年监管权力（标准条款）法》之后生效。

---

〔1〕　海洋石油法的实施在本书后面第三编"石油监管框架"中也进行了讨论。

〔2〕　Borthwick D, *Report of the Montara Commission of Inquiry*, Executive Summary，6 (Government of Australia，2010).

〔3〕　*Ofshore Petroleum Act 2006*（Cth），s. 645.

297. 如今,负责上游石油和天然气监管的主要机构有:联合机构、国家海洋石油产权管理局和国家海洋石油安全与环境管理局。根据《2006 年海上石油和温室气体储存法》,联合机构是主要决策者。各州和北领地联合机构由联邦资源与能源部长和相关州或北领地部长组成。联合机构有权根据 OPGGSA 做出某些决策,包括(但不限于)授予石油产权、产权实施的条件和产权的消灭,以及有关资源管理和资源安全的决策。

298. 石油立法的日常管理权属于 NOPTA 和 NOPSEMA。NOPTA 是一个管理机构,其职能大致分为咨询和监管。NOPTA 为联合机构有关所有权授予与终止、工作计划的审批、现场开发计划、统一实施要求和其他资源管理决策等决定事项提供准备。监管职能涉及数据和信息管理。NOPSEMA 是一个独立法定机构,负责监管环境与安全的各个方面。

299. 除了 NOPSEMA 要求的环境审批,联邦海洋地区的上游石油项目可根据《1999 年环境保护和生物多样性保护法》(联邦)的要求进行评估与批准。任何能对、将对或可能对该法所阐明的九个"具有国家环境重要性的事项"有"重大影响"的提议,都应提交联邦环境部长评估与审批。陆地区域和州沿海区域的石油项目也可能需要根据《1999 年环境保护和生物多样性保护法》(联邦)要求进行评估与审批。

第二章　开　发

第一节　"捕获规则"

300. "捕获规则"起源于美国。它规定有权从某一区域生产石油和天然气的人拥有从该地区油井开采的石油和天然气，尽管可以证明部分石油和天然气从临近土地迁移而来。简单来说，捕获规则允许矿产（石油和天然气）因地下运动而丢失，石油归属于最先开采它的人。作为捕获规则的结果，具有土地使用权的个人竞相生产储藏区的资源，以免丧失机会。这种竞争会导致浪费。

301. 在澳大利亚，捕获规则可以出现在管辖区之间乃至一个管辖区内。根据管辖边界限划分的石油矿藏，例如在南澳大利亚州与昆士兰州之间的库珀盆地，可以考虑适用捕获规则。各州和北领地的法律都宣布地表之上或之下的所有石油都属于国家或政府财产。[1]这些产权声明的效力在于，它们在声明期间就已经确定，并且管辖范围内的所有石油在颁布时已被获取；或者它们可能是灵活的，因为它们有时包括管辖范围内的石油。

302. 捕获规则适用的第二种方式是确定石油生产所有权人的权利。当生产权授予某一特定人时，它是否只包括储层被钻探干扰前的石油，或者包括迁移到该区域的石油？一个储区可能超出生产授权的边界，一个生产授权可能覆盖其土地所有权周围的诸多土

---

[1] *Petroleum（Onshore）Act 1991*（NSW），s. 6；*Petroleum Act*（NT），s. 6；*Petroleum and Gas（Production and Safety）Act 2004*（Qld），s. 26；*Petroleum and Geothermal Energy Act 2000*（SA），s. 5；*Mineral Resources Development Act 1995*（Tas），s. 6；*Petroleum Act 1998*（Vic），s. 13；*Petroleum and Geothermal Energy Resources Act 1967*（WA），s. 9.

地，从而将生产权授予其他不同的生产权所有权人。当各种授权持有人存在权利交叉时，储区管理和公平问题非常重要。

303. 发展中国家通常的体制特点是允许政府密切控制石油和天然气的开发。由于潜在的"捕获规则"争议问题，澳大利亚法律体系制定了统一开发的原则。如果一个许可证持有者在许可区域发现石油，且储层延伸至另一许可区域，法律规定了即允许不同的许可证持有者共同生产的原则。

304. 澳大利亚实行强制和自愿相结合。自愿统一比强制统一更为常见。自愿统一具有经济效益，因为实现类似的开采需要钻探的井更少，而且可以更有效地规划二级开采技术。

305. 各州和北领地（塔斯马尼亚州除外）的陆上石油法包含强制统一的条款。[1]立法上要求统一的基本目的是避免浪费，从而避免因开采而付给州政府的特许权使用费受到损失。澳大利亚大陆所有等效条款的共同特点是：至少颁发一个生产许可；相关部长可以要求被许可人统一安排；如果被许可人不安排统一计划，将被强加一个计划；部长没有权力在被许可人未自愿实施计划的情况下强加一个计划。[2]绝大部分管辖区，包括南澳大利亚州、维多利亚州和北领地，将统一开采要求限定在州边界内，但西澳大利亚州的石油法专门解决了跨越州边境的油田问题。[3]

306. 澳大利亚有大量多油田统一开发的例子。统一原则不仅适用于两个许可区域的油田，而且适用于多个油田和多个不同合资企业的许可区域，将其合并为一个统一的覆盖整个区域的联合体。在南澳大利亚州，《1975 年库珀盆地（批准）法》（南澳大利亚州）

---

〔1〕 *Petroleum Act 1984* （NT）, s. 69; *Petroleum and Geothermal Energy Act 2000* (SA), s. 42; *Petroleum Act 1998* （Vic）, s. 79; *Petroleum and Geothermal Energy Resources Act 1967* （WA）, s. 69.

〔2〕 *See*, for example, *Petroleum and Geothermal Energy Resources Act 2007* （SA）, s. 42.

〔3〕 *Petroleum and Geothermal Energy Resources Act 1967* （WA）, s. 69.

和《1981年富石峰（Stony Point）（液体项目）批准法》（南澳大利亚州）是批准统一开发油田的示范立法。

第二节　竞争法

307.《2010年竞争与消费者法》（联邦）（之前是《1974年贸易惯例法》（联邦）） 的第四部分规定了澳大利亚竞争法的核心条款。《竞争与消费者法》旨在通过允许商品与服务供应存在竞争来加强资源配置。在市场竞争的概念中，必须有一个拥有众多卖方的市场，使市场为商品和服务定价。如果有数量充足的卖方，那么没有一个卖方能确定价格。如果没有数量充足的卖方，就会产生垄断（或寡头垄断），卖方可以为产品确定更高的价格，高于在竞争市场的预期价格，从消费者那里赚取更高利润。这意味着资源配置不公平。

308. 行业参与者在能源与资源项目中的合作非常普遍。这种合作主要是因为需要大量的资本和风险分配。例如，澳大利亚油气项目长期存在合资企业之间的联合营销协议。这些协议经常只有一个购买者，允许合资企业利用规模经济和一方的特殊专长来销售其产品。然而，这些项目的参与者经常是竞争者，因此，根据《竞争与消费者法》，这种合作属于"卡特尔行为"，这会大大减少市场竞争。

309. 卡特尔行为是严重违法行为，受到民事和刑事处罚，包括对公司处1000万澳元以上的罚款及对责任人处10年以下的监禁。公司补偿其管理人员的费用和任何经济处罚都是违法的。《竞争与消费者法》禁止的行为包括固定、控制或维持价格。除此之外，《竞争与消费者法》禁止公司签订实质性减少竞争的合同。这是一个"全能性"条款。通过合作获取机会的公司在确定、控制或维持价格或交易折扣、回扣或有特定性条款时，需要考虑它们在

《竞争与消费者法》中规定的义务。不论其对竞争的影响如何，这些都是《竞争与消费者法》禁止的卡特尔行为。

310. 有关卡特尔行为，石油和天然气公司可通过三种途径处理竞争法问题：①适用"合资企业"豁免；②将行为定性为"独家交易"；或③申请授权。

一、"合资企业"豁免

311. 合资企业豁免适用于协议或签订联合营销协议的合资企业各方。这些协议要求竞争者之间在价格和条款上达成共识。任何此类价格协议都将影响竞争过程。但是，为合资企业的目的而达成的价格协议，如果涉及合资企业的两个或两个以上的当事方按照各自在合资企业中的利益比例共同供应，则不受禁止。这就提供了一种有效保护，使合资企业在商定一个固定价格时，不受《竞争与消费者法》规定的严格责任的影响。

312. 尽管存在合资企业豁免，但如果联合营销协议旨在实质性地减少市场竞争，则可能违反《竞争与消费者法》。有两种特殊类型的协议会导致潜在问题。第一种类型是合资各方的协议中共同推介企业的产品并固定或维持其价格。这可能会大大减少市场竞争。第二种类型是合资企业与其用户之间的协议，协议中可能引入排他性协定，这也有实质上减少竞争的效果。

313. 从竞争角度看，石油和天然气的性质存在差异。天然气不易存储，需要持续流动地配送，不能中断，否则可被独立销售，因此通过单个实体销售天然气合资企业的产出具有运营规模优势。对天然气进行独立销售往往不可行。即使是可行的，如果合资企业要单独销售其产出的份额，需要考虑联合销售协议的反竞争效应，而不是在销售方面进行协调。

二、"排他性交易"

314. 《竞争与消费者法》还规定一项机制，即如果行为构成卡特尔行为，则可将其归类为独家交易（而不是第三方强迫），在这种情况下，该行为不构成对卡特尔行为禁令的违反。

315.《竞争与消费者法》第47条禁止各种形式的独家交易。一个公司从事独家交易的情形是，它向一个人提供商品或服务的条件是后者不从前者的竞争者处购买商品或服务，或者相反，它购买商品或服务的条件是供应商不向其他人供应产品或服务。但是，除非独家交易的目的是大幅度减少竞争，否则不违反《竞争与消费者法》。如果行为是独家交易的一部分，其本身并不违法，但必须接受违反《竞争与消费者法》的竞争测试。当事人可以将可能属于独家交易的各种行为通知 ACCC，在通知有效期间，它们将不会被视为违反第47条的行为。如果它们认为该行为将实质上减少竞争，给公众带来的益处不会超出反竞争损害的情况下，澳大利亚竞争与消费者委员会才能撤回通知。

316. 如果一项协议被描述为纯粹的纵向市场而不是横向市场，则可以适用此豁免。分包能有助于遵守竞争法。

三、授权

317. 如果澳大利亚竞争与消费者委员会认为该行为的公共利益大于任何反竞争损害，则可以对违反《竞争与消费者法》禁令的行为授权。如果获得授权，该行为豁免适用该法的竞争条款。豁免期限将由澳大利亚竞争与消费者委员会决定。

第三章 运 输

318. 碳氢化合物的初步加工作为开采的一部分发生在现场。加工涉及将产品分成油、水和天然气。

319. 采出的天然气经过处理，可除去乙烷、丙烷等液态天然气。丁烷和冷凝液直接销售给工业和石化部门。天然产生的液化石油气（丙烷和丁烷）从天然气和冷凝物中分离出来，用加压罐压缩并运输到国内或出口市场。

320. 主要成分是甲烷的天然气通常通过管道被输送到天然气加工厂。惰性气体、液态烃、硫和杂质从天然气中除去，留下主要由甲烷组成的商用天然气。加工后的天然气可以直接出售，也可以卖给天然气零售商。零售商将要求第三方进入输配管道，以便将天然气配送给国内消费者。

321. 天然气也可转化为液化天然气装载到海运油轮上，并通过将甲烷冷却至-161.5℃出口，其体积大约比甲烷当量体积小600倍。这样，在管道不经济或不可能的情况下，可以通过船舶运输。其后液态甲烷通过管道加热和配送被卸载到目的地。目前，对天然气（包括 LNG）出口没有明确限制，也没有具体的监管制度，它是因海外需求旺盛而正迅速扩张的出口行业。

第一节 管 道

322. 澳大利亚有三个天然气市场：东部市场，覆盖维多利亚州、新南威尔士州、昆士兰州、南澳大利亚州和塔斯马尼亚州；北部市场，覆盖北领地和部分南澳大利亚地区；西部市场，覆盖西澳大利亚州。澳大利亚的主要人口中心彼此隔绝，而且与盆地相距甚远。产品通常与任何基础设施都有一定距离，通常需要某种形式的运输。建设管道需要大量的资本投资，并且要穿越不同实体和个人所有的土地。澳大利亚天然气市场通常由一条连接盆地和市场的主要管道提供服务。在每个盆地都有许多合资企业，但通常只有其中一家拥有供应天然气的基础设施。

323. 每个州或领地都有自己的管道立法。[1] 在不同的州和领地，土地使用权、地役权的取得以及管道建设和运营的批准情况各不相同。州和领地监管制度一般要求获得建造和运营石油管道的管道许可证，并获得管道的土地准入权或使用权。管道的任何环境审批均由州或领地及联邦立法所要求的综合环境审批作为补充。《澳大利亚国家标准 2885》（AS 2885）适用于天然气和石油管道的设计、施工、测试、运营和维护。管道行业适用的许多其他标准在 AS 2885 中被援引为主要文件。

一、管道用地

324. 有两种不同类型的石油/天然气管道：需要单独许可证的管道和可以根据生产许可证建造的管道。如果管道完全位于一个生产许可证范围内，则不需要单独的许可证。如果需要被授予单独的管道许可证，被许可人必须获得土地使用权以建设和运营管道。管道所有者需要就私人土地所有者授予管道建设和运营的土地准入条件进行谈判。管道线路通常属于地役权。由于该权利仅存在于管道用地上，并且没有占支配地位的不动产，因此所需地役权是"总地役权"。"总地役权"通常使法定或规定的许可获益。

325. 政府当局有权强制征用土地，以便获得土地。根据管道

---

〔1〕 *Pipelines Act 1967* (NSW)；*Energy Pipelines Act 2015* (NT)；*Petroleum and Geothermal Energy Act 2000* (SA)；*Petroleum and Gas（Production and Safety）Act 2004* (Qld)；*Gas Pipelines Act 2000* (Tas)；*Pipelines Act 2005* (Vic)；*and the Petroleum Pipelines Act 1969* (WA).

立法，私人土地所有者必须提供管道地役权。如果管道穿过政府土地，一般需要根据土地立法获得地役权。可能还需要获得其他利益相关方的同意，包括原住民权利人、遗产利益相关方、地方政府、牧场承租人和采矿所有权人。

二、天然气输送管道第三方使用权

326. 澳大利亚天然气行业的真正发展开始于 20 世纪 60 年代，它是在相关州政府的帮助下发展起来的，这些州政府希望利用天然气行业来确保本辖区的经济发展。直到 20 世纪 90 年代，澳大利亚天然气市场的特点是存在纵向一体化的天然气公司，在天然气的生产、输送、分销和零售方面拥有垄断地位。天然气输配管道被视为自然垄断，因为天然气通过一个管道系统比通过两个或两个以上运营商进行运输更便宜和更有效。重复建设管道基础设施不具有成本效益。但是，这意味着现有的管道所有者/运营商可能利用其市场权力拒绝第三方进入系统，或者对准入施加不合理的高价，或者设定限制准入的其他条款和条件。[1] 已经出台了法规，以应对传输、配送和零售方面的垄断（私营公司主导的上游石油和天然气部门是竞争性的）。

327. 澳大利亚天然气市场改革始于 20 世纪 90 年代，与电力市场改革一样，这是对澳大利亚国家竞争政策进行更全面审查的一部分。《1997 年天然气管道准入法》，包括《国家天然气管道第三方准入规范》（《天然气管道准入法》），对输配管道的准入进行了规定。如果管道被"涵盖"在该制度下，服务提供商必须有澳大利亚

---

〔1〕 Lyster R and Bradbrook A, *Energy Law and the Environment*, 130（Cambridge University Press, 2006）. 利斯特·R、布拉德布鲁克·A,《能源法与环境》, 130（剑桥大学出版社, 2006）。天然气准入体制受《政府间天然气准入协定》（1997 年 11 月 7 日）管辖，根据该协定，联邦、各州和各领地商议制定了《国家天然气管道第三方准入规范》。该法规规定在《1997 年天然气管道准入法》（南澳大利亚州）第一章和第二章。

竞争与消费者委员会或相关的州或领地监管机构批准的准入协议。准入改革得到机构改革的支持，垂直一体化的天然气公用事业被拆分为独立的传输、分配和零售业务。[1]

328. 在其 2003 年提交给澳大利亚政府委员会的题为《能源市场改革》的报告中，澳大利亚政府委员会能源理事会认为，天然气市场需要进一步改革，并接受了 2002 年澳大利亚能源委员会对能源市场审查，[2] 以及 2004 年生产力委员会关于天然气准入制度的调查报告审查的各项建议。[3] 在 2008 年 7 月 1 日《国家天然气法》生效后，进一步进行了改革。目前《国家天然气法》取代旧的《天然气管道准入法》规定了适用于澳大利亚天然气输配管道的准入条款和条件。《国家天然气法》的目标是"促进对天然气服务的有效投资、高效运营和使用，以满足天然气消费者在天然气供应的价格、质量、安全、可靠性和稳定性方面的长期利益"。[4]

329. 南澳大利亚州是立法引领者，依据《国家天然气法》《国家天然气条例》颁布了《2008 年国家天然气法》（南澳大利亚州）。除西澳大利亚州外，澳大利亚其他所有管辖区均出台或通过立法，以在其管辖区内实施《国家天然气法》。[5] 西澳大利亚州在 2010 年 1 月成为适用《国家天然气法》的管辖区，《2009 年国家天然气准入法》（西澳大利亚州）中规定了具体适用范围。

330. 《国家天然气法》的立法目的与《国家电力法》规定的

〔1〕 Lyster and Bradbrook, *supra* n. 465, 131.

〔2〕 Parer W, Breslin P, Sims R and Agostini D, *Towards a Truly National and Efficient Energy Market* (Commonwealth of Australia, 2002) ('Parer Review').

〔3〕 Australian Productivity Commission, *Review of the Gas Access Regime* (Productivity Commission, 2004).

〔4〕 National Gas Law, s. 23.

〔5〕 *National Gas (ACT) Act 2008* (ACT); *National Gas (New South Wales) Act 2008* (NSW); *National Gas (Northern Territory) Act 2008* (NT); *National Gas (Queensland) Act 2008* (Qld); *National Gas (Tasmania) Act 2008*; *National Gas (Victoria) Act 2008* (Vic); *National Gas Access (WA) Act 2009* (WA); *Australian Energy Market Act 2004* (Cth).

制度保持一致。《国家天然气法》规定了一个决策框架，《国家天然气条例》，其中规定了决策过程。《国家天然气法》设立了两个主要天然气监管机构：首先，澳大利亚能源市场委员会负责《国家天然气条例》的制定、修改和有效性审查。[1] AEMC 根据需要向MCE 报告。其次，AER［在西澳大利亚州是经济监管局（ERA）］作为天然气市场监管机构，负责管道的准入、执法和合规。[2]

（一）根据《国家天然气法》的准入

331. 在《国家天然气法》中，国家竞争委员会（NCC）将"管道"划分为输气管道和配气管道。分类决定了管道依据法律应承担的义务，以及哪些机构依法拥有特定的决策权。输气管道的主要功能是向市场输送天然气。配气管道的主要功能是在市场内配送天然气。跨界管道是指跨越州或领地边界的管道。[3] 终端用户连接点的上游处理设施、集输管线和下游部分管道不包括在管道范围内，因此不受《国家天然气法》的管制范围。[4]

332.《国家天然气法》对受"确定的覆盖范围"约束的管道适用准入规定。[5] 未覆盖管道的使用权属于商业谈判和协议事项，无需向监管机构求助。根据覆盖范围制度来监管管道的目的是减少天然气市场的壁垒，确保纵向一体化的天然气公司不能通过阻止管道准入来限制竞争。

333. 管道可通过多种方式覆盖：

    -之前依据天然气规范覆盖的管道视为依据《国家天然气条例》覆盖的管道；

---

［1］ National Gas Law, ss 69, 74.

［2］ National Gas Law, s. 27.

［3］ National Gas Law, ss 13, 14.

［4］ National Gas Law, s. 2.

［5］《国家天然气法》第一部分第三章规定了覆盖决定。

-任何认为管道满足"覆盖标准"的主体都可以向国家竞争委员会申请覆盖该管道;[1]

-根据《国家天然气条例》批准的招标批准程序,服务提供商被授权建设和运营管道的情况下,该管道可被覆盖;[2]或

-如果服务提供商自愿向监管机构(AER或西澳大利亚州的ERA)提交完全接入协议,并且监管机构制定或批准该自愿接入协议,则管道可被覆盖。[3]

334. 有两种形式的监管适用于覆盖管道。第一种是"全面监管",要求服务提供商向监管机构提交准入协议供其批准。《国家天然气法》规定了 AER 在决定是否批准准入协议时必须考虑的事项,包括《国家天然气法》第 21 条规定的"收入和定价原则"。

335. 第二种是"宽松监管",它为第三方准入提供谈判/仲裁模式,在发生准入纠纷时由监管机构进行仲裁。[4] 宽松监管制度并非旨在使所有被覆盖的管道都受到全面监管;相反,它将能够避免预先设定价格(价格监管)和潜在的全面准入协议。主要关注的是确保适于特定管道服务的监管形式与所涉及的市场力量程度相称。

336. NCC 可以决定批准宽松监管,在做出决定时,会考虑服务提供商的市场力量是否允许对其进行宽松监管。[5] 尽管受到宽松监管的服务提供商不受价格管制,但价格必须与获得这些服务的条款和条件一起公布。[6] 所提供的服务不能进行价格歧视,并根据

---

〔1〕　参见《国家天然气法》第 92 条。第 15 条规定了覆盖标准。

〔2〕　National Gas Law, s. 126.

〔3〕　National Gas Law, s. 127.

〔4〕　《国家天然气法》第二部分第三章规定了宽松的监管。

〔5〕　National Gas Law, ss 89, 110, 132.

〔6〕　National Gas Rules (version 32) (25 Oct. 2016), r. 36.

《国家天然气法》中的准入争议条款进行仲裁。[1]

337.《国家天然气条例》要求澳大利亚能源市场委员会建立和维护一个登记册，登记所有正在或已经受到《国家天然气法》或旧《天然气管道准入法》规定的任何形式的监管或豁免监管的管道。[2]

（二）《竞争与消费者法》第三（A）部分

338.《竞争与消费者法》第三（A）部分规定了一项法律制度，以便利第三方获得由"重要基础设施"提供的特定"服务"。它也被称为国家准入制度。

339. 考虑将《竞争与消费者法》适用于输气管道的出发点是确定什么是"服务"。"服务"的定义依赖于存在一种设施，这种设施①对提供服务至关重要，②具有自然垄断的特征。垄断的产生可能是因为规模经济使提供服务的成本随着经营规模的增加而下降；而且这种资产的性质是，在使用中没有其他经济价值，因此任何失败的潜在进入者将有很高的不可收回成本。这些特点对潜在竞争对手产生了很高的进入壁垒，因此在缺乏政府所有权或监管的情况下，资产或设施所有者在定价和服务提供方面具有很大的决定权。管道必须具备这些特征才能提供《竞争与消费者法》规定的"服务"。

第二节　航　运

340. 澳大利亚政府通过《2003 年海上运输和海上设施安全法》（联邦）和《2003 年海上运输和海上设施安全条例》对澳大利亚海上运输和海上设施的安全进行监管。这项立法是根据《1974 年国

---

〔1〕 关于禁止价格歧视，参见《国家天然气法》第 170 条。《国家天然气法》第六章对准入争议进行了规定。

〔2〕 National Gas Rules（version 32）（25 Oct 2016），r. 133.

际海上人身安全公约》第 XI-2 章和《2003 年国际船舶和港口设施安保规则》制定的。[1]《2012 年航海法》（联邦）和《2012 年海洋安全法》（联邦）也是海事和海运行业的重要法律。

---

[1] *International Convention for the Safety of Life at Sea* (London, UK) adopted 1 Nov. 1974, in force 25 May 1980; 1184 UNTS 2, 1983 ATS No. 22, 14 ILM 959, UKTS 46 (1980), Cmnd 7874. *International Ship and Port Facility Security Code*, Conference of Contracting Governments to the International Convention for the Safety of Life at Sea, 1974 (London, 9-13 Dec. 2002), Conference Resolution 2 (adopted on 12 Dec. 2012), SOLAS/CONF. 5/34, Annex 1, Annex.

第四章 配 送

341. 天然气配送网络将天然气从输送管道输送到终端用户。它们通常由高压和中压管道主干组成，在"城门"（与输气管道的连接点）和主要需求中心之间运行。这个网络用于供应低压管道，后者将天然气输送给企业和住户。能源零售商是配送网络的主要用户。它们大量购买天然气然后出售给消费者。零售商与天然气配送网络运营商通过配送网络给终端用户供应天然气。

342.《国家天然气法》和《国家天然气条例》规定了配电网服务的监管框架。如上所述，《国家天然气法》规定了天然气（以及在西澳大利亚州，液化石油气）配气网络的主要准入制度。如果管道不在本制度范围内，则适用的管道许可证可能包含准入条件，如果没有此类条件，任何准入都将由商业谈判决定。与输气管道一样，天然气配气网络也可能受到《竞争与消费者法》第三部分规定的国家准入制度的约束，但尚未根据该制度做出任何声明。

343. 自 2008 年 7 月 1 日起，AER 已成为所有已覆盖天然气传输和分配管道的州和领地的经济监管机构（西澳大利亚州除外，ERA 监管该州的电力、天然气、水和铁路货运行业）。根据对该服务存在的竞争程度的评估，NCC 将建议是否应对分销网络进行监管。具有管辖权的部长负责决定是否监管，以及监管形式——宽松监管或全面监管。

344. 根据《国家天然气法》，大多数天然气配送网络都受到全面经济监管。对于接受全面监管的行业，网络运营商需准备一份准入协议供监管者审批。准入协议包括第三方获得网络准入的价格和非价格条款和条件。它为各方就准入的商业条款进行谈判提供了起点。如果发生争议，《国家天然气条例》规定了争议解决机制。

345. 获得运营配气网的相关授权需要遵守相关管辖区的许可制度。

第五章　消　费

第一节　天然气市场的运营

346. 天然气市场监管是天然气行业下游行业监管的重要组成部分。AEMO 从 2009 年 7 月 1 日开始管理澳大利亚的天然气市场。虽然其承担了《国家天然气法》第 91A 条规定的多项职能，但两个关键角色是在新南威尔士州、澳大利亚首都领地、昆士兰州、南澳大利亚州、维多利亚州和西澳大利亚州经营天然气零售市场，在澳大利亚东南部经营天然气批发市场，自 2015 年起，负责西澳大利亚州的天然气批发市场。[1]

一、天然气批发市场

347. 澳大利亚东南部的天然气批发市场包括：维多利亚州已申报的天然气批发市场；阿德莱德、布里斯班和悉尼的短期交易市场（STTM）；以及在昆士兰州的沃伦比拉（Wallumbilla）和南澳大利亚洲的蒙巴（Moomba）有交易点的天然气供应中心。维多利亚州天然气批发市场（VDWGM）成立于 1999 年。它在交易的基础上允许注入和获取，维多利亚州天然气传输系统（VGDTS）连接天然气生产商、主要用户和零售商。[2]

---

〔1〕　澳大利亚能源市场运营商也是维多利亚州天然气公开传输系统的系统运营商，自从 2016 年 7 月 1 日，成为西澳大利亚州独立的电力系统运营商。《国家天然气法》第 91B-BG 条规定了系统运营商的功能和权力。

〔2〕　AEMO, *Declared Wholesale Gas Market*, https：//www. aemo. com. au/Gas/Declared-Wholesale-Gas-Market-DWGM（accessed 22 Nov. 2016）.

348. 为了允许从维多利亚州天然气传输系统注入和获取天然气，每个维多利亚州天然气批发市场参与者必须向市场提交与价格/数量相对应的投标和报价。根据这些投标和报价，基于管道系统的安全限制，AEMO 将安排每个参与者的天然气注入和获取，以最大限度地降低供需成本。如果参与者的采气量超过了计划的注入量，他们将按照市场价格支付短缺部分的天然气。如果参加者计划注入的气体超过其计划采气量，会收到超过其采气量市场价的价款。用于结算不平衡报偿的市场价格由 AEMO 在当天开始时确定。[1]

349.《国家天然气法》第 91BI-BN 条包含了对维多利亚州天然气批发市场监管的上位条款。除按照条例注册或豁免注册外，禁止任何人参加维多利亚州天然气批发市场。[2] 以可注册身份参与维多利亚州天然气批发市场的参与者，其前提是：VGDTS 或申报分销系统的服务提供商；向 VGDTS 注入天然气的生产商；与 VGDTS 连接的存储提供商；在 VDWGM 购买或销售天然气的主体；或任何根据条例认定为参与者的主体。[3] AEMO 制定并更新批发市场程序，以管理 VDWGM 的运营。此外，这些规定赋予注册参与者、豁免参与者或其他人权利和义务。[4] AEMO 以及每个零售市场程序参与者都必须遵守这些程序。[5]

350. VDWGM 提供有效的天然气平衡服务，并促进基于短期价格的有限天然气交易。但是，AEMC 在 2016 年 10 月对 VDWGM 进行审查时发现，东海岸市场正在发生变化，特别是液化天然气出口行业的增长给 VDWGM 带来了新的挑战，并暴露出一些缺陷，这些

〔1〕　Australian Energy Market Commission, *Draft Final Report: Review of the Victorian Declared Wholesale Gas Market*, 17 (14 Oct. 2016).

〔2〕　National Gas Law, s. 91BJ.

〔3〕　National Gas Law, subs. 91BI.

〔4〕　National Gas Law, subb 91BM (1), (3).

〔5〕　National Gas Law. s. 91BN.

缺陷"以前被较少互联的运营和更为良性的市场条件所掩盖"。[1]
AEMC 建议对 VDWGM 进行实质性改革,特别是建立一个天然气交
易的"南方枢纽",类似于昆士兰州沃伦比拉的天然气供应枢纽
(见下文)。因此,VDWGM 可能在将来被废除。

351. STTM 是一种基于市场的天然气批发平衡机制,在悉尼、
阿德莱德和布里斯班指定的天然气枢纽建立。它每天为每个枢纽运
行一次。参与者提交投标书、报价、预测和管道容量,用于确定从
生产商向输气用户和枢纽输送天然气的管道输送时间表。市场在每
个枢纽确定每日市场价格,并根据时间表及其偏差对每个枢纽进行
结算。参与者的日常交易按市场价格结算。[2]

352.《国家天然气法》第 91BRA-BRJ 条规定了 STTM 监管的
上位条款。法律禁止任何人参与 STTM,除非它们按照条例注册,
或豁免注册。[3] 如果单位或个人向 STTM 枢纽供应天然气,或从
STTM 枢纽获取天然气,或根据条例被归类为 STTM 参与者,则其
可以可注册身份参与零售市场。[4] AEMO 有权运营和管理 STTM,
包括制定和更新 STTM 程序,该程序管理 STTM 的运营。[5] 除其他
事项外,这些程序授予 STTM 交易参与者、豁免参与者或其他参与
者权利和义务。[6]《国家天然气法》第 91BRJ 条要求参与者必须
遵守 AEMO 和 STTM 程序规定的程序。AEMO 还可以"在提供市场
运营商服务必要或期望的范围内"进行天然气交易。[7]

---

〔1〕 Australian Energy Market Commission, *supra* n. 490, Executive Summary, iv-v (14 Oct. 2016).

〔2〕 AEMO, *Short Term Trading Market*, https://www.aemo.com.au/Gas/Short-Term-Trading-Market-STTM (accessed 22 Nov. 2016).

〔3〕 National Gas Law, s. 91BRD.

〔4〕 National Gas Law, subs. 9ILA (2).

〔5〕 National Gas Law, ss 91BRB, 91BRH.

〔6〕 National Gas Law. subs. 9IBRI.

〔7〕 National Gas Law, subs. 91BRB (2).

353. 沃伦比拉和蒙巴的天然气供应中心是天然气批发交易场所，但属于不受监管的天然气市场。[1] 天然气供应枢纽参与者通过连接沃伦比拉或蒙巴基础管道的电子平台进行标准化、短期天然气产品的交易。《国家天然气法》第91BRK条规定了AEMO与天然气交易相关的职责和权力。AEMO组织集中结算交易，进行审慎管理，并提供报告，以协助参与者管理其投资组合和天然气交付义务。[2] AEMO也可以在天然气交易所必要或可取的范围内进行天然气交易。[3]

二、天然气零售市场

354.《国家天然气法》第七部分和《国家天然气条例》规定了零售市场的监管。《国家天然气法》禁止任何主体以可注册身份参与天然气零售市场，除非其根据《国家天然气条例》注册或享受豁免。[4] 如被划分为下列七个类别之一，则它们能以可注册身份参与零售市场：服务提供商、用户、非计划管道用户、生产商、储存提供商、交易商或其他法定类型。[5] AEMO的主要职能之一是制定和更新零售市场程序以管理零售天然气市场的运营。除此之外，这些程序赋予注册参与者、豁免参与者、用户、终端用户或其他主体权利和义务。[6] AEMO和每个主体都必须遵守天然气零售市场的程序要求。[7]

355. AEMO还提供其他三种主要的天然气零售市场服务。一是

---

〔1〕　National Gas Law, s. 91BRL.

〔2〕　AEMO, *Gas Supply Hubs*, https：//www. aemo. com. au/Gas/Gas‐Supply‐Hubs（accessed 22 Nov. 2016）.

〔3〕　National Gas Law, subs. 91BRK（2）.

〔4〕　National Gas Law, s. 91LB.

〔5〕　National Gas Law, subs. 9ILA（2）.

〔6〕　National Gas Law, s. 91M, subs. 91MA（3）.

〔7〕　National Gas Law. s. 91MB.

交付点管理，即"管理天然气交付点用户转移和零售商之间以及零售商和配气企业之间的相关市场数据"；二是平衡、分配和对账管理，即"管理零售商每日天然气使用分配，以执行天然气供应合同、运输和分配合同"；三是操作服务于零售天然气市场的中央信息技术系统。[1]

第二节　《国家能源用户框架》

356. NECF 是规范能源销售和供应（电力和网状天然气）的一系列国家法律、条例和规章。NECF 包括 NERL、NERR 和国家能源零售法规。南澳大利亚州是牵头立法者，除了《2011 年国家能源零售法（南澳大利亚州）》（南澳大利亚州）外，它还颁布了作为《国家能源零售法》第十部分的《国家能源零售规则》和《2013 年国家能源零售法（地方规定）条例》（简称《国家能源零售法》条例）。NECF 的部分内容也被规定在《国家天然气条例》的新章节中。

357. 截至 2015 年 7 月 1 日，NECF 已开始在昆士兰州、新南威尔士州、澳大利亚首都领地、塔斯马尼亚州和南澳大利亚州实施。将《国家能源零售法》作为适用法律的各管辖区执行 NECF，根据《国家能源零售法》制定的《国家能源零售规则》和《国家能源零售法》条例被作为法律应用。但是，各管辖区对《国家能源零售法》和《国家能源零售规则》的适用做了修改，这造成法律实施上的一些差异。在尚未实施 NECF 的州，州和领地政府继续负责监管能源零售市场。西澳大利亚州和北领地不建议实施改革。

358.《国家能源零售法》确立了向终端用户销售和供应能源的主要法律原则。它与《2010 年竞争与消费者法》（联邦）附表 2 所

---

〔1〕　AEMO, *Gas Retail Markets*, https：//www.aemo.com.au/Gas/Retail - markets - and-metering（accessed 22 Nov. 2016）.

列的《澳大利亚消费者法》（Australian Consumer Law）一起保护电力和天然气供应协议中的小能源用户。小能源用户是每年消费少于100兆瓦时电力或1TJ天然气的家庭能源用户和小企业。

359. NECF要求零售商和分销商与其每个用户直接签署合同。合同的条款和条件受《国家能源零售法》和《国家能源零售规则》的管制。零售合同主要适用于小用户，而配送合同则扩展到与分销商连接网络的所有用户。根据《国家能源零售法》和《国家能源零售规则》，保护消费者的一项关键措施是禁止零售商和分销商与小用户签署合同，以排除它们因故意或疏忽而不能供应能源的责任。[1]

360. NECF规定了零售商与能源消费者之间合同关系的性质。对于零售商来说，合同要求采取的是典型的长期报价形式。[2] 设计典型的长期报价旨在确保所有消费者都能获得至少一个能源报价，其中合同条款和条件是固定的，不受零售商单方面修改的影响。

361. 除了长期报价外，零售商可以根据旨在促进竞争和给予零售商一定灵活性的市场合同销售能源。[3] 市场合同允许零售商针对特定的市场具体定制一个或多个报价。市场合同受一系列最低要求的约束，包括价目表和收费、终止、冷静期和提前终止费用。[4] 双重合同安排在相当长的一段时间内一直是澳大利亚零售能源监管的一个特点，在现有要求的基础上，对管辖区提出了具体的监管要求。这可能会削弱零售商的合同灵活性。

362. 大多数用户很少直接与分销商打交道。对于天然气，在

〔1〕 *National Energy Retail Law（SA）Act 2011*（SA），s. 316.

〔2〕 National Energy Retail Rules（Version 6）（23 Jun. 2013），r. 14. *See also* the provisions for negotiated arrangements under the *National Gas Rules*（version 32）（25 Oct. 2016），Pt. 12A，Gas Connection for Retail Customers.

〔3〕 National Energy Retail Rules（Version 6）（23 Jun. 2013），Pt. 2，Div. 7.

〔4〕 National Energy Retail Rules（Version 6）（23 Jun. 2013），Pt. 2，Div. 7.

NECF 之前，小用户与天然气分销商之间不存在直接的合同关系。根据 NECF，与天然气和电力连接相关的计费一般通过零售商进行管理。NECF 对分销商的供应服务和物理连接服务提出了单独的合同要求。无论是大用户还是小用户，都被视为与分销商就持续供应服务签订了标准格式的连接合同。《国家能源零售法》附表 2 中规定了标准格式连接合同的条款和条件。

363. 对天然气分销商的一个主要影响是与终端用户建立直接的合同关系。以前，天然气分销商的关系是与零售商，以及零售商与用户。这种新的关系意味着天然气分销商直接对用户负责，分销商的行为受《澳大利亚消费者法》的约束。特别是，禁止在与消费者和小企业的标准格式合同中使用不公平条款，以及天然气分销商和终端用户合同中的消费者担保。

第一章　生　产

第一节　海上石油管辖权

364. 澳大利亚石油资源监管的法律框架是一项独特的安排，它与国际法和澳大利亚国内法的发展同步进行，是澳大利亚历史发展的结果，特别是在1901年建立了独立的自治殖民地和联邦。尽管各州/领地根据州/领地立法明确负责监管陆上石油勘探和生产，但在管理海上石油开采方面存在特殊的立法和行政挑战，影响了澳大利亚对其海上石油资源的监管。随着六个殖民地成为州，联邦政府成立，以及随后两个领地的建立，形成九个独立的管辖区，所有管辖区都具有制定有关澳大利亚海域法律的宪法权力。因此，这使得对海上管辖权的监管变得复杂，有时甚至难以实施。[1]

365. 1953年，澳大利亚正式对其大陆架提出了主权要求，《1958年日内瓦大陆架公约》和后来的《联合国海洋法公约》（UNCLOS）承认了这一要求。[2] 根据国际法，海上资源的管辖权

---

〔1〕　See Daintith T, 'A Critical Evaluation of the Petroleum (Submerged Lands) Act as a Regulatory Regime', *AMPLA Yearbook 2000* 91, 93 (2000).

〔2〕　1958 Convention on the Continental Shelf (29 Apr. 1958, Geneva, Switzerland), UKTS 39 (1964), Cmnd 2422, 15 UST 471, 499 UNTS 311 (in force 10 Jun. 1964); 1982 United Nations Convention on the Law of the Sea (10 Dec. 1982, Montego Bay, Jamaica), 1833 UNTS 3, [1994] ATS 31, 21 ILM 1261 (1982) (in force 16 Nov. 1994).

由《联合国海洋法公约》授予，海域分为三个区：

（1）领海：从基线（即低水位线）向海 12 海里；

（2）从 12 海里向海至 200 海里的专属经济区；以及

（3）由联合国大陆架界限委员会决定的从 200 海里到大陆架边缘的大陆架与基线之间至少 200 海里的距离。[1]

366.《联合国海洋法公约》对这些海域进行管制。第 2 条将澳大利亚的领海主权授予联邦。同样，第 56 条赋予澳大利亚联邦专属经济区主权。2008 年 4 月，由于向联合国大陆架界限委员会成功地提交了一份提案，澳大利亚获得了对大陆架某一区域的管辖权。由于澳大利亚海域的扩大，根据《联合国海洋法公约》第 77 条的规定，澳大利亚获得了该大陆架区的海底和底土的矿物和其他非生物资源的主权。

367. 直到 20 世纪 60 年代，联邦在海上石油勘探和生产方面的监管非常有限，其第一批所有权是根据州法律授予的。例如，西澳大利亚州根据州立法颁发了海洋区域许可证。然而，自 20 世纪 60 年代在巴斯海峡发现石油以来，澳大利亚的近海领土一直存在争议。联邦与各州之间根据《1967 年石油协定》对海洋石油的勘探和生产做出了初步规定。[2] 该协定并不打算创设可在普通法法院执行的法律关系。相反，它规定，对领土范围以外的大陆架采取统一的立法措施以鼓励石油活动，州和联邦政府将进行合作，以确保石油资源授权的有效性。[3] 第 26 条明确了该协定的法律地位：

---

〔1〕《联合国海洋法公约》第五部分第76条，"沿海国的大陆架包括其领海以外依其陆地领土的全部自然延伸，扩展到大陆边外缘的海底区域的海床和底土，如果从测算领海宽度的基线量起到大陆边的外缘的距离不到 200 海里，则扩展到 200 海里的距离。"

〔2〕 Hunt C, *The Ofshore Petroleum Regimes of Canada and Australia*, 63（Calgary Institute of Resources Law 1989）. 亨特·C，《加拿大和澳大利亚海上石油制度》，63（卡尔加里资源法研究所，1989 年）。这项联邦、各州与受影响的各领地之间签署的协议于 1967 年 10 月 16 日签署，主要是关于澳大利亚大陆架、联邦特定领地和其他特定沉没陆地的石油资源和其他特定资源的开发和开采。

〔3〕 *Ibid.*, 64.

各级政府承认，本协议的目标不是创设可在法庭上审理的法律关系，而是声明各方应根据本协定的真实含义和精神，对本协定进行全面解释和实施。[1]

368. 为了实现合宪性，每个州和领地政府均就海上石油作业制定了与联邦石油立法即与《1967年石油（淹没陆地）法》（联邦）完全相同的条款，即称为"镜像"立法。此外，所有政府同意，除非事先达成协议，否则不得根据该法制定、修订或废除条例。

369. 1973年，随着《1973年海洋与淹没陆地法》（联邦）的通过，联邦宣布对大陆架和领海拥有主权，引起各州愤怒。这种联邦海洋主权受到各州在海洋和淹没陆地案件中的挑战，认为殖民地在联邦时期对领海区域拥有历史管辖权，因此在后联邦时期继续行使管辖权。[2] 在本案中，高等法院认为，在领海以外的大陆架主权属于联邦。此外，除了吉布斯（Gibbs）和史蒂芬·JJ（Stephen JJ）持异议外，法官们还一致认为领海的主权属于联邦。由于这一决定，各州被剥夺了领海海底和海底地形的财产权，因为它们的领土终止于低水位。[3]

370. 新南威尔士州诉联邦案的判决对各州海上石油的管辖权和收入产生了重大影响，并促使石油生产州和领地与联邦之间进行谈判。由此产生的被称为OCS的谈判永久改变了澳大利亚海洋石油资源的监管和管辖权。根据OCS，海上石油勘探和生产的管辖权由各州/北领地（NT）和联邦政府划分。通过"镜像"立法[联邦和州/领地《石油（淹没陆地）法》]在州和联邦层面制定

---

〔1〕 Crommelin M, 'The Legal Character of Petroleum Production Licences in Australia', in Daintith T, *The Legal Character of Petroleum Licences: A Comparative Study*, 61 (University of Dundee, Centre for Petroleum and Mineral Law Studies, 1981).

〔2〕 *NSW v. Commonwealth* (1975) 135 CLR 337.

〔3〕 Brazil P, *Offshore Constitutional Settlement 1980: A Case Study in Federalism*, 2 (Centre for International and Public Law, Australian National University, 2001).

了法律。[1] 此外，为实施 OCS，还出台了大量其他法规。[2] 根据《2006 年海上石油和温室气体储存法》第 5 条第（2）款的规定，对近海区域的监管如下：

-各州全面监管本州内的水域，如海湾和河口（州或内水）；
-各州负责监管从平均低水位线（沿海水域）向海的前 3 海里；以及
-联邦负责大陆架边缘向海 3 海里的水域（联邦水域）。

371. 除此之外，OPGGSA 第 5 条第（2）款规定，联邦、各州和北领地应在切实可行范围内，在监管和控制澳大利亚领海基线以外的海上勘探和开采方面，尽量保持共同的原则、规则和做法。结构如图 1 所示：

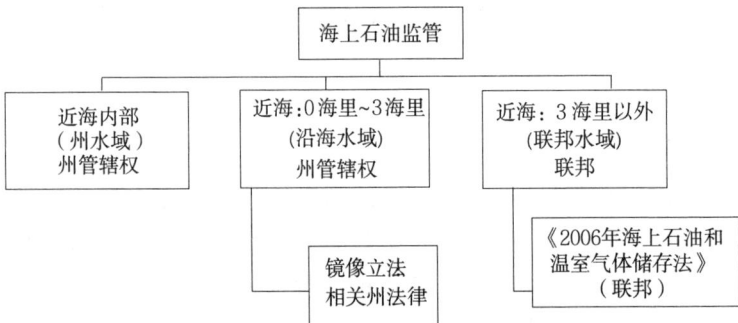

图 1　海上石油监管方案

---

〔1〕 *Petroleum（Submerged Lands）Act 1967*（Cth）; *Petroleum（Submerged Lands）Taxation Act 1967*（NSW）; *Petroleum（Submerged Lands）Act 1982*（NSW）; *Petroleum（Submerged Lands）Act 1982*（Q1d）; *Petroleum（Submerged Lands）Act 1982*（SA）; *Petroleum（Submerged Lands）Act 1982*（Tas）; *Petroleum（Submerged Lands）Act 1982*（Vic）; and *Petroleum（Submerged Lands）Registration Fees Act 1990*（WA）.

〔2〕 Required Acts include *Coastal Waters（Northern Territory Powers）Act 1980*（Cth）; *Coastal Waters（Northern Territory Title）Act 1980*（Cth）; *Coastal Waters（State Powers）Act 1980*（Cth）; *Coastal Waters（State Title）Act 1980*（Cth）; and *Offshore Minerals Act 1984*（Cth）.

372. 在陆上，对石油活动的管辖权仍然是每个州和领地的责任，每个管辖区都通过立法来规范其边界内的石油活动。这是因为对陆上石油资源的管辖权不属于《联邦宪法》第 51 条所列举的联邦权力范围，因而属于州制定有关和平、福利和善政法律的权力。

第二章　开　发

第一节　监管框架概述

373. 历史上，各州/北领地和联邦之间通过联合机构和指定机构共同对海上石油活动（包括颁发石油许可证）进行监管。根据当时 OPGGSA 第 5 条第（2）(c) 款，各州和北领地被要求共同执行联邦海上石油立法。作为共同开展石油资源监管的一部分，最初根据《1967 年石油（淹没陆地）法》（联邦）为每个州或领地设立了联合机构，根据《2006 年海上石油法》（联邦）及其后的 OPGGSA 第 1.3 部分继续存在。联合机构由负责的州部长和联邦部长组成，[1] 联邦部长有权决定联邦和州部长存有异议的事项。[2] 同样，每个州和领地的近海区域都有一个指定机构，由州或领地负责的部长组成。

374. 根据 PSLA，海上石油活动的健康和安全最初由联邦和州/北领地共同承担。然而，在英国发生派珀·阿尔法（Piper Alpha）灾难以及随后的卡伦调查之后，[3] 联邦认识到需要为联邦和州近海区域设立一个独立的海上石油监管机构。作为联邦设立国家安全机构的承诺的一部分，《2003 年石油（淹没陆地）修正法》（联邦）获得通过，设立国家海洋石油安全管理局，并对 PSLA 进行了实质性修订，阐明 NOPSA 的职责，包括其结构和治理是 PSLA 修订的

---

〔1〕　OPGGSA, s. 56.

〔2〕　OPGGSA, s. 59.

〔3〕　The Hon Lord Cullen, *The Public Inquiry into the Piper Alpha Disaster* (Great Britain, Dept. of Energy, 1990).

部分内容。还对职业健康和安全规定进行了修订；要求对所有州/北领地镜像立法进行重大立法改革，以履行 NOPSA 在州和沿海水域的角色和责任，这些州赋予联邦在这些水域监管海上石油安全的权利。

375. 由于 OCS 和 NOPSA 的设立，监管海上石油活动的多个机构的职责不同：

　　-联合机构（包括相关的联邦和州部长）负责监管联邦水域的日常石油作业、管道和海底设施；如果是州，联合机构将监管权委托给由州部长和该部长机构组成的指定机构；

　　-相关州机构监管沿海和内部（州）水域的日常石油作业、管道和海底设施；

　　-相关州或联邦部门依据管辖权监管所有水域内海上石油活动相关的环境事务；以及

　　-除西澳大利亚州和沿海水域外，NOPSA 监管所有水域内海上设施的安全。

376. 但对于严重的设施完整性事件，这种监管可能会继续。然而，2009 年 8 月，蒙塔拉（Montara）油田的 H1 探井发生井喷，导致了大量不可控的碳氢化合物释放，耗时三个多月才将其控制。紧随其后的是 2010 年墨西哥湾"深水地平线"油井的井喷和随之而来的毁灭性石油泄漏。加之先前关于海上石油行业监管责任的审查报告，[1] 澳大利亚决定对海洋石油勘探和生产监管进行重大改革。

377. 2012 年 1 月 1 日生效的 OPGGSA 修正案，从根本上改变了 OPGGSA 制度。根据 OPGGSA 第 56 条的规定，每个海洋区域的联

---

〔1〕　Australian Productivity Commission, *Review of the Regulatory Burden in the Upstream Petroleum (Oil and Gas) Sector: Research Report* (Productivity Commission, 2009).

合机构仍然是最高监管机构，拥有 OPGGSA 第 57 条赋予的广泛监管权。根据新的监管结构，联合机构保留了授予石油勘探许可证的职权。州或北领地相关负责部长与联邦相关负责部长继续成为联合机构的一部分。为实施新的监管结构，成立了两个支持联合管理局的新机构：

（1）NOPTA（在 OPGGSA 中称为"产权管理局"）负责与海上产权相关的申请及评估。它对在联邦水域海上石油活动相关的产权和数据管理职能负有法定责任。

（2）国家海洋石油安全与环境管理局负责海上石油行业的职业健康与安全、设施和平台的结构完整性、环境管理和日常运营。

378. 根据这个安排，有三个监管功能各不相同的机构。因此，"监管者"这个术语根据上下文指联合机构、NOPTA 或 NOPSEMA。为便于确定每个机构的监管职责，新的监管结构如下图 2 所示。

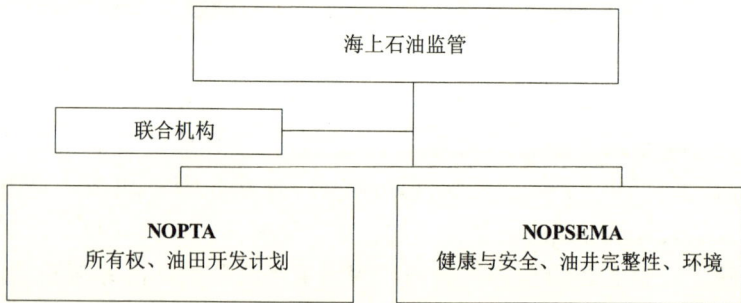

图2　海上石油监管机构的主要功能

第二节　主要立法：联邦水域

379. 澳大利亚最初的《海上石油法》(PSLA)（今天被 OPGGSA

取代）被描述为"精心设计的细节和大规模的授权组合"，[1] 其构建了一个连贯但不寻常的海上石油监管体系，并通过行政规则和权力部门进行阐明。它的适用方式是禁止其所涵盖的活动（例如开采石油），然后对公司从事该活动进行授权（这被称为"指挥和控制"授权计划）。[2] 1967 年联邦为建立石油活动制度而建立的规范性、基于规则的立法结构在当时是必要的。OPGGSA 第 97 条第（1）款规定了该制度，其中"如果某人在海上进行石油勘探，且发生勘探行为，属于犯罪"行为。如果石油开采是"石油勘探许可证授权的，或本法要求的"，则可根据第 97 条第（1）款对石油开采行为进行辩护。[3] 这与基于客观的立法明显不同，例如挪威，该国仅规定了从某地区开采石油需要取得许可证来获得开采石油的权利，[4] 而不是规定开采石油为非法行为而后创造条件使其合法化。

380. 由于石油作业的变化，1967 年对 PSLA 的规则修订意味着 1965—2005 年间对该法的修订超过 1000 次，导致该法产生了 30 多个独立的法律汇编。[5] 业界和政府都认为，大量的修改和更新，[6] 使 PSLA 变得笨重、臃肿和复杂，导致 2006 年对 PSLA 进行了重新修订。新修订的《2006 年海上石油法》（联邦）只对立法的结构和风格进行了修改，仅对 PSLA 中规定的制度进行了一些小的修改。[7] 2009 年，《2006 年海上石油法》新增了温室气体储存的规

---

〔1〕 Daintith T, *Discretion in the Administration of Offshere Oiland Gas: A Comparative Study*, 13（AMPLA, 2005）.

〔2〕 As noted in Daintith T, *supra* n. 511.

〔3〕 OPGGSA, subs. 97（2）.

〔4〕 国家监管石油活动的权利是通过《1996 年石油活动法》（挪威）第 1-2 部分赋予的，获取石油的权利是根据《1996 年石油活动法》（挪威）第 3-2 部分赋予的。

〔5〕 《1967 年石油（淹没陆地）法》（联邦）的全面立法历史，载 https://www.legislation.gov.au/，最后访问日期：2016 年 9 月 18 日。

〔6〕 Explanatory Memorandum, Offshore Petroleum Bill 2005（Cth）, 2.

〔7〕 *Ibid.*

定，并更名为 OPGGSA。

381. OPGGSA 对联邦水域海上石油勘探和生产及温室气体地质
封存等所有方面进行了规定，共有九章、七个附表：

-第一章：序言
-第二章：有关石油（包括许可证）活动的监管；
-第三章：有关温室气体物质活动的监管；
-第四章：石油转移和交易的登记，包括承包；
-第五章：温室气体产权转让和交易的登记；
-第六章：行政管理，包括监管机构的职权；
-第七章：石油相关信息（包括数据管理和数据提交要求）
-第八章：温室气体相关信息（包括数据管理）
-第九章：其他
-附表1：各州和领地的计划区域；
-附表2：包含规避区域的区域；
-附表3：职业健康与安全（主要安全规定）；
-附表4：适用于石油生产许可证的《特许权法》；
-附表5：2000年3月前提供给指定机构的技术信息披露；
-附表6：过渡条款；
-附表7：巨日升区域。

382. OPGGSA 最初与一般法规、《1985年海上石油和温室气体
储存条例》（OPGGSR）一起颁布，后者主要是关于石油发现、油
井勘测和现行收费标准的相关规定。OPGGSA 现有三个附属法规：

（1）《2011年海上石油和温室气体储存（资源管理）条例》，
详细规定了油井作业、数据和油田开发计划的要求。

（2）《2009年海上石油和温室气体储存（环境）条例》[OPGGS
（E）R]，对环境保护进行规范。

（3）《海上石油和温室气体（安全）条例》[OPGGS（S）R]，对设施（过程）和工人安全进行规范。

383. 这些法规的关系如下图 3 所示。

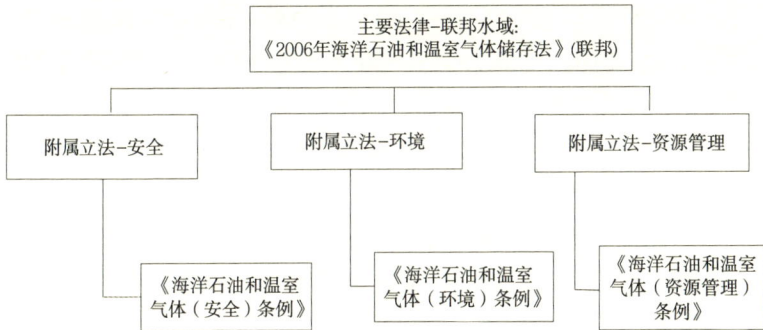

图 3 《2006 年海上石油和温室气体储存法》附属立法

第三节 近海州和沿海水域的主要立法

384. OPGGSA 是一部特殊的法律。大多数石油监管制度将监管细节规定在法规中而不是主要法律中，[1] 但 OPGGSA 则不然。相反，监管细节仍规定在主要法律中，这是 PSLA 最初处理州/领地和联邦管辖权的遗留问题。因此，该法有 1000 多页，分为三卷。世界银行提出，澳大利亚的立法结构应对石油监管方面所需的变化是无效的。[2] 事实上，世界银行将法规视为石油立法的辅助工具，而非制定法律，因为这保持了最大的灵活性，以应对当前需要改变石油作业规章制度的形势变化。

385. 根据 OCS 的规定，监管沿海水域（即由相关州监管的 3

[1] Daintith T, *supra* n. 511.

[2] Onorato W, *Legislative Regimes Used to Foster Petroleum Development*, World Bank Policy Research Working Paper WPS 1420, 4 (World Bank, 1995).

海里以内的区域）海上石油活动的主要立法必须"反映"主要的联邦石油法，即 OPGGSA。镜像立法的原则是州的法律反映或"镜像"该领域的联邦法律。自 OPGGSA 实施以来，大多数司法管辖区对现行石油立法进行了修改。只有维多利亚州认真尝试，修改现行立法以反映联邦的 OPGGSA。虽然现行州/北领地立法的基本原则保持不变，但由于立法形式和起草方式的不同，从实际操作的角度看，它们很难相同。

386. 表5 列举了各州在内水和沿海水域进行海上石油活动的相关立法。由于某些州的石油活动发生在内部水域，受州陆上石油法监管，因此有必要纳入州的陆上立法和海上立法。在西澳大利亚州，特别是在巴罗岛附近，许多重要的石油产权都证实了这一点，这些产权需遵守《1967 年石油和地热能源资源法》（西澳大利亚州）和《1936 年石油法》（西澳大利亚州）。

表5　州/领地监管石油活动的相关立法[1]

管辖区	立　　法	
	陆上和内水	沿海水域
新南威尔士州	-《1991 年石油(陆上)法》 -《2016 年石油(陆上)条例》	-《1982 年石油(海上)法》 -《2016 年石油(海上)条例》
北领地	-《石油法》 -《2016 年陆上石油勘探和生产要求》附表	-《2016 年石油(淹没陆地)法》 -《2013 年石油(淹没陆地)条例》
昆士兰州	-《1923 年石油法》	

---

〔1〕 From T Hunter and J Chandler, *Petroleum Law in Australia*, 140 (LexisNexis Butterworths, 2013) (updated).

管辖区	立　法	
	陆上和内水	沿海水域
	－《2004 年石油和天然气(生产和安全)法》 －《2004 年石油和天然气(生产和安全)条例》 －《2014 年矿产和能源资源(共同条款)法》 －《2014 年矿产和能源资源(共同条款)条例》	－《1982 年石油(淹没陆地)法》
南澳大利亚州	－《2000 年石油和地热能源法》 －《2013 年石油和地热能源条例》	－《1982 年石油(淹没陆地)法》 －《2005 年石油(淹没陆地)条例》
塔斯马尼亚州	－《1995 年矿产资源开采法》	－《1982 年石油(淹没陆地)法》 －《2012 年石油(淹没陆地)(环境管理)条例》 －《2008 年石油(淹没陆地)(潜水安全)条例》 －《2008 年石油(淹没陆地)(海上设施安全管理)条例》 －《2008 年石油(淹没陆地)(职业健康与安全)条例》 －《2008 年石油(淹没陆地)(管道)规章》

管辖区	立　　法	
	陆上和内水	沿海水域
维多利亚州	–《1998 年石油法》 –《2011 年石油条例》 –《2005 年管道法》 –《2007 年管道条例》	–《2010 年海上石油和温室气体储存法》 –《2011 年海上石油和温室气体储存条例》
西澳大利亚州	–《1936 年石油法》* –《1967 年石油和地热能源资源法》 –《1987 年石油和地热能源资源条例》 –《1991 年陆上石油勘探和生产要求》附表 –《2010 年石油和地热能源资源（安全管理）条例》 –《1970 年石油管道法》 –《1970 年石油管道条例》 –《2010 年石油管道（管道作业安全管理）条例》 –《2010 年石油管道（职业健康与安全）条例》	–《1982 年石油（淹没陆地）法》 –《1990 年石油（淹没陆地）条例》 –《2007 年石油（淹没陆地）（潜水安全）条例》 –《2007 年石油（淹没陆地）（海洋设施安全管理）条例》 –《2007 年石油（淹没陆地）（管道）条例》

＊被废除，但继续适用于《巴罗岛租约》。

第四节　石油所有权

387. 根据普通法的格言，"拥有土地的人，也同时拥有地上的天空和地下物",即土地所有者拥有土地表面或地下的所有矿物。[1] 这一普通法推定受金属（金和银）归国有的制约。直到1851年第一部采矿法颁布，对矿产和其他自然资源的控制权都归英国政府所有。[2] 根据1851年之前授予的殖民地土地所有权，地下资源（包括矿产）的所有权根据普通法原则转移给土地所有者（受让人），除非在授予中保留这些权利。地下资源的所有权不包括金银等贵金属，这些贵金属根据皇室的特权而归属国家或政府。[3]

388. 由于成文法的颁布，普通法对所有权的推定已发生重大改变或逆转。1855年，新南威尔士州和维多利亚州宪法赋予州对国家或政府土地的控制权，从而获得了国家或政府的矿产所有权。从那时起，澳大利亚所有管辖区的矿产所有权都发生了变化，澳大利亚各州和领地的矿产法将矿产资源所有权赋予政府。

389. 今天，在所有的州和领地，澳大利亚石油资源的所有权都属于国家或政府所有。塔斯马尼亚州石油（油页岩除外）所有权归政府所有，除非在政府宣布所有权之前持有。[4] 同样，根据《1923年石油法》（昆士兰州）第9条和《2004年石油和天然气（生产和安全）法》（昆士兰州）第26条，昆士兰州石油所有权归政府所有。在新南威尔士州，自然状态下存在于该州任何地表或地表下的石油所有权为政府财产。[5] 在西澳大利亚州，无论是否通过收费转让，在地表或地表下发现的石油也归西澳大利亚州政府所有。[6] 在联邦和领地土地上，陆上石油资源的所有权由联邦政府

〔1〕 For a discussion of this *see* Bradbrook A, 'The Relevance of the Cuius est Solum Doctrine to the Surface Landowner's Claims to Natural Resources Located Above and Beneath His Land', 11 *Adel LR* 462（1988）.

〔2〕 Hunt M, *Minerals and Petroleum Law*, *supra* n. 56, 8.

〔3〕 *Ibid*. Royal Prerogative refers to the customs, privileges and immunities at common law conferred on the Sovereign.

〔4〕 *Mineral Resources Development Act 1995*（Tas）, s. 6.

〔5〕 *Petroleum（Onshore）Act 1991*（NSW）, subs. 6（1）.

〔6〕 *Petroleum and Geothermal Energy Resources Act 1967*（WA）, s. 9.

所有。[1]

390. 各州通常认为其对海岸附近领海的海底拥有所有权，这一点得到了《联合国海洋法公约》第 2 条的支持。在领海以外，联邦对构成其大陆架一部分的海底拥有主权，而不是所有权。此外，不论是否生存在专属经济区和大陆架，根据《联合国海洋法公约》均授予了海底和底土的自然资源主权。[2] 因此，海上石油开发的控制权属于联邦。

391. 作为属地石油资源所有者，[3] 政府有权授予其不受限制的石油资源所有权，以便按照联合国大会 1962 年 12 月 14 日第 1803（XVII）号决定第 1 条"对自然资源的永久主权"的规定[4] 开发这些资源。

第五节　获取石油

392. 如果石油资源的所有权或主权属于州或联邦政府，则政府根据相关法规授予获取石油资源的权利。这种获取澳大利亚石油资源的方式是通过授予石油资源所有权的方式进行的，从法律意义上讲，赋予被许可方获取石油的权利。通过授予石油资源所有权，州政府所有权受到"束缚"，因为在所有权存续期间州无法转让其对资源区域的所有权。但是，一旦所有权到期或归还，州可以自由授予其他土地所有权或将土地所有权转让给其他人。因此，授予石油资源所有权的权利是有条件的权利，取决于拥有或行使该权利所需满足的条件。石油许可证的授予条件通常在立法中规定，或在颁

---

〔1〕　*Atomic Energy Act 1953*（Cth）；*Minerals Acquisition Act 1981*（NT），s. 3.

〔2〕　UNCLOS. Arts 2, 56 and 77.

〔3〕　国家保留对自然资源的属地权利有两个主要原因：资源为国家提供了高经济价值，石油资源的所有权使政府能控制这些资源的开发。

〔4〕　Adopted by General Assembly Resolution 1803（XVII）of 14 Dec. 1962.

发许可证时附带的行政指导说明中规定。

393. 从经济（而非法律）的意义上讲，州授予石油所有权赋予被许可人财产权。[1] 这些权利可能是所有权领域的专有权或非专有权，具体取决于授予的所有权类型。这些权利也可以是专有的，因为它们像其他财产所有权一样是可转让的，并且可以出售。

394. 鉴于澳大利亚海上石油管辖区的数量，本节将提及联邦海上管辖区。在澳大利亚所有管辖区，许可的程序和类型都是相似的。

395. 许可证不是通过允许申请人与监管机构进行协商的"柜台"系统授予的。相反，许可证（现货和工作计划投标）在每年发布区块后都要进行竞争性投标。在每年公布的面积中，政府都会公布一些选定的近海区域进行竞标。联邦资源和能源部长通常每年与澳大利亚石油生产和勘探协会同时发布年度面积，并由年度《海上石油勘探面积发布信息包》进行补充。OPGGSA 第 279 条赋予监管机构保留区块的权力，尽管声明仍然有效，但不会授予此类区块各种权利。每个勘探许可证的大小可能从一个区块到最多 400 个区块不等。

396. 澳大利亚联邦海上石油许可证制度是一项建立在处罚基础上的行政授权。在澳大利亚获取石油是通过授予勘探许可证获得的，根据 OPGGSA 第 98 条规定该许可证赋予在联邦海上区域勘探石油的权利。虽然该法并未明确授予许可区的专有权，但这些专有权是默示权利，因为根据 OPGGSA 第 97 条第（1）款规定，海上石油勘探是被禁止的，除非该活动根据第 97 条第（2）款勘探许可证授权而获得。

397. 石油勘探许可证赋予其持有人在许可区内进行勘探的专

---

〔1〕 Property rights in this context are those rights pertaining to the permissible（socially sanctioned）use of resources, goods and services: D W Pearce（ed）, *The MIT Dictionary of Modern Economics* 364（The MIT Press, 1986）.

有权。在符合 OPGGSA 规定的前提下，此许可证也可转换为生产许可证。如果许可证持有人在商业上发现石油，则将颁发生产许可证，授权被许可人从许可区开采石油，并将已开采石油的产权授予许可证持有人。[1]

398. 未经许可、租约、执照或授权书的授权进行石油作业是违法的。例如，OPGGSA 第 97 条规定，除非石油勘探许可证或 OPGGSA 另有授权，否则任何人在近海区域勘探石油，即属犯罪。惩罚是监禁五年。因此，开展任何石油活动必须有相关许可证、租约或执照。

399. OPGGSA 第四章规定所有权管理人对其石油所有权进行注册。OPGGSA 第 467 条对"所有权"的定义适用于 OPGGSA 第四章，是指石油勘探许可证、石油保留租约、石油生产许可证、基础设施许可证、管道许可证或石油使用权。成为注册持有人的第一个重要原因是，石油所有权下的权利（如已开采石油的财产）属于注册持有人。第二个重要原因是，根据 OPGGSA 的要求，监管机构将与注册持有人打交道。因此，如果石油公司希望收到与其石油所有权有关的通知（例如，与可能终止合同有关的通知），并就此与监管机构进行交易，则其必须是注册持有人。第三个重要原因是，与现有所有权的交易需要根据 OPGGSA 第四章的批准和注册，才能有效地创建或转让所有权权益。

400. 根据 OPGGSA 第 104 条规定的要求，石油勘探许可证通常通过工作计划招标授予。工作计划招标要求申请人阐述在许可证前三年的强制性"主要"期限内的工作和支出建议，并在 6 年许可证最后三年的"次要"期限内注明。如果有多个申请人，则 OPGGSA 第 106 条规定，监管机构可根据第 105 条向其认为最值得授予石油勘探许可证的申请人提供要约文件。在确定这一点时，监

---

〔1〕《海上石油和温室气体储存法》第 98 条赋予开发权。《海上石油和温室气体储存法》第 285 条表明，在许可区获取的石油是石油生产许可证持有人的财产。

管机构必须考虑公开的标准。[1] 就第 106 条而言，监管机构可对申请人进行排名，并排除其认为不应获得的申请人。[2]

401. 如果监管机构不能基于前三年拟议的工作计划（主要工作计划）选择中标申请人，则将根据标准评估二级工作计划下提议的工作数量和时间安排。所有权管理人可对申请进行澄清，并根据 OPGGSA 第 258 条第（2）款申请补充信息。申请人可以被邀请参加面试。根据 OPGGSA 第 106 条第（6）款，如果监管机构认为两个或两个以上的申请人都应获得勘探许可证，监管机构可邀请他们付出额外的工作和支出。

402. 监管机构在决定是否授予许可证时有广泛的自由裁量权。虽然可以，但仍无需向最有资格的申请人颁发许可证。如果只有一个申请人，则联合机构也有自由裁量权，第 105 条中的自由裁量权规定使其可拒绝向申请人授予许可证，从而强化了自由裁量权。

403. 由于 2014 年重新引入了现金竞价，这种授予石油使用权的方式正在改变。根据现金竞价制度，许可证是按价格授予的，而不是进行勘探工作的报价。投标过程决定了中标申请人支付的价格，其中出价最高的投标人获得许可证，从而为政府创造收入。虽然自 1993 年以来没有使用现金竞价，但 2014 年重新引入，以分配成熟地区和已知石油储量聚集地区的面积。所有其他区域将维持现有的工作计划投标制度。

404. 所有权转让根据 OPGGSR 第 472～474 条规定进行授权，并根据《海上石油和温室气体储存条例》第 3～4 条执行，具体规定在条例附表 4。OPGGSA 第 285 条第（2）款规定了将开采的石

---

〔1〕 OPGGSA, subs. 106（4）.

〔2〕 仅在适用第 106 条第（3）款时，监管者才被要求遵守标准，但当拒绝一个申请或只有一个申请者时无需如此。有关更充分讨论，*see* Warman T and Goldblatt L, 'The Work Program Bidding System for Exploration Permits under the Petroleum（Submerged Lands）Act 1967（Cth）', 27 *ARELJ* 178（2008）.

油财产转让给许可证持有人、执照持有人或承租人。

第六节　安全规定

405. 2008年和2009年，发生了两起致命的石油设施事故，导致联邦水域的安全、井身完整性和环境监管发生重大变化，并成为上述监管框架的催化剂。

406. 第一个事件是瓦拉努斯岛天然气管道爆炸，发生在西澳大利亚州西北海岸线外的瓦拉努斯岛海上天然气设施。由于一条天然气管道破裂，导致西澳大利亚州的天然气供应减少了30%。事故调查表明，如果由一个机构管理设施完整性，而不是由NOPSA和西澳大利亚州矿业和石油部共同管理，则可以避免管道破裂和爆炸，因为单一监管机构可以对天然气从生产平台输送至陆上市场的设施和管道进行总体负责。[1]

407. 第二次事故可以说更为严重，是2009年8月21日蒙塔拉H1井爆炸和随后的石油泄漏。[2] 蒙塔拉调查委员会召集调查该事件的调查结果包括，泰国国家石油公司勘探和生产子公司的澳洲运营商未能将压力安全壳盖作为二级井控屏障，同时水泥屏障也出现故障，未经满意度测试和验证屏障而无法有效地使油井暂停，以及缺少其他井控屏障。[3] 蒙塔拉调查委员会还指出，这一做法不构成"良好油田做法"，即事件发生时维护油井完整性要求的标准，

---

〔1〕 Bills K and D Agostini D, *Offshore Petroleum Safety Investigation*: *Varanus Island Incident Investigation* (Government of Western Australia, 2009).

〔2〕 澳大利亚所有其他重要溢油事故都源于船舶污染。有关过去30年澳大利亚所有重大溢油事故的细节，refer to Australian Maritime Safety Authority, *Major Historical* Incidents, https://www.amsa.gov.au/environment/protecting-our-environment/major-historical-incidents/，最后访问日期：2016年9月21日。

〔3〕 Borthwick D, *Report of the Montara Commission of Inquiry* (Government of Australia, 2010).

并将井喷和继发性溢油归咎于操作人员未能遵守系统设计，以及监管机构在确保遵守安全制度和保持"良好的油田做法"上的失败。[1]

408. 在这些事件发生之前，澳大利亚生产力委员会在其《2009 年上游石油（石油和天然气）监管责任审查》中考虑了离岸管辖权的监管。[2] 它批评该制度的"复杂"监管安排是不必要的，适用于联邦和州/北领地层面的有 22 部石油和管道法律，以及 150 多部规范上游石油活动的法规，涉及职业健康和安全、原住民权利和环境保护等领域。[3] 最重要的是，报告指出，50 多个联邦、州和领地政府机构监管上游石油活动，其中包括健康和安全、设施完整性、资源管理、油井作业和环境问题的监管。[4] 西澳大利亚州的一个不同之处是在海上石油平台钻井的监管方面，即使井喷风险成为平台完整性的最大威胁，仍然对指定机构和 NOPSA 的钻井和平台的监管责任进行了划分。

409. 生产力委员会对建立专门的海上监管机构的呼吁，加上蒙塔拉调查委员会的调查结果，为建立统一的联邦安全监管机构提供了动力，要求扩大 NOPSA 监管权，将油井（蒙塔拉事件后已移交给 NOPSA）和环境纳入进来。

410. 变革建议经过一系列立法改革后于 2012 年 1 月实施，并设立上述新监管结构。改革设立了国家海洋石油安全和环境管理局，全面负责安全监管。包括对海上石油作业平台的安全责任、海底钻井的完整性以及石油活动的环境管理。作为改革的结果，NOPSEMA 负责监管这三个领域。然而，由于还没有州/领地将其沿海或州水域的监管权转移到 NOPSEMA，因此 NOPSEMA 对三个区

〔1〕 *Ibid.* , 16-17.

〔2〕 Australian Productivity Commission, *supra* n. 524, at 34.

〔3〕 *Ibid.* xxiii.

〔4〕 *Ibid.*

域的监管仅限于联邦水域。

411. NOPSEMA 的安全监管包括两个方面：设施安全和完整性与油井完整性。通过运用法律（强制执行）和非法律（非强制执行）手段开展监管：

法律手段	非法律手段
法律	政策
法规	指南
	建议
	指导说明

一、监管的核心："安全管理"制度

412. 平台和油井等石油设施的监管是通过运用管理计划［设施安全管理计划（SMP）和油井作业管理计划（WOMPS）］来进行的，该管理计划要求经营者（责任人）出示许可文件，以证明设施/油井是通过风险评估和降低风险进行安全管理的。管理计划提交给 NOPSEMA，如果该计划证明风险已被识别和缓解，则 NOPSE-MA 将接受该计划，否则将拒绝该计划。一旦管理计划被接受，该计划将规定如何保护设施/油井的安全。

413. SMP 的核心是安全管理，即由设施运营商编制、提交和"拥有"的许可文件。[1] OPGGSA 第 9 条第（1）款附表 3 中列出了安全管理的法律要求，规定了运营商的责任，即"采取一切合理可行的措施，确保设施安全，且不会对设施内或附近任何人的健康

---

〔1〕 NOPSEMA, *The Safety Case in Context: An Overview of the Safety Case Regime*, *Guidance Note N04300-GN0060 Revision 6*, June 2013, 1.

造成风险"，以及"在设施内进行的所有工作和其他活动均以安全的方式进行，且不会对设施内或附近任何人的健康造成风险"。

414. 安全管理的一项要求是，它涉及设施的所有方面，包括设施的设计、建造、安装、改造和维护，并考虑设施上将发生的所有活动。作为 SMP 的一部分，必须规定并遵守设施中已应用或将应用的所有标准。

415. 安全管理由 NOPSEMA 进行评估，如果文件中规定的控制安排证明设施的风险将降低到"合理可行的最低水平"（ALARP），则 NOPSEMA 接受安全管理。尽管 ALARP 的定义尚不明确，且未出现在 OPGGSA 或法规中，爱德华兹诉国家煤炭委员会一案中考虑了合理可行的概念：

"合理可行"是一个比"实际可能"更窄的术语，在我看来，似乎意味着所有者必须进行计算，其中风险量放在一个尺度上，而避免风险所需的措施（无论是金钱、时间还是麻烦）所涉及的牺牲放在另一个尺度上：需要说明的是，如果能证明他们之间存在着严重的不均衡，那么与牺牲有关的风险是微不足道的——就解除了被告方的责任。[1]

416. 因此，ALARP 处于降低未来活动的影响和风险所付出的牺牲与所获得的利益极不相称的水平。

417. 卡伦勋爵在派珀·阿尔法调查中阐述了安全管理的原则，指出制造风险的人必须管理风险。因此，安全管理由设施运营商（风险制造者）而非监管机构准备。运营商的工作是评估设施的流程、程序和系统，以识别和评估风险，然后实施适当的控制。这是因为运营商而不是监管机构对设施有最深入的了解。由于操作设施的工人暴露在风险中并产生/控制风险，因此其参与安全管理是至关重要的。此外，工人的参与更方便其了解设施上发生的情况和原

---

〔1〕　[1949] 1 KB 704, 712（Asquith LJ）.

因。这种参与使工人更有可能做正确的事情，因为他们的行为是为了降低风险，而不是遵循"基于规则"的文化。

418. 安全管理制度（SCR）下的安全监管基于四大支柱：

（1）严格、有针对性地评估 SCR（向运营商提出挑战：我们做得足够吗？）。

（2）针对已接受的许可文件对设施进行彻底和有针对性的检查（向运营商提出质疑：我们是否按照我们所说的做？）。

（3）由独立检查员对事件进行调查，以确定哪些地方出了问题，并确定是否需要强制执行或起诉（向运营商提出质疑：什么未做？我们能学到什么？）。

（4）强制执行——在 OPGGSA 和规章授予的权力范围内采取行动，确保遵守监管制度。

第七节　环境监管

419. 各州/北领地和联邦共同对海洋石油活动进行环境监管。联邦通过 NOPSEMA 对联邦水域进行环境监管，各州/北领地对沿海和州水域进行环境监管。

420. 根据适用于州水域或沿海水域内石油许可证的州/北领地陆上立法，对每个管辖区内的州或内部水域石油活动实施环境监管。昆士兰州或新南威尔士州的州水域没有石油产权，南澳大利亚州和维多利亚州水域有一些产权。到目前为止，在州水域中拥有最多产权的是西澳大利亚州。西澳大利亚州水域包括巴罗岛和从埃克斯茅斯（Exmouth）到丹皮尔（Dampier）的广阔州水域中的石油所有权。

421. 每个管辖区的沿海水域的环境监管都是根据适用于环境规划系统的镜像立法进行的，除非该管辖区将其监管权力授予联邦。截至 2016 年 4 月，没有任何州/北领地将环境监管权授予联邦。

422. 在西澳大利亚州，根据《1982 年石油（淹没陆地）法》（西澳大利亚州）制定的《石油（淹没陆地）（环境）条例》体现了《1967 年石油和地热能源资源法》（西澳大利亚州）中陆上环境监管的规定，该条例模仿了联邦海上环境法规，目的是确保陆上和海上环境监管的一致性。因此，西澳大利亚州沿海水域的环境监管与陆上和州内内水的环境监管相同，只在必要时做了微调。项目参与者利用指南编制和提交环境规划，该指南适用于 PGERA（WA）和 PSLA（WA）的环境条例。

一、联邦水域

423. NOPSEMA 对海上石油活动的三个方面进行监管：设施安全、油井完整性和环境管理。上文涉及安全和油井完整性的监管。本节主要涉及环境管理。

424. 联邦水域的环境管理以环境评估和审批体系为基础。海上石油活动通常必须经过两个环境审批程序：根据 OPGGSA 及相关法规进行的评估和审批，以及根据《1999 年环境保护和生物多样性保护法》（联邦）进行的评估和审批。

（一）根据 OPGGSA 进行的环境审批

425. 联邦环境法规确保石油作业以符合生态可持续发展原则和具有适当环境绩效目标的环境规划（EP）的方式进行，确定是否已达到目标、标准及其衡量标准。[1] 因此，在开始石油作业之前，运营商需要一个被许可的环境规划。《2009 年海上石油和温室气体储存（环境）条例》对环境规划进行管制。环境规划是：

（1）以目标为基础，列出一般要求，然后由运营商确定实现这些目标的方式；

---

[1]　OPGGS（E）R, reg. 3.

（2）以风险为基础，其中环境规划的核心基础是对石油作业的环境影响和风险进行评估和管理，使其在合理可行的情况下尽可能减少影响和降低风险；

（3）以绩效为基础，在适当的环境绩效目标及绩效标准到位的情况下，确定是否满足这些目标和标准的衡量标准；以及

（4）以系统为基础，其中结构风险管理过程应用于开展环境规划，该环境规划显示了有效评估和管理环境影响和风险所遵循的持续和迭代步骤。[1]

426. 在 OPGGS（E）R 中规定的环境规划的审批所需，必须包含环境法规中规定的所有要素。通常情况下，运营商会向 NOPSE-MA 提交一份管理计划草案，阐明将要开展的活动。然后，NOPSE-MA 利用 ALARP 的概念，在基于目标的系统下评估计划。与 SMP 下的安全监管制度类似，NOPSEMA 随后要么接受环境规划，要么或将计划发回项目参与者重新起草。

427. 作为环境规划流程的一部分，运营商需开展以下评估：

　　-描述作业、环境、监管和其他要求，以及可接受的影响和风险水平；

　　-详细说明作业的环境影响和风险；

　　-评估并证明影响和风险处于可接受水平；

　　-评估并证明影响和风险已降至合理可行的最低水平；以及

　　-确定能体现绩效和监控要求的环境绩效目标、标准和衡量标准。

428. 与安全管理类似，EP 包括环境评估（或规划）阶段和实

---

　　[1] NOPSEMA, *Environment plan content requirements*, Guidance Note N04750 - GN1344, Revision No. 3, 1 Apr. 2016.

施（或运营）阶段，由运营商而非 NOPSEMA 负责。NOPSEMA 在环境管理中具有双重角色。首先，NOPSEMA 是环境规划的评估者，在规划阶段接受或拒绝运营商的环境规划。如果有合理的理由相信环境规划符合 OPGGS（E）R 第 10 条和第 11 条中规定的标准，则 NOPSEMA 接受环境规划。NOPSEMA 的第二个角色是一旦环境规划被接受并开始石油作业后，就进行监测，以确保运营商在运营期间持续遵守环境规划。

（二）根据 EPBC Act 进行的审批

429. 除了根据 OPGGSA 进行环境评估和审批外，根据 EPBC Act 的定义，对具有国家环境重要性的事项造成影响的项目将根据 EPBC Act 提交给相关政府机构进行评估。根据该法，如果某项行动已经、将要或可能对国家环境重要性产生重大影响，则该项行动需要获得环境部长的批准。

430. 根据 EPBC Act 第 523 条，"行动"广义上指一个项目、进展、一项工作或一系列活动或这些事项的任何变化。"重大影响"被定义为"在其范围或强度上有重要的、明显的或造成后果的影响"。一个行动是否可能造成重大影响取决于受影响的环境的敏感性、价值和质量，并取决于这些影响的强度、持续时间、规模和地理范围。[1]

431. 具有国家环境重大意义的事项包括：

　　-已宣布为世界遗产的世界遗产所在地；
　　-国家遗产地的国家遗产价值；
　　-具有国际意义的拉姆萨尔（Ramsar）湿地的生态特征；
　　-列入名录的受威胁物种和生态群落；

---

〔1〕　*Boothv. Bosworth* (2001) 114 FCR 39, 64 (Branson J). *See also Matters of National Environmental Significance: Significant impact guidelines 1.1, Environment Protection and Biodiversity Conservation Act 1999*, 2 (Australian Government, Dept of the Environment, 2013).

-受国际协定保护的列入名录的迁徙物种；

-核行动（包括铀矿开采）；

-联邦海洋环境；

-大堡礁海洋公园；以及

-与煤层气和大型煤矿开采有关的水资源。

432. 为了确定某项行动是否需要部长批准，具有国家环境重要性的项目（通常由运营商自行提交，但也可由第三方提交）将提交给相关政府机构，即联邦 DEE，以评估拟议项目是否为"受控行动"。联邦环境部长将决定该行动是否为受控行动，即需要环境部长（在 DEE 的协助下）根据 EPBC Act 进行环境评估和批准，因为其可能对具有国家环境重要性的事项构成重大风险。

433. 经过 2014 年的战略环境评估程序，联邦政府最近"简化"了海上石油项目的环境评估和审批流程，赋予 NOPSEA 而非联邦环境部根据 EPBC Act 评估项目的权力。[1] 因此，由 NOPSEMA 根据 OPGGSA 和 EPBC Act 评估海上石油项目。

----

〔1〕 *Program Report-Strategic Assessment of the environmental management authorisation process for petroleum and greenhouse gas storage activities administered by the National Offshore Petroleum Safety and Environmental Management Authority under the Offshore Petroleum and Greenhouse Gas Storage Act 2006* (Australian Government, 7 Feb. 2014); *Notification of Decision to Endorse the Program to Streamline Offshore Petroleum and Greenhouse Gas Activity Environmental Approvals* (Australian Government, Dept of the Environment, 7 Feb. 2014); *Final Approval Decision for the Taking of Actions in Accordance with an Endorsed Program Under the Environment Protection and Biodiversity Conservation Act 1999* (*Cth*) (*EPBC Act*) (Australian Government, Dept of the Environment, 27 Feb. 2014).

第三章　运输和分配

第一节　海上运输

434. 海上石油运输主要有两种方式：通过管道或通过油轮运输。在联邦水域，通过管道运输石油需遵守 OPGGSA，在沿海和州水域需遵守相关州/北领地《石油（淹没陆地）法》[或者，如果是新南威尔士州和维多利亚州，则是《1982 年石油（海上）法》（新南威尔士州）和《2010 年海上石油和温室气体储存法》（维多利亚州）]，以及根据这些法律制定的法规。[1] 这些法律和法规通过许可证制度对管道建设和运营进行监管。根据国际文件，石油和天然气的船舶运输需遵守联邦和州航运立法，主要目的是保护环境免受石油泄漏的影响。[2]

第二节　陆上运输

435. 原油陆上运输涉及使用主要用于天然气运输的管道。各

---

〔1〕 *Petroleum Offshore Regulation 2016*（NSW）；*Petroleum（Submerged Lands）Pipelines Regulations 2013*（NT）；*Petroleum（Submerged Lands）Pipelines Regulations 2005*（SA）；*Offshore Petroleum and Greenhouse Gas Storage Regulations 2011*（Vic）；*Petroleum（Submerged Lands）Pipelines Regulations 2008*（Tas）；*Petroleum（Submerged Lands）Pipelines Regulations 2007*（WA）.

〔2〕 例如，《1983 年海洋保护（防止船舶污染）法》（联邦）规定了根据《防止船舶污染国际公约》确立的防止船舶海洋污染的国际制度，该公约曾以 1978 年和 1997 年议定书（MARPOL 73/78）进行修订。澳大利亚各州立法在州海域实施《防止船舶污染国际公约》。《1982 年海洋保护（民事责任）法》（联邦）实施有关船舶油污染损害的民事赔偿的国际法。

州依据本州法律规定的许可证制度来监管管道的建设和运营，包括《1967 年管道法》（新南威尔士州）、《2015 年能源管道法》（北领地）、《2000 年石油和地热能源法》（南澳大利亚州）、《2004 年石油和天然气（生产和安全）法》（昆士兰州）、《2000 年天然气管道法》（塔斯马尼亚州）、《2005 年管道法》（维多利亚州）和《1969 年石油管道法》（西澳大利亚州）。大部分精炼产品是用卡车通过公路运输的。道路运输由系列示范法进行规范，尽管并非所有规定都被完全照搬，这些示范法构成了澳大利亚各州和领地危险货物运输道路规则的基础。[1]

---

〔1〕 National Transport Commission (Model Legislation -Transport of Dangerous Goods by Road or Rail) Regulations 2007.

第四章 消 费

436. 澳大利亚成品汽油的分销和消费是各州和领地的事务。在澳大利亚，石油消费不受管制，也没有任何关于石油消费的定价或数量控制。联邦政府和一些州征收石油税，不同管辖区之间存在很大差异。

第一节 汽油定价

437. 虽然可疑，但澳大利亚汽油市场有许多独有的特征。一是汽油价格明显"相同"。澳大利亚消费者与竞争委员会对汽油定价进行了调查，发现存在激烈的竞争，但没有明显证据表明存在欺诈或串通行为。[1] 二是锯齿形价格，即需求每天、每周和季节性波动，所有这些都会影响市场上的汽油价格。尤其是周初有降价，周末有涨价。这种定价方式在一周内彻底改变了汽油价格，引发了"价格战"，一周内每升的价格变化高达 30 澳分。

438. 除了原油价格波动的明显影响外，澳大利亚汽油价格还受到许多影响。其他影响包括：

　　–澳大利亚汽油价格的变动遵循国际成品油而非原油基准。澳大利亚的汽油价格走势与新加坡 95 号车用汽油的现货价格一致，后者是新加坡成品油，而不是原油。由于新加坡是距离澳大利亚最近的主要炼油和销售中心，因此使用新加坡成品

---

〔1〕 Australian Consumer and Competition Commission, *Petrol Prices and Australian Consumers: Report of the ACCC Inquiry into the Price of Unleaded Petrol* (Commonwealth of Australia, 2007).

油。此外，澳大利亚没有炼油厂的产能或销售量来保证其被用作国际基准。由于包含了炼油成本，新加坡 95 号车用汽油的价格是变化的。

　　−北半球的活动对原油价格有影响，因此会影响汽油价格。由于对取暖燃料的需求量很大，欧洲的寒冷天气会影响原油价格。这增加了成品油需求，从而推高了市场上的汽油价格。

　　−为亚太地区快速增长经济体提供燃料的高需求对澳大利亚汽油价格产生了巨大影响。世界上发展最快的经济体位于澳大利亚附近，特别是中国和印度。这些地区的消费者对新加坡车用汽油也有需求，从而对澳大利亚的成品油来源造成压力，并与澳大利亚争夺成品油市场，从而推高新加坡车用汽油的价格并保持较高水平。

439. 尽管石油是一种国际贸易商品，客观上对国内油价造成影响，但也存在影响油价的国内因素。国内主要影响因素包括：

　　−消费者行为。消费者积极寻求低廉的燃油价格，从而推动汽油零售商之间的激烈竞争。这加剧了"锯齿形"价格循环。

　　−税收和关税。汽油价格只占零售价格的 60% 左右，其差额包括：（a）联邦税和消费税［大约 26% 的消费税，10% 的商品与服务税（GST）］；以及（b）一些州附加税。燃料消费税将在第六部分：能源和税收中进一步探讨。

　　−地点：城市 VS 农村。由于可以分摊加油站运营成本的燃油量和商店销售额较低，农村地区的零售利润（零售价减去批发价）通常高于主要首府城市，此外，农村地区的货运费和运输费通常比城市每升高 1.5 澳分~3 澳分。农村地区的分销成本也要高得多。

-其他生产成本。这些包括精炼、运输、储存、保险和码头使用费。[1]

440. 在 2006 年参议院经济常务委员会的报告——《澳大利亚的汽油价格》中，澳大利亚政府考虑了公众、公司和其他相关方提供的与汽油价格有关的证据。[2] 报告没有发现价格合谋的证据，并建议可利用监测、社区教育和批发价格监管等多种途径，来建立和维持澳大利亚相对稳定和较低的汽油价格。迄今为止，这些措施都没有得到实施。

第二节　燃料标准和标签

一、油耗标准

441. 澳大利亚对汽车或轻型商用车没有强制性的二氧化碳排放标准要求。早在 1991 年，联邦生态可持续发展运输工作组就建议采用强制性燃油经济标准，但并未实现。相反，政府更倾向于与汽车行业就自愿性标准进行谈判。2003 年，澳大利亚政府和联邦汽车工业商会（FCAI）达成一项自愿性目标：到 2010 年，新的汽油乘用车的燃油效率为 6.8 升/100 公里。[3] 2005 年，汽车行业通过了一项自愿性目标，到 2010 年将所有新的轻型汽车的平均二氧化碳排放量从 245 g/公里降至 222 g/公里，这一目标提前两年实

〔1〕 Australian Parliament, Senate Legislative and General Purpose Standing Committee, *Petrol Prices in Australia*, 35 (Senate Standing Committee on Economics, 2006).

〔2〕 *Ibid.*

〔3〕 Lyster R and Bradbrook A, *Energy Law and the Environment* (Cambridge University Press, 2006) 107; Matthew L James, *Vehicle Fuel Efficiency Standards*, Parliamentary Research Paper (28 Jun. 2013).

现，但并未持续。[1]

442. 最近，2007 年 5 月，澳大利亚政府委员会要求澳大利亚交通委员会（ATC）和环境保护与遗产委员会（EPHC）就一系列旨在推动澳大利亚走向国际最佳实践的车辆燃油效率措施编写一份联合报告。ATC/EPHC 车辆燃油效率联合工作组的最终报告建议澳大利亚政府"进行详细的监管影响声明，以评估引进轻型车辆二氧化碳排放标准的成本和效益"。[2] 2009 年 7 月 2 日，澳大利亚政府委员会审议了该报告的建议，并在《国家能源效率战略》中同意"制定一套提高澳大利亚车辆燃油效率的措施"，包括评估引入轻型汽车二氧化碳排放标准的成本和效益。[3] 随后，COAG 要求基础设施和运输部进行详细的监管影响分析，以便为轻型车辆制定二氧化碳排放标准。[4]

443. 尽管吉拉德工党（Gillard Labor）政府在 2011 年承诺从 2015 年起对新车实行强制性二氧化碳排放标准，[5] 之后基础设施和运输部在讨论文件中就这一问题进行了准备，[6] 但政府并未这样做。[7] 2014 年 6 月，气候变化管理局建议引入强制性二氧化碳

---

〔1〕 Climate Change Authority, *Light Vehicle Emissions Standards for Australia*: *Research Report* (Climate Change Authority, 2014).

〔2〕 Australian Transport Council and the Environment Protection and Heritage Council, Vehicle Fuel Efficiency Working Group, *Final Report*, 26 (2009).

〔3〕 Council of Australian Governments, *National Strategy on Energy Eficiency* (2 Jul. 2009, updated July 2010).

〔4〕 Department of Infrastructure and Transport, *FINAL REGULATION IMPACT STATE-MENT FOR REVIEW OF EURO 5/6 LIGHT VEHICLE EMSSIONS STANDARDS* (November 2010).

〔5〕 Anthony Albanese (Minister for Infrastructure and Transport), *New Pollution Standards for Vehicles*, Media Release, 11 Jun. 2011 http://anthonyalbanese.com.au/new-pollution-standards-for-vehicles-2 (accessed 28 Oct. 2015).

〔6〕 *Light Vehicle CO$_2$ Emissions Standards for Australia*, *Key Issues Discussion Paper* (Australian Government, Department of Infrastructure and Transport, 2011).

〔7〕 Climate Change Authority, *supra* n. 569.

排放标准，但这一建议尚未被现任联合政府实施。2015 年 10 月，特恩布尔（Turnbull）政府设立了一个关于车辆排放问题的部长论坛，以审议澳大利亚的车辆排放问题。[1] 2016 年 2 月，论坛发布了一份供公众咨询的车辆排放讨论文件，再次审议了车辆排放标准问题。[2] 最新讨论文件中有关措施的监管影响声明预计将于 2017 年发布。

二、燃料标签

444. 自 2004 年 1 月 1 日起，澳大利亚就制定了强制性的机动车燃料消耗国家标签制度。根据《1989 年机动车标准法》（联邦）第 7 条制定的《澳大利亚设计规则》（ADR）（第 3 版）实施该制度，该规则授权部长制定道路车辆的国家标准。要求燃料标签的最新规则是 ADR 81/02。[3] 该规则规定，在 2008 年 10 月 1 日当天或之后生产的所有新型车辆以及 2009 年 4 月 1 日当天或之后生产的所有非新型车辆，必须在前挡风玻璃内侧的底角位置贴上油耗标签或能耗标签。对于仅由内燃机驱动的车辆和非外接充电的混合动力电动车辆，标签必须包含油耗量和二氧化碳排放结果。纯电动汽车和可外接充电的混合动力电动汽车必须贴上能耗标签。这些要求适用于车辆总质量（GVM）不超过 3.5 吨的所有 M 和 N 类车辆，这些车辆基本上是乘用车和皮卡车。

445. 澳大利亚政府基础设施与区域发展部还保留了一份在线绿色车辆指南，该指南根据油耗量、温室气体和空气污染排放量对

---

〔1〕 Australian Government, Department of Infrastructure and Regional Development, *Ministerial Forum on Vehicle Emissions*, https：//infrastructure. gov. au/roads/environment/forum/ (accessed 25 Sept. 2016).

〔2〕 *Vehicle Emissions Discussion Paper* (Australian Government, Department of Infrastructure and Regional Development, 2016).

〔3〕 *Vehicle Standard* (*Australian Design Rule 81/02 - Fuel Consumption Labelling for Light Vehicles*) 2008.

所有新的澳大利亚乘用车、四轮驱动和轻型商用车进行评级，从而帮助潜在购买者选择更高效的车型，降低油耗。[1]

〔1〕 Australian Government, Department of Infrastructure and Regional Development, *Green Vehicle Guide* https://www.greenvehicleguide.gov.au/ (accessed 18 Sept. 2016).

第一章　生　产

446. 煤炭是澳大利亚最广泛、最便宜的能源资源，且资源产地靠近需求地。澳大利亚有大量的褐煤和优质黑煤。无烟煤等级最高，主要用于钢铁和水泥制造。烟煤用于发电、冶金应用和一般工业用途，包括水泥制造。[1] 褐煤和低阶次烟煤主要用于国内发电。煤炭供应了约80%的澳大利亚发电，煤炭开采业提供了大量的就业机会，吸引了大量资本投资，是国内收入和出口收入的主要来源。[2]

447. 2014年底，澳大利亚证明有经济意义的可采黑煤资源估计为63.3GT，占世界证明有经济意义可采黑煤资源的9%。澳大利亚在世界可采黑煤储量和黑煤产量中均排名第四。[3] 澳大利亚拥有大量的动力（气）煤（主要用于发电站发电的黑煤）和冶金煤或炼焦煤（适合焦炭，用于生产铁）。[4]

448. 澳大利亚绝大多数（96%）证明有经济意义的黑煤资源

---

〔1〕　Geoscience Australia and the Bureau of Resources and Energy Economics, *Australian Energy Resource Assessment* (2nd ed, 2014) (interim update 2016), http：//www. ga. gov. au/aera/coal (accessed 29 Sept. 2016).

〔2〕　Geoscience Australia, *Coal Resources*, http：//www. ga. gov. au/scientific‐topics/energy/resources/coal‐resources (accessed 29 Sept. 2016).

〔3〕　*Ibid.*

〔4〕　*Ibid.*

产自昆士兰州（占 58%）和新南威尔士州（占 38%）。[1] 昆士兰州主要产煤盆地是伯恩盆地，面积约 12 万平方公里。冶金煤和热煤都来自伯恩盆地，主要用于出口市场。[2] 苏拉特盆地、克拉伦斯-莫顿盆地和加利利（Galilee）盆地也有大量的黑煤资源。[3] 苏拉特盆地位于昆士兰州和新南威尔士州，面积 27 万平方公里，是国内和出口市场的重要动力煤来源。克拉伦斯-莫顿盆地横跨昆士兰州东南部和东北部之间的州边界，是昆士兰州内电力、工业用煤以及出口用煤的来源，尽管该盆地位于新南威尔士州的部分尚未开采煤炭。[4] 加利利盆地面积 24.7 万平方公里，已知有大量黑煤资源，可采的证明有经济意义的黑煤资源估计为 630 万吨。[5] 截至 2016 年 9 月 30 日，尽管昆士兰州政府已批准了三个主要项目，但加利利盆地尚未修建大型煤矿。[6]

449. 在新南威尔士州，该州大部分已知的可开采煤炭资源都位于悉尼盆地和冈尼达盆地内，格洛斯特盆地和奥克兰（Oaklands）盆地的储量较小。[7] 悉尼盆地和冈尼达盆地面积分别为 35 000平方公里和 15 000 平方公里，而格洛斯特盆地面积约为 300 平方公里。[8] 尽管开展了广泛勘探，但奥克兰盆地目前还没有开

〔1〕 Britt A, Whitaker A, Cadman S, Summerfield D, Kay P, Champion D, McKay A, Miezitis Y, Porritt K, Schofield A and Jaireth S, *Australia's Identified Mineral Resources 2014*, 4 (Geoscience Australia, Canberra, 2014).

〔2〕 Geoscience Australia and the Bureau of Resources and Energy Economics, *Australian Energy Resource Assessment* (2nd ed, 2014), 136-7.

〔3〕 Britt et al., *supra* n. 584 at 4.

〔4〕 Geoscience Australia/BREE, *supra* n. 580 at 137.

〔5〕 *Ibid.*

〔6〕 阿尔法（Alpha）煤矿项目，凯文·科米尔（Kevin's Corner）矿（紧邻阿尔法煤矿）和阿达尼·卡迈克尔（Adani's Carmichael）煤矿被有条件地批准，都是法律质疑（最终未成功）的对象。尤其是阿达尼·卡迈克尔煤矿，在澳大利亚一直且仍然颇具争议。

〔7〕 Britt et al., *supra* n. 584 at 4.

〔8〕 Geoscience Australia/BREE, *supra* n. 580 at 137.

采煤炭，该盆地位于新南威尔士州南部的瑞福利纳（Riverina）地区，面积约为 3800 平方公里。[1]

450. 部分黑煤分布在南澳大利亚州。塔斯马尼亚州和西澳大利亚州的煤炭产量相对较少。在西澳大利亚州，科利（Collie）盆地开采的黑煤目前被用于该州发电。在西澳大利亚州西南部的珀斯盆地、威尔加（Wilga）盆地和博伊德（Boyup）盆地以及西澳大利亚州西北部的坎宁（Canning）盆地也发现了矿床。在南澳大利亚州，利克里克开采的黑煤目前被用于州内发电，而在南澳大利亚州中部的阿克林加（Ackaringa）盆地已经探明了主要资源。在塔斯马尼亚州，康沃尔（Cornwall）煤矿供应了该州发电所需的大部分黑煤。[2]

451. 除了大量的黑煤储量外，在澳大利亚还发现了约合世界 8% 的可采褐煤。[3] 褐煤，又称褐碳，比黑煤等级低。截至 2014 年 12 月 31 日，澳大利亚证明有经济意义的褐煤资源约为 62 GT。所有这些保护区都位于维多利亚州，约 93% 位于吉普斯兰盆地的拉特罗布山谷（La Trobe Valley）。[4] 2013 年，褐煤产量约为 7300 万吨。[5] 由于褐煤一般不适合出口，因此在维多利亚州仅用于发电。除 EDR 外，吉普斯兰盆地、默里（Murray）盆地和奥特韦盆地还有大量的次经济和推断的褐煤资源。[6] 已探明的褐煤总可采资源量（包括次经济和推断类）约为 218 GT。按 2014 年的生产水平估算，澳大利亚大约有 112 年的证明具有经济意义的可采黑煤资源和 1022

---

〔1〕 NSW Department of Industry, Resources and Energy, *Oaklands Basin*, http: // www. resourcesandenergy. nsw. gov. au/miners-and-explorers/geoscience-information/nsw-geology-overview/sedimentary-basins/oaklands-basin（accessed 29 Sept. 2016）.

〔2〕 Geoscience Australia/BREE, *supra* n. 580 at 137.

〔3〕 Geoscience Australia/BREE, *supra* n. 580.

〔4〕 Britt et al. , *supra* n. 584 at 4.

〔5〕 *Ibid.*

〔6〕 Geoscience Australia/BREE, *supra* n. 580 at 140.

年的证明具有经济意义的可采褐煤资源。[1]

452. 澳大利亚的能源产量几乎是国内能源消耗量的三倍,这反映出澳大利亚是一个能源净出口大国。2013—2014 年,黑煤产量占澳大利亚总能源产量的 63.1%。由于多个工厂的产量增加,以及新产能的完成,2012—2013 年的产量增加了 8%。[2] 2013—2014年,褐煤占澳大利亚总能源产量的 3.3%,产量较 2012—2013 年下降 3%,反映出褐煤发电量的下降。[3] 2013—2014 年,澳大利亚出口了 3.75 亿吨黑煤,包括冶金煤和动力煤。[4] 截至 2014 年的十年间,煤炭出口每年增长 5%,因为全球对煤炭的强劲需求,特别是来自中国的需求,刺激了煤炭行业投资。[5]

453. 据预测,澳大利亚的冶金煤产量从 2014—2015 年的19 410 万吨下降到 2015—2016 年的 18 800 万吨,但预计在 2016—2017 年会增加。[6] 受对中国出口增加的推动,2015—2016 年冶金煤出口量比 2014—2015 年增加。[7] 澳大利亚的动力煤产量从2013—2014 年的 24 710 万吨增加到 2014—2015 年的 25 150 万吨。[8] 受日本、韩国等主要市场需求的推动,2014—2015 年动力煤出口依然强劲。但是,预计 2015—2016 年的动力煤产量将下降,2016—2017 年的动力煤产量将进一步下降,一些煤矿将停产。[9]由于对中国、日本等主要市场的出口下降,预计 2015—2016 年的

---

[1] Geoscience Australia/BREE, *supra* n. 580.

[2] Australian Government, Department of Industry and Science/Office of the Chief Economist, *Australian Energy Update 2015*, 18-19 (Commonwealth of Australia, 2015).

[3] *Ibid.*

[4] *Ibid.*, 23.

[5] *Ibid.*

[6] Australian Government, Department of Industry and Science/Office of the Chief Economist, *supra* n. 599 at 39, 41.

[7] *Ibid.*, 40.

[8] *Ibid.*, 50.

[9] *Ibid.*, 48 and 50.

出口量也将下降，2016—2017 年的出口量将进一步下降。[1]

454. 尽管出口保持稳定，但世界价格走低导致澳大利亚煤炭勘探支出从 2011 年矿业繁荣时期创纪录的 8.09 亿澳元下降到 2015 年的 2.1 亿美元。[2] 2016 年 3 月的煤炭勘探季度支出约 2300 万美元，较 2014 年 12 月和 2015 年 3 月分别下降 63% 和 46%，为 2004 年 3 月以来的最低水平。[3]

〔1〕 *Ibid.*

〔2〕 Geoscience Australia/BREE, *supra* n. 580.

〔3〕 Australian Goveenment, Department of Industry and Sience/Office of the Chief Economist, *supra* n. 599 at 47.

第二章 开 采

455. 包括煤炭在内的陆上矿产开采由澳大利亚州政府和领地政府进行监管。煤炭勘探和生产需遵守州采矿法、规划和环境法、原住民权利以及遗产法等多种立法。虽然每个州都有自己的采矿、规划和环境立法，但基本原则是相似的。

456. 采矿法将包括煤炭在内的矿产所有权保留给澳大利亚各州。立法禁止未经必要授权而进行任何采矿活动，如勘探许可证、保留租约或生产/采矿租约。州采矿法对有关特许权的区域、期限等一般条款以及有关勘探许可证和采矿租约的申请、授予、续期、撤回和撤销等做了规定。在向州政府支付特许权使用费后，该矿产所有权转让给被授权生产该矿产的个人/实体。

457. 采矿法通常授权政府资源和能源相关部长开展执法，包括授予、续期、移交和撤销特许权，以及施加特许权条件，部长会将其权力授予给政府资源和能源相关部门。立法涉及一系列其他问题，包括权益转让；登记，如商业和环境登记；地表租金和申请费；以及合规和执行机制。有关获得私人土地使用权的规定，特别是土地所有者和/或占用者和采矿公司之间的协议谈判，包括支付补偿金，是立法的重要组成部分。

458. 州采矿法规定保护环境的各种方式，特别是通过环境影响评估和调节机制、环境规划、恢复条款和施加采矿权行使条件来保护环境。采矿法与州一系列环境和规划法律相结合，立法之间的关系错综复杂。例如，拟议大型采矿项目可以不依据采矿法的程序，并依据州规划立法中包含的重大项目总体规划和开发程序进行评估。州采矿法的各种规定也必须结合处理具体环境问题的州环境立法来解读，包括（但不限于）污染法，有关保护区（如国家公园）和受保护物种的立法，自然植被清理、水资源保护和遗产保护等立法。

459. 此外，必须遵守相关联邦法律的规定，尤其是在自然资源项目、《1999 年环境保护和生物多样性保护法》（联邦）中的环境评估和保护区及物种的规定；以及《1993 年原住民权利法》（联邦）和《1984 年原住民和托雷斯海峡岛民遗产保护法》（联邦）规定的原住民权利。

460. 本部分重点关注相关的联邦法律，并对贡献了澳大利亚 96%的煤炭产量的昆士兰州和新南威尔士州主要法律内容进行阐述，不再对所有州和领地进行考察。

第一节　联　邦

一、《1999 年环境保护和生物多样性保护法》（联邦）

461. 《1999 年环境保护和生物多样性保护法》（联邦）规定了联邦对环境影响评估和审批的要求。该法禁止任何人采取"受控行动"，除非已遵循某些程序和/或已获得某些批准，[1] 并对违法从事开发的人处以民事和刑事处罚，以及提供其他补救措施，如申请禁令。

462. 一类受控行动是对法律中规定的 9 个"具有国家环境重要性的事项"（MNE）中的其中一项产生、将产生或可能产生重大影响的行动。[2] 如果一项行动已经、将要或可能对 9 个"具有国家环境重要性的事项"的一个产生重大影响，那么支持者必须将该

---

〔1〕 *Environment Protection and Biodiversity Conservation Act 1999*（Cth）s. 67A.

〔2〕 *See also* provisions regarding actions on Commonwealth land（ss 26–27A）; Commonwealth heritage places（ss 27B–27C）; and actions by Commonwealth agencies（s. 28）.

提议提交给联邦环境部长。[1] 这是"启动"法律。一旦拟议行动提交给部长，部长（其职能授权给联邦环境部）将决定是否需要依法进行评估和批准，如需要，则应遵循环境评估程序。部长可批准符合条件的开发项目，以保护环境。

463. 9 个具有国家环境重要性事项中的 8 个是:[2] 已申报世界遗产的世界遗产价值；国家遗产地的国家遗产价值；根据《拉姆萨尔公约》申报的具有国际重要性的湿地的生态特征;[3] 列入名单的濒危物种或生态群落；列入名单的迁徙物种；核行为；联邦海域以及大堡礁海洋公园。因此，任何对这 8 个事项之一产生、将产生或可能产生具有重大影响的煤炭开采项目或活动必须提交联邦部长评估和审批。

464. 具体适用于煤炭开采行业的是第 9 个具有国家环境重要性的事项，称为水触发，于 2013 年 6 月 22 日开始实施。[4] 水触发的影响是，对于大型煤层气项目和大型煤炭开发项目，任何已经、将要或可能对水资源产生具有重大影响的行动都需要联邦评估和审批。"大型煤炭开发项目"是指对水资源产生或可能产生重大影响的任何煤炭开采活动（包括产生盐和/或含盐量相关活动造成的影响）：①其本身；或②与其他开发项目一起考虑时，无论是过去的、现在的或可合理预见的开发。[5] 因此，拟定的煤炭开采活动是否为大型煤炭开采项目，是根据其对水资源的影响而非开发规模来确定的。

465. "水资源"与《2007 年水法》（联邦）中的含义相同。[6]

---

〔1〕　*Environment Protection and Biodiversity Conservation Act 1999* (Cth), s. 68.

〔2〕　Sections 12-24C.

〔3〕　Convention on Wetlands of International Importance especially as Waterfowl Habitat, Ramsar (in force 21 Dec. 1975) 996 UNTS 245; TIAS 11084; 11 ILM 963 (1972).

〔4〕　*Environment Protection and Biodiversity Conservation Act 1999* ss 24D-24E.

〔5〕　Section 523.

〔6〕　Section 523.

水资源是指："①地表水或地下水；或②水道、湖泊、湿地或含水层（无论其目前是否有水）；包括水资源的所有内容（包括水、生物和其他保持水资源物理状态和环境价值的组成部分和生态系统）。[1]"重大影响"是在一定背景和强度下，重要的、显著的或引起重大后果的影响。[2] 虽然没有关于水资源"重大影响"的法定定义，但环境部已向支持者发布了指导方针，以帮助确定某项行动是否可能对水资源产生重大影响，即存在直接或间接导致以下变化的确定或非遥远的机会或可能性：

（1）水资源的水文；或

（2）水资源的水质，其规模或强度足以降低第三方用户水资源的当前或未来效用，包括环境和其他公共利益结果，或造成此类效用降低的重大风险。[3]

466. 只有构成煤炭开采过程一部分的活动影响，才需要在水触发下进行参考。如果涉及煤炭开采，涉及勘探、评估和试点开发的行动可能需要提交部长审批。[4] 相关基础设施的开发项目，例如交通基础设施、办公/住房和便利设施建设、环境保护、监测和相关土地管理活动，这些开发"与煤炭开采距离尚远"，因此无需考虑其对水资源的影响。[5] 但是，由于该法要求对所述行动进行整体评估，其中大型煤矿开发包括煤炭开采和相关基础设施的开发，因此在评估阶段将考虑所述的整体行动对水资源影响的重要程度。[6]

---

〔1〕 *Water Act 2007* (Cth), s. 4.

〔2〕 *Booth v. Bosworth* (2001) 114 FCR 39, 64.

〔3〕 Commonwealth Department for the Environment, *Significant impact guidelines 1. 3: Coal Seam Gas and Large Coal Mining Developments-Impacts on Water Resources* (Commonwealth of Australia, 2013), 16.

〔4〕 *Ibid.* , 7.

〔5〕 *Ibid.* , 8.

〔6〕 *Ibid.*

467. 如果支持者根据 EPBC Act 将大型煤矿开发项目提交给联邦环境部长，部长必须在决定是否批准该开发项目之前征求 IESC 对煤层气和大型煤炭开发项目的建议。[1] 该委员会由澳大利亚政府根据 EPBC Act 于 2012 年成立，作为法定委员会，以回应社区对开采煤层气和煤炭的担忧。IESC 就 CSG 和大型煤炭开发项目对澳大利亚水资源的影响提供专业建议。[2]

468. 作为《煤层气和大型煤炭开发国家伙伴关系协议》（NPA）参与方的州政府监管机构也必须将提案提交给 IESC。[3] 根据 NPA，昆士兰州、新南威尔士州、南澳大利亚州和维多利亚州的签约政府承诺修改其法律和法规，以确保决策者在可能对水资源产生重大影响的煤层气或大型煤炭开发项目审批的适当阶段征求委员会的意见，并确保决策者以公开透明的方式考虑这些建议。[4]

469. 委员会提供书面建议供联邦/州决策者参考。该建议具有科学性；委员会不决定是否批准大型煤炭开发提案。须在收到请求后两个月内向部长/环境部提供建议。[5] 如果委员会向州或领地监管机构提供建议，须同时向联邦环境部长提供该建议。[6]

470. EPBC Act 允许联邦和各州签订双边协议，其基本目的是

---

〔1〕 *Environment Protection and Biodiversity Conservation Act 1999* s. 131 AB.

〔2〕 Sections 505C-505D.

〔3〕《煤层气和大型煤矿开发国家伙伴关系协议》是澳大利亚联邦和各州与领地之间的协议，即新南威尔士州、昆士兰州、南澳大利亚州、维多利亚州和北领地（COAG, 2012）。北领地没有签署协议。尽管该协议在 2014 年 6 月 30 日后失效，澳大利亚和州政府的立法和监管安排确保了它的目标将继续实现。

〔4〕 根据 NPA 第四部分第 18（b）条，签字的州政府出台了阐述它们将如何寻求委员会建议的议定书：根据 NPA（2012）第 18（b）条，将项目转交给独立专家科学委员会的昆士兰州议定书；根据该协议（2012）制定的维多利亚州议定书；将项目转交给煤层气与大型煤矿开采独立专家科学委员会（2013）的南澳大利亚州；在新南威尔士州，转交是规划应用的"门户"程序的一部分，见下文第二章第三节第三部分（五）。

〔5〕 *Environment Protection and Biodiversity Conservation Act 1999*, s. 505D.

〔6〕 Environment Protection and Biodiversity Conservation Regulations 2000（Cth）reg. 15. 01A.

确保"高效、及时和有效的环境评估和审批程序",并尽量减少重复。根据双边协议,受控行动的评估(根据"评估双边协议")及/或其审批(根据"批准双边协议")不是由联邦环境部进行的,而是由联邦政府认可的州依据程序进行。联邦环境部长只有在满足以下条件的情况下才能签订双边协议:符合 EPBC Act 的目标;满足 EPBC Act 对签订双边协议的具体要求;以及满足法规规定的任何其他要求。

471. 截至 2016 年 9 月 30 日,澳大利亚所有州和领地均与联邦政府签订了双边评估协议。新南威尔士州、昆士兰州、南澳大利亚州、塔斯马尼亚州、西澳大利亚州和首都领地都起草了与环境审批有关的双边协议,而维多利亚州和北领地则发布了计划签署一项审批双边协议的意向书。一旦存在双边评估和审批,根据 EPBC Act 评估和审批受控行动,包括大型煤炭开发项目对水资源的影响,将由州政府而非联邦环境部根据双边协议规定的评估和批准程序进行。作为煤层气和大型煤炭开发项目国家合作协议缔约方的州政府监管机构将继续将大型煤炭开发项目提案作为双边协议条款的一部分提交给 IESC。

472. EPBC Act 还限制在某些保护区〔如卡卡杜(Kakadu)国家公园〕采矿,并保护列入名单的动植物。据此,未经许可擅自获取、伤害、破坏、买卖或以其他方式伤害该法所列受威胁物种和生态群落以及迁徙物种的行为均属于犯罪行为。[1]

二、原住民权利

473. 州政府和采矿支持者必须遵守《1993 年原住民权利法》

---

〔1〕　*Environment Protection and Biodiversity Conservation Act 1999*, ss 196-196F(listed threatened species and ecological communities)and ss 211-211F(isted migratory species).

（联邦）的规定。[1] 原住民所有权承认原住民和托雷斯海峡岛民通过英国主权建立前存在的传统法律和习俗，对土地或水域保持持续联系的一系列权利和利益。除了在澳大利亚确立承认原住民所有权的法律程序，《原住民权利法》还要求在"未来行为"可能影响原住民所有权及权益的情况下遵循特定程序。未来行为［授予探矿权或采矿权（"矿业权"）］除非符合《原住民权利法》中规定的程序要求，否则不得影响原住民行使土地所有权。[2]

474. 主要有三种方法可保护原住民权利人/继承人就矿业权授予和拟议的采矿活动进行磋商，确保尽一切合理努力使原住民所有权人同意将影响其土地所有权的开发提案。这些做法有：谈判权；程序；原住民土地使用协议（ILUA）谈判；和快速程序。[3]

475. 谈判权的方法使已登记的原住民所有权人能够与矿业权申请人协商，并就支付补偿金等事项达成协议。《原住民权利法》并没有赋予原住民所有权人否决授予另一方矿业权的权利，而是要求当事双方真诚地协商。如果达成协议［可能在国家原住民权利法庭（NNTT）的调解下达成］，则向 NNTT 提交一份协议副本，可授予矿业权。

476. 如果双方在六个月后无法达成协议，双方可要求 NNTT 做出"未来行为决策"。在仲裁庭开始仲裁之前，可以要求仲裁庭确定非原住民权利人是否真诚地进行了谈判。如果仲裁庭认为没有，仲裁就不能进行，双方必须进行真诚地协商。如果协商是真诚进行的，NNTT 将决定是否可以有效地授予该所有权，如果是的话，是

---

〔1〕 原住民权利通过马博和其他人与昆士兰州案（第 2 号）（1992）175 CLR 1，首次被澳大利亚高等法院认可，其后联邦议会通过了《原住民权利法》。

〔2〕 *Native Title Act 1993*（cth），s. 240A；National Native Title Tribunal，*About Future Acts*，http：//www. nntt. gov. au/futureacts/pages/default. aspx（accessed 30 Sept. 2016）。

〔3〕 《1993 年原住民权利法》（联邦）第 25~44 条规定了谈判权；《1993 年原住民权利法》（联邦）第 32 条规定了快速程序；《1993 年原住民权利法》（联邦）第 24BA~24EC 条规定了原住民土地使用协议。

否会受到保护原住民权利的条件限制。

477. 快速程序是授予矿业权的快速追踪程序,预计对原住民权利的影响最小。[1] 该程序通常仅适用于取得勘探许可证等不会对土地或水域造成重大干扰的矿业权。如果政府认为适用快速程序,则在政府发布的"第29条通知"中说明,将不再适用谈判程序。如果原住民权利人在四个月内未对快速程序提出异议,则可授予采矿权。如果有异议,则 NNTT 将决定是否适用快速程序。如果适用,则可授予矿业权;如果不适用,则适用协议程序。在决定是否适用快速程序时,法庭将考虑授予所有权是否会:直接干扰原住民权利人的社区或社会活动;干扰对原住民权利人具有特别重要意义的地区或地点;或原住民权利人的对陆地或水域造成重大干扰。[2]

478. ILUA 是原住民权利人/继承人与矿业公司等其他方之间谈判达成的自愿协议,涉及未来如何使用和管理土地和水域。ILUA 具有灵活性,可以涵盖采矿活动补偿、就业和培训等广泛事项。在 NNTT 注册的 ILUA 对协议各方均具有约束力。

第二节　昆士兰州

一、煤炭所有权和煤炭开采权

479. 煤炭由政府代表国家所有。[3] 尽管昆士兰州和其他州也

---

〔1〕 州采矿相关的立法可以包括授权授予特殊的"低影响"许可证的条款,该许可证可根据《原居民土地权法》(第26A条)被批准;例如,《1992年采矿法》(新南威尔士州)第32A~32G条;《1989年矿产资源法》(昆士兰州)附表1A,第540~549条。

〔2〕 *Native Title Act*, s. 237; National Native Title Tribunal, *Expedited Procedure Objections*, http://www.nntt.gov.au/futureacts/Pages/Expedited-procedure-objections.aspx (accessed 30 Sept. 2016).

〔3〕 *Mineral Resources Act 1989* (Qld), para. 8 (2)(a).

有一些私人煤矿所有权，但这是历史上的反常现象，昆士兰州的煤矿所有权可追溯到 1910 年 3 月 1 日之前的土地出让金，当时的土地出让并未将煤炭的所有权保留给政府。[1] 支付出让金后，矿产所有权转让给持有采矿租约并根据采矿租约的授权合法开采矿产的人。[2]

480. 获得必要法定授权的私营实体开展煤炭勘探和生产。根据《1989 年矿产资源法》（昆士兰州）和《2013 年矿产资源条例》获得矿业权。《矿产资源法》将矿业权相关的监管职能授予州部长时，又授予了自然资源和矿业部。

481. 有三个与煤炭有关的矿业权或"资源权"，即煤炭勘探许可证、采矿许可证和采矿租约。这些权利被授予在"子区块"上。根据经纬度确定的区块由 25 个子区块组成。[3]

482. 煤炭勘探需要有煤炭勘探许可证。许可证授权持有人使用勘探所需或适宜的车辆、船只、机械和设备，进行勘探、地理调查、钻探、取样和材料测试等开发活动。[4] 授权期限最长五年。[5] 许可证可批给最多 300 个分区块的地区。[6] 申请人只能通过竞标申请煤炭勘探许可证。[7] 政府公布了一项年度勘探计划，它提供了有关竞争性招标土地面积的提前释放时间表。[8]

---

〔1〕《1989 年矿产资源法》（昆士兰州）第 8（2）（b）段。尽管某一矿产为私人所有，除了在《1976 年采矿法修正案》，《1989 年矿产资源法》（昆士兰州）第 9（1）、320（2）款之前缔结的特定协议外，任何人不得授予或缔结矿产的开发或生产协议或安排。

〔2〕 *Mineral Resources Act 1989*, s. 310.

〔3〕 Section 126.

〔4〕 Section 129 and Sch. 2.

〔5〕 Section 141.

〔6〕 Subsection 127（4）and Mineral Resources Regulation 2013, reg. 9.

〔7〕 Sections 136B-136L.

〔8〕 Queensland Government Annual Exploration Program, https://www.business.qld.gov.au/invest/investing-queenslands-industries/mining/exploration-incentives-opportunities/annual-exploration-program（accessed 30 Sept. 2015）.

483. 颁发矿产开发许可证，允许持有人评估资源的开发潜力，如果存在可能具有经济潜力的矿产，则授予持有人矿产开采许可证。[1] 许可证允许的活动包括钻探和地震勘测、采矿可行性研究、冶金试验和营销以及环境、工程和设计研究等地质项目。[2] 许可证有效期最长为五年，[3] 许可证没有面积大小限制。

484. 进行更大规模的采矿作业，主要是为了煤炭的商业生产，需要签订采矿租约。采矿租约授权持有人开采煤炭及开展其他相关活动。[4] 申请人必须持有相关区域的煤炭勘探许可证或者矿产开发许可证。[5] 采矿租约没有明确的期限，因为这将取决于确定的储量和矿山的预计寿命。《矿产资源法》中对租赁区域没有规定面积限制，尽管在特定的"限制区域"（如国家公园）可能有限制。

485. 该法规定了申请矿业权的细节和要求。[6] 除其他事项外，申请人必须证明其具有财务和技术能力，以确保计划的采矿活动有足够的资金支持。此外，申请人必须随申请书提供一份工作计划说明（对于勘探许可证，如果拟进行开发，还应提供矿产开发许可证），或者如果是采矿租约，则应提供采矿计划或拟用土地的用途说明。申请人必须缴纳保证金或提供其他形式的财务担保，以确保其遵守法律规定，并弥补采矿活动可能造成的任何损失。[7] 申请人还须根据《环境保护法》（见下文第二章第二节第三部分）在申请矿业权前或同时申请环境授权。

486. 自然资源和矿业部对采矿租约申请进行评估，以确保申请人是否有资格申请并满足申请要求。该部将发布一份书面采矿租

---

[1] *Mineral Resources Act 1989*, ss 179, 181.

[2] Section 181.

[3] Section 192.

[4] Section 234.

[5] Section 232.

[6] Sections 136E, 183, 245.

[7] Sections 144, 190 and 277.

约通知，参与者必须向每个"受影响的人"传达，包括拟定租约的土地所有者和相邻土地所有者；申请者必须在批准的报纸上发表该通知，以提供协商和异议的机会。[1] 如果异议与根据《环境保护法》申请环境授权有关，则除非该异议被撤回，否则必须通知环境保护局，并由自然资源和矿业部首席执行官提交昆士兰土地法院。土地法院须向部长建议批准或拒绝全部或部分申请，或者如果是保护区内的土地［见下文第二章第二节第二部分（二）］，总督是否会同意批准；以及批准应遵守的任何条件。[2]

487. 该法规定了一系列其他问题，包括授予矿业权的标准；矿业权续期、移交、放弃、终止和撤销的规则和程序；解决竞争申请的规定；交易的登记和转让；合规和执行条款；以及上诉。根据《2013 年矿产资源条例》规定的金额，[3] 煤炭勘探许可证、矿产开发许可证和采矿租约应支付年度地表租金。开采的煤炭应支付特许权使用费。[4]《2013 年矿产资源条例》规定了煤炭的特许权使用费价格，根据出售、处置或使用的每吨煤炭的平均价格是 100 澳元、100 澳元~150 澳元还是超过 150 澳元而有所不同。[5] 特许权人须遵守一般法定义务、法定条件（如支付租金、使用费的支付和担保）以及该资源特许权所附加的任何具体条件。

二、进入土地

488. 2016 年 9 月之前，适用于煤炭勘探许可证和矿产开发许可证申请人的有关土地使用权和补偿的立法规定载于《1989 年矿

---

[1] Sections 252–252C.

[2] Sections 265, 269.

[3] Sections 138, 193 and 290; Mineral Resources Regulation 2013, reg. 98 and Sch. 4.

[4] 第 311、320 条。第 320 条第（2）款存在例外情况，这些煤炭不属于国有财产。

[5] Mineral Resources Regulation 2013, Sch. 3 cl. 5.

产资源法》附表 1。《2014 年矿产和能源资源（共同条款）法》（昆士兰州）于 2016 年 9 月 27 日开始实施，该法引入了依据所有陆上采矿和石油立法适用于新的私人土地使用权规定。然而，并非所有的新规定都适用于资源许可。除适用于所有矿业权的限制性土地使用权条款［见下文第二章第二节第二部分（四）］外，《共同条款法》的土地使用权条款仅适用于煤炭勘探许可证和矿产开发许可证，而不适用于煤矿租赁。煤矿租赁的土地使用权仍受《矿产资源法》规范。因此，共同条款必须与《矿产资源法》一起解读。

（一）限制区域和受限土地

489. "不可用土地"是指不能授予采矿权的土地，其不能接受采矿权的申请。[1] 这包括属于"限制区"一部分的土地，如果矿业权是该限制区禁止的矿业权。部长在昆士兰州政府公报上宣布限制区的范围。[2] 限制区与受限土地一起列出，这些区域允许采矿活动，但有限制某些勘探或生产活动的条件。实施限制的原因有很多，例如为了保护资源、允许未来的城市发展或保护水坝和水利设施等。[3]

490. 禁用土地区域包括属于"保护区"一部分的土地，如根据《1992 年自然保护法》（昆士兰州）设立的国家公园和保护公园；高级保护区和指定水道，包括已公布的野生河流；[4] 以及根据联邦法律被排除在该法适用范围之外的土地。

（二）进入公共土地

491. 对于煤炭勘探许可证和矿产开发许可证，进入"公共土

---

〔1〕　Mineral Resources Regulation 2013, reg. 97.

〔2〕　*Mineral Resources Act 1989*, s. 391.

〔3〕　受限区域的清单可从以下网站查询受限区域清单：https：//www. business. qld. gov. au/industry/mining/applications-compliance/land-constraints，最后访问日期：2016 年 11 月 1 日。

〔4〕　依据天然河流立法（现已废除）被公布的昆士兰州水系被作为战略环境区域（SEAs）列入《2014 年区域规划利益法》框架。在战略环境区域内有关资源活动、大片种植和储水大坝的提议需获得区域利益开发批准。

地”需遵守《共同条款法》。除非特许权人已向公共土地管理局提交“定期进入通知”，或相关公共土地管理局已放弃提交进入通知的要求，否则特许权人不得进入公共土地从事被授权的采矿活动。[1] 如果某项活动可能由公众成员在未经公共土地管理局特别批准的情况下进行，或者为了保护生命或财产或由于紧急情况需要进入，则无需通知或豁免。[2] 公共土地管理局可在通知中规定的进入期内，就进入公共土地或开展授权活动向资源特许权人施加合理和相关的条件。[3]

492. 资源特许权人有责任就开展授权采矿活动的任何“可补偿影响”向被授权区域内公共土地或所进入土地的所有者和占用者进行补偿。[4] 关于补偿权的法律规定，以及与使用私人土地有关的《行为与补偿协议》（CACA）的谈判也适用于公共土地，在下文第二章第二节第二部分（五）中详细解释。

493. 《共同条款法》还就当局发布公共道路“应申报道路用途”指南的权力进行具体规定。[5] 该法对因申报道路用途而产生的费用、损害或损失赔偿作了特别规定，并允许公共道路当局和资源特许权人签订道路赔偿协议。[6]

（三）进入保护区土地

494. 对于采矿租约，如果采矿活动位于“保护区”表面，则必须获得法律中所界定的土地所有者的同意才能进入土地，或经总督会同地方当局同意。[7] 法律中对“保护区”做了定义，根据《1992年自然保护法》（昆士兰州）规定，包括但不限于道路、铁

---

〔1〕 *Mineral and Energy Resources（Common Provisions）Act 2014*（Qld），ss 57, 58.
〔2〕 Section 58.
〔3〕 Section 59.
〔4〕 Section 81.
〔5〕 Sections 61-65.
〔6〕 Sections 93, 94.
〔7〕 *Mineral Resources Act 1989*, s. 271A.

路走廊土地、区域公园（资源利用区）；根据《1959年森林法》（昆士兰州）规定的国家森林、木材或资源保护区，位于湿热带世界遗产区内的土地以及某些原住民或托雷斯海峡岛民土地。如土地所有者不予同意，或未在合理时间内同意，或其所要求的条件过于苛刻以至于不合理，则许可证持有人可向部长申请，部长可拒绝申请，或向总督建议给予同意。土地所有者或总督根据进入保护区的任何条款都构成有关资源管理当局所列条款和条件的一部分。[1]

（四）进入限制性土地

495. 对于根据《矿产资源法》授予的煤炭勘探许可证、矿产开发许可证和煤矿开采租约，进入"限制性土地"必须获得土地所有者或占用者的书面同意。[2] 它是永久性建筑侧面200米范围内的土地，主要用作：住宅或商业用途；托儿所、医院或图书馆；社区、体育或娱乐用途，或礼拜场所。"限制性土地"还包括学校用地或《环境保护法》规定的某些活动（如水产养殖、养猪或家禽养殖）用地两侧200米范围内的土地。它还包括下列50米范围内的土地，包括：畜牧围场；自流井、钻孔、大坝或其他储水设施；或墓地或埋葬场所。[3] 如果这些成为授予资源特许权的条件，可附加给予同意的条件。土地所有者、占用者和资源特许权人可向土地法院申请一项命令，宣布土地是否为限制性土地。[4]

496. 如果在私人土地上授予了煤炭勘探许可证或矿产开发许可证，土地所有者或占用者可以继续对土地进行改良，如果这些属于"限制性土地"，将受到限制性土地条款的保护。然而，在煤矿租赁的情况下，如果在申请采矿租赁之前开始使用该区域、建筑物

---

〔1〕　Paragraph 276 (1) (g).

〔2〕　*Mineral and Energy Resources (Common Provisions) Act 2014*, s. 70.

〔3〕　*Mineral Resources Act 1989*, Sch. 2; *Mineral and Energy Resources (Common Provisions) Act 2014*, s. 68.

〔4〕　*Mineral and Energy Resources (Common Provisions) Act*, s. 72.

或结构，则土地只能为"限制性用地"。[1] 土地持有者在该日期后对该土地所做的任何改良均不受限制性土地条款的保护。

（五）进入私人土地：谈判与补偿

1. 煤炭勘探许可证和矿产开发许可证

497.《矿产资源法》允许所有权人根据勘探许可证或矿产开发许可证进入土地从事某些活动，前提是所有权人遵守《共同条款法》的要求。[2]《共同条款法》规定了适用于煤炭勘探许可证和矿产开发许可证申请人的土地使用权和补偿等条款。[3]

498. 首先，《共同条款法》禁止进入私人土地进行经授权的采矿活动，除非资源特许权人在进入前 10 个工作日向每个所有者和使用者发出进入通知。该法规定了有关豁免和放弃发出通知的条件，而《2014 年矿产和能源资源（共同条款）条例》（简称《共同条款条例》）规定了有效进入通知的条件。[4]

499. 其次，在个人进入私人土地进行"高级活动"之前，资源特许权人和土地所有者必须签订 CACA、延期/退出协议（OOA）。[5] "高级活动"不同于初级活动，是将要进行的对土地所有者或占用者的业务和土地使用有较大影响的活动。[6]

500. CACA 是矿业公司和土地所有者之间关于土地使用权达成的主要协议类型。CACA 必须解决《共同条款法》第 81 条所规定的资源特许权人的一般法定责任，以补偿土地所有者因采矿活动产

---

〔1〕 Subsection 68 (3).

〔2〕 *Mineral Resources Act 1989*, paras 129 (1) (a), 181 (4) (b).

〔3〕 *Mineral and Energy Resources（Common Provisions）Act 2014*, ss 36-101.

〔4〕 *Mineral and Energy Resources（Common Provisions）Act*, ss 38-42; Mineral and Energy Resources（Common Provisions）Regulation 2014, reg. 17.

〔5〕 *Mineral and Energy Resources（Common Provisions）Act*, s. 43.

〔6〕 *Mineral and Energy Resources（Common Provisions）Act*, s. 8 and Sch. 2; *Mineral Resources Act 1989*, s. 7A, 7B.

生的"可补偿的影响"。[1]"可补偿的影响"是指：剥夺对土地表面的占有权；减少土地价值或土地使用或任何改良物；对土地任何部分的分割；以及根据矿业权进行活动所产生的任何"成本、损害或损失"。特许权人也有责任支付和核算土地所有者为谈判或准备协议所必须承担的法定或评估的合理费用。[2]

501. CACA 还必须解决《共同条款条例》中确定的一系列其他问题，例如如何和何时生效，以及如何开展采矿活动，并可能提出一系列自由裁量问题。CACA 必须符合《共同条款法》《矿产资源法》规定的矿业权条件和《土地准入法规》的强制性规定。[3] 法律规定了谈判过程的法定规则，包括使用其他争端解决程序来帮助达成协议。[4] 如果矿业公司和土地所有者不能达成协议，任何一方都可以向昆士兰土地法院申请解决僵局。土地法院可裁定特许权人支付补偿的法律责任，并可做出其认为适当的符合其裁定或执行裁定的命令，包括支付金钱补偿及进行非金钱补偿。[5]

502. 延期协议是一种法律协议，在该协议中，土地所有者和特许权人同意在资源开发公司进入土地从事高级活动后签订 CACA。[6] OOA 是一种法律协议，其中土地所有者或占用者选择"退出"签订 CACA 或延期协议的要求。[7] 根据 OOA，资源特许权人仍有责任支付赔偿，但无需发出进入通知，法定谈判程序不适用，

〔1〕　*Mineral and Energy Resources（Common Provisions）Act*, s. 83；Mineral and Energy Resources（Common Provisions）Regulation 2014, reg. 30.

〔2〕　*Mineral and Energy Resources（Common Provisions）Act*, subs. 81（4）.

〔3〕　Subsection 83（2）.

〔4〕　Sections 84-91.

〔5〕　Sections 96-101.

〔6〕　Sections 44.

〔7〕　Section 45.

包括向土地法院申请解决的选择权。[1]

503. CACA 和 OOA 的诸多规定，不受土地所有权变更或矿业权持有者变更的影响。资源管理部门必须向土地所有权登记处发出通知，以便在该财产所有权上登记 CACA 或 OOA。[2]

504. 煤炭勘探许可证和矿产开发许可证的申请条件是，许可证持有人和根据许可证授权开展活动的任何人须遵守《土地准入法规》的强制性规定。[3] 强制性规定涉及在土地上进行授权采矿活动。涉及的事项包括：入职培训；出入点、道路和轨道尽量减少对牲畜和财产的干扰；防止公认的有害生物蔓延；营地位置；大门、栅栏和围栏；以及对带到土地上的物品的控制。资源开发公司必须通知土地所有者违反本准则强制性规定的行为，并且必须修复与进入和使用私人土地有关的任何损害。《土地准入法规》还为矿业权所有者与土地所有者和占用者之间的沟通和谈判规定了不具有约束力的准则。[4]

505. 最后，《共同条款法》还规定了进入特许权区域以外的私人土地的权利，这是允许资源特许权人进入特许权区域的合理必要条件。该土地被称为"可进入土地"，该规定适用于煤炭勘探许可证持有者，但不适用于矿产开发许可证或煤炭开采租约。煤炭勘探许可证持有者进入土地，必须与土地持有者签订进入协议。土地所有者不能无理拒绝签订进入协议。如有争议，公司或土地持有者可

---

〔1〕 Department of Natural Resources and Mines, *A Guide to Land Access in Queensland: For the Exploration and Development of Queensland's Mineral and Energy Resources on Private Land*, 18 (State of Queensland, September 2016).

〔2〕 *Mineral and Energy Resources (Common Provisions) Act 2014*, s. 92.

〔3〕 *Mineral Resources Act 1989*. ss 141, 194.

〔4〕 The State of Queensland, Department of Natural Resources and Mines, *Land Access Code*, v. 2 Sept. 2016, made pursuant to s. 36 of the *Mineral and Energy Resources (Common Provisions) Act 2014* and reg. 16 of the Mineral and Energy Resources (Common Provisions) Regulation 2014.

向土地法院申请争议解决。《土地准入法规》的强制性条件也适用于使用协议。[1]

2. 《煤炭开采租约》

506. 除非已通过协议或土地法院的裁定确定补偿，否则不能授予或续签采矿租约。[2] 采矿租约的条件是，持有人将支付所有补偿，并遵守与补偿有关的协议或决定的条款。[3] 《1989 年矿产资源法》第 281 条规定了土地法院可命令支付补偿的事项。土地法院还有权在采矿租约发生重大变化时审查补偿安排。[4]

（六）《2014 年区域规划利益法》（昆士兰州）

507. 昆士兰州政府颁布了《2014 年区域规划利益法》和《2014 年区域规划利益条例》（昆士兰州），以协助解决竞争性土地使用者之间可能出现的潜在争议，特别是区域中的采矿业和农业。除持有许可或根据区域利益开展活动，该法禁止任何人在"区域利益领域"范围内开展资源开发活动，包括根据《矿产资源法》授予的煤炭开采许可、矿产开发许可和煤炭开采租约的授权活动。[5] 该法确定了四个区域，分别是农业优先区、生活优先区、战略种植区和战略环境区。[6]

508. 该法免除了在农业优先区或战略种植区内开展的某些资源开发活动需要 RIDA 的要求。如果采矿权所有者和土地所有者之间达成了 CACA，由特许权人遵守，且该活动不可能对优先农业区或战略种植区产生重大影响，也不可能对土地所有者以外的人占有的土地产生影响，则无需批准。如果土地所有者自愿与特许权人签订书面协议，并且从事的活动与协议一致，则无需批准。在获得所

---

[1]　Sections 46–54.

[2]　*Mineral Resources Act 1989*, s. 279.

[3]　Section 276.

[4]　Section 283B.

[5]　*Regional Planning Interests Act 2014*（Q1d），s. 19.

[6]　Sections 7–11.

有权不到一年的财产上进行的资源开发活动和先前存在的资源开发活动也适用豁免。[1]

509. 区域利益开发的申请由基础设施、地方政府和规划部（其职能委托给基础设施、地方政府和规划部）的首席执行官提出，并由其进行评估，也可由评估机构进行评估。根据活动所处的区域以及活动将产生的影响，评估机构可能是：农业和渔业部、自然资源和矿产部、相关地方政府和/或环境和遗产保护部。

510. 作为其申请的一部分，申请人必须证明其已就申请事宜向农业优先区或战略种植区开发申请的地产的土地所有者进行了咨询。如果根据立法规定，在区域利益领域的申请根据法律"应通知"的情况下，任何人，包括作为申请主体的财产的土地所有者，都可以提交一份对申请的关注或支持的陈述文件。[2] 申请人、申请所涉及土地所有者或受影响的土地持有者可以对判决提出上诉，由规划与环境法院审理。[3]

511. 尽管土地所有权发生变化，但使用土地仍需获得批准。[4] 如果资源授权/矿业权之间存在冲突，则以 RIDA 的条件为准。[5]

三、环境许可

512. 除非申请人持有环境与遗产保护部根据《1994 年环境保护法》（昆士兰州）授予的适当环境许可，否则不能根据《矿产资源法》授予资源许可/采矿权。《环境保护法》要求"环境相关活

---

〔1〕 第22~24条。"土地所有者"是指（a）目前有权收取土地租金的人，或者如果土地以一定租金租给承租人时，有权收取租金的人；或者（b）根据《1994 年土地法》（昆士兰州）（第6条和附表1）用于农业、草场或畜牧业目的的租约的承租人。

〔2〕 依据《2014 年区域规划利益法》第34条，《2014 年区域规划利益条例》第13条，如果具有区域利益的地块中拟开展的资源开发活动是优先居住区，则必须进行申请。

〔3〕 *See Regional Planning Interests Act 2014*, ss 71-78.

〔4〕 Section 58.

〔5〕 Section 59.

动"参与者申请环境许可。《矿产资源法》下的"资源开发活动"就《环境保护法》而言是与环境有关的活动，因此需要环境许可。

513.《环境保护法》附表 2 所列并在矿业权范围内进行的辅助活动，如化学品储存，可作为从事资源开发活动申请环境许可的一部分。但是，在特许权范围外进行的化学品储存等活动属于"规定的环境活动"，需要单独的环境许可。一旦环境许可被批准，它们就可以合并为一个单一的环境许可。

514. 根据环境风险的级别，环境许可的申请程序存在不同的评估级别。根据《1971 年州开发和公共工程组织法》（昆士兰州），支持者可向总协调人申请将符合条件的大型煤矿项目宣布为"协调项目"。虽然仍需获得相关授权和批准，但每个协调项目都要经过由政府统筹协调的独立的环境评估程序。

515. 低风险活动适用"标准申请程序"。如果与环境相关的活动根据《州开发和公共工程组织法》未被认定为"协调项目"，且符合活动的资格标准和标准条件，则支持者可申请环境评估的标准申请程序。[1] 如果某项活动符合资格标准，但支持者希望更改一个或多个标准条件以满足其需求，则支持者必须提交"变更申请"进行环境评估，这需要提供额外信息。如果提议的活动不符合资格标准，支持者必须申请"特定现场申请"，这要求提供活动及其潜在环境影响的详细信息。

---

[1] Queensland Government, Department of Environment and Heritage Protection, *Eligibility Criteria and Standard Conditions for Exploration and Mineral Development Projects-Version 2*, ESR/2016/1985 (31 Mar. 2016) and *Eligibility Criteria and Standard Conditions for Mining Lease Activities-Version 2*, ESR/2016/2241 (31 Mar. 2016). From 21 May 2014 to 30 Mar. 2016, the Eligibility criteria and standard conditions were contained in the *Code of Environmental Compliance for Exploration and Mineral Development Projects*, v. 1. 1 (31 Mar. 2013) and the *Code of Environmental Compliance for Mining Lease Projects*, v. 1. 1 (31 Mar. 2013).

四、矿山安全

516. 规范煤矿安全与健康的主要法律是《1999 年煤矿安全与健康法》（昆士兰州）和《2001 年煤矿安全与健康条例》（昆士兰州）。部长可根据《煤矿安全与健康法》第 72 条第（1）款制定通用标准，"为煤矿工人提供达到可接受风险标准的方法"。运营商可以不同的方式管理风险，但必须能够证明所用方法至少等同于公认标准中的方法。[1] 政府还发布了煤炭行业的指导说明，以帮助煤炭行业履行其健康和安全义务。截至 2016 年 3 月 15 日，已根据该法发布了 11 项公认标准和 9 个指导说明。[2] 矿业监察部门还可以根据《煤矿安全与健康法》发布通常适用于一组矿山（如地下煤矿）的指令和通常适用于所有矿山或一组矿山的许可证。[3]

517. 矿业监察部门是自然资源和矿业部的组成部分，是负责确保矿产行业制定和遵守安全和健康标准的政府机构。其职能包括制定安全和健康立法和标准，并进行审计和检查。

518. 矿山安全与健康专员一般向自然资源和矿产部部长提供矿山安全与健康事务的建议，并根据《煤矿安全与健康法》开展监督并向部长和议会报告健康与安全立法的执行情况。专员也是煤矿安全与健康咨询委员会的主席，该委员会就促进和保护煤矿人员的安全与健康向部长提供咨询建议，并定期审查煤矿健康与安全相关立法的效力。

---

〔1〕 Queensland Government, *Recognised Standards*, *Guidelines and Guidance Notes* (15 Mar. 2016), http：//www. business. qld. gov. au/industry/mining/safety－health/mining－safety－health/legislation－standards－guidelines/recognised－standards－guidelines－guidance－notes (accessed 1 Nov. 2016).

〔2〕 *Ibid.*

〔3〕 Queensland Government, *General Directives and Letters* (15 Jun. 2016), https：//www. business. qld. gov. au/industry/mining/safety－health/mining－safety－health/legislation－standards－guidelines/general－directives－letters (accessed 1 Nov. 2016).

第三节 新南威尔士州

一、煤炭及煤矿所有权

519. 尽管新南威尔士州仍存在一些私人所有的矿产，但煤炭是一种"公有矿产"，已于 1981 年通过立法被政府收购。[1] 在从土地中开采煤炭时，煤炭产权转移给煤炭的合法开采者或其代表。[2]

520. 2014 年 8 月发布的《新南威尔士州煤炭战略声明》确立了指导煤炭行业发展的高级框架。声明中提出的一个关键性政府目标是开发煤炭资源，以实现经济效益，包括出口收入和区域增长，同时平衡煤炭开采和城市增长、农业和环境之间潜在的竞争性土地利用冲突；另一个目标是为煤炭开采提供一个清晰、透明的规划和开发监管框架。

521. 《1992 年采矿法》（新南威尔士州）禁止在未经必要授权的情况下进行勘探、开采和采矿相关活动。[3] 煤炭勘探和生产由获得法定授权的私营实体承担。根据《1992 年采矿法》（新南威尔士州）和《2016 年采矿条例》授予和管理矿业权。与煤炭开采有关的三个矿业权或"资源许可"是勘探许可证、评估租约和采矿租约。虽然《采矿法》将矿业权相关的监管职能授予州资源和能源部长，但这些职能委托给新南威尔士州工业部资源与能源司（DRE）。[4]

---

〔1〕 *Coal Acquisition Act 1981* (NSW).

〔2〕 *Mining Act 1992* (NSW), s. 11.

〔3〕 Sections 5. 6.

〔4〕 Section 363.

522. 煤炭勘探需要取得勘探许可证。[1] 许可证授予持有人开采煤炭的专有权。[2] 未经矿业权人书面同意，不得在现有采矿权所在的土地上或已申请矿业权的土地上颁发勘探许可证。[3] 勘探许可证授权开展一系列勘探活动，包括地质测绘、地球化学勘测、地球物理勘测（包括航空勘测、地面勘测和钻探）和批量取样作业。最长期限为 6 年。[4] 煤炭勘探许可的区域没有面积大小和形状的限制。[5]

523. 对于矿产分布区内的矿产群，在提交勘探许可证申请前，需获得部长的同意。[6] 对于煤炭，整个新南威尔士州已构成矿产分布区，因此需要部长的同意才能提交勘探许可证申请。作为矿产分布区内的一种矿产，部长可就煤炭勘探许可证进行招标，[7] 但是目前，已由煤炭勘探许可证的批准机构 DRE 直接颁发。

524. 煤炭勘探许可证必须在收到部长同意申请之日起 6 个月内提交申请。公告必须在递交申请之日起 45 天内公布。[8] 对于煤炭，公开提交申请的程序将开放 28 天，之后，DRE 将评估并批准或拒绝该申请。[9] 一旦获得勘探许可证，无需 DRE 进一步批准，

---

〔1〕 在反腐败独立委员会出具煤炭资源分配报告和建议后，2014 年成立煤炭开采指导委员会，就如何提高分配煤炭勘探许可证程序的质量和透明度向政府提供咨询意见。经过改革，2015 年 7 月 1 日后，与勘探权授予有关的新规定开始生效。

〔2〕 *Mining Act 1992.* s. 29.

〔3〕 Section 19.

〔4〕 Subsection 27（b）.

〔5〕 *Mining Act 1992*, s. 25；Mining Regulation 2016, reg. 16 and Sch. 1.

〔6〕 第 13 条第（3）款。根据第 368 条，矿产通过州长命令进行分配，并公布在政府公报上。

〔7〕 第 14 条第（1）、（2）款。依据第 14 条第（2）款，私人所有矿产的勘探（矿产所有者）许可证不得招标。

〔8〕 Subsection 13A；Mining Regulation 2016, reg. 15.

〔9〕 NSW Department of Trade & Investment, Division of Resources and Energy, *Public Comment Process*：*For the exploration of coal and petroleum*，*including coal seam gas*, 3（October 2011）.

即可在非敏感区域开展对环境影响最小的低强度勘探活动。但是，对于更高强度的勘探活动，或在敏感地区的活动，或可能影响受威胁物种或生态群落的活动，参与者必须准备并提交一份阐明对社区和环境的所有潜在影响的环境因素审查报告，以供批准，然后再进行采矿活动（见下文第二部分）。勘探许可证附有恢复和保护环境的条件。

525. 当采矿活动在短期内不具备商业可行性，但长期来看具有合理的发展前景时，签发评估租约是为了允许持有者保留对已确定重要矿藏的许可区的权利。[1] 评估租约授权持有者勘探煤炭。[2] 许可证的有效期最长为6年。[3] 由于煤炭位于矿产分布区内，因此只能由该土地上现有的煤炭勘探许可证或租约持有者或经部长同意，才能申请与煤炭有关的评估租约。[4]

526. 为了进行更大规模的采矿作业，主要是为了煤炭的商业生产，需要签订采矿租约。采矿租约授权持有者进行勘探和开采，以及通过初级处理作业将矿物从开采材料中分离出来，并进行其他采矿活动。[5] 采矿租约最长可授予21年。[6] 由于煤炭位于矿产分布区内，只有持有该土地上煤炭的现有勘探许可证或评估租约持有者或经部长同意，才能申请与煤炭有关的采矿租约。[7]

527. 所有新的大型煤炭开采项目都需要根据州规划立法［即《1979年环境规划和评估法》（新南威尔士州）（EPAA）和《2000年环境规划与评估条例》］进行评估和批准（开发许可），然后才

〔1〕 *Mining Act 1992*, s. 47, Note.
〔2〕 Section 47.
〔3〕 Section 45.
〔4〕 Subsection 33 (3).
〔5〕 Section 73.
〔6〕 Section 71.
〔7〕 第51条第（3）款。根据第52条，作为矿产分配区域内的矿产，部长可就煤炭开采租约进行招标。

能授予采矿租约（见下文第二部分）。[1] 新南威尔士州规划和环境部是授权大型采矿和石油生产项目的主管机构。

528. 采矿租约的潜在申请者必须在根据《环境规划和评估法》申请开发许可和根据《采矿法》申请采矿租约之前，向 DRE 提交项目开发计划。该计划的目的是证明该项目"实用、可行、优化资源利用率，并能在已知的环境和采矿生产限制条件下实现"。[2] 在与其他政府机构启动开发评估和批准流程，包括通知批准机构——规划和环境部以确保获得所有必要的同意/批准之前，需要取得 DRE 的原则性支持。

529. 采矿租赁的一个条件是，公司在开始作业前提交采矿作业计划，包括复垦计划。对所有煤矿租约施加条件（包括恢复和环境绩效条件），以尽量减少潜在的环境影响。[3] 勘探许可证、评估租约和采矿租约的一个条件是，特许权人提供一笔保证金，用于支付可能产生债务的责任成本，包括恢复费用。[4] 还需要提交年度环境管理报告。[5] 与地下煤矿开采相关的矿山沉陷管理需要规划和环境部门批准采矿租约开采计划，该计划作为根据《环境规划和评估法》签发的开发许可和根据《采矿法》签发的开采租赁的一

〔1〕 Section 65.

〔2〕 NSW Department of Industry, Division of Resources and Energy, Policy on Conceptual Project Development Plans for mining projects, http://www. resourcesandenergy. nsw. gov. au/miners-and-explorers/applications-and-approvals/mining-and-exploration-in-nsw/project-approvals/development_plans (accessed 1 Nov. 2016).

〔3〕 NSW Government, Department of Industry, Division of Resources and Energy, *Mining Leases and Regulation*, http://www. resourcesandenergy. nsw. gov. au/landholders-and-community/minerals-and-coal/mining (accessed 1 Nov. 2016).

〔4〕 *Mining Act 1992*, s. 261B.

〔5〕 NSW Government, Department of Industry, Division of Resources and Energy, *Conditions on Titles*, http://www.resourcesandenergy. nsw. gov. au/miners-and-explorers/applications-and-approvals/environmental-assessment/conditions-on-titles (accessed 1 Nov. 2016).

部分来执行。[1]

530.《采矿法》规定了与特许权有关的一系列其他问题，包括：决策者在决定是否授予特许权时应考虑的事项；关于特许权续期、放弃和撤销的规则和程序；土地复垦；解决竞合申请的规定；所有权登记和转让及其交易；合规和强制执行规定；以及上诉。依据《2010年采矿条例》中规定的收费标准，应根据煤炭勘探许可证、评估租约和采矿租约支付年度地表租金。[2] 开采的煤炭应按《2016年采矿条例》规定的价格支付矿区使用费。[3] 特许权人必须遵守任何一般法定义务、特许权的法定条件（如租金、特许权使用费和保证金的支付）以及附加在其资源许可上的任何具体条件。

二、根据《1979年环境规划和评估法》进行的开发许可和环境评估

531. 所有新建大型煤炭开采生产项目均被归类为"州重大开发项目"，即《2011年州环境规划政策（州和地区开发）》中所列的具有州或地区意义的项目，因此需要根据《1979年环境规划和评估法》（新南威尔士州）第四部分进行评估和批准。[4] 除非申请者持有规划部长根据《环境规划和评估法》第89E条授予的开发许可（其职责委托给规划和基础设施部），否则不得根据《采矿法》授予煤炭生产的采矿租约。在签发开发许可证之前，必须编制一份全面的环境影响声明，并广泛征求公众意见。

532. 在考虑是否授予开发许可时，规划部长必须考虑公共利

〔1〕 NSW Government, Department of Industry, Division of Resources and Energy, *Subsidence Management*, http：//www. resourcesandenergy. nsw. gov. au/miners-and-explorers/applications-and-approvals/environmental-assessment/subsidence-management（accessed 1 Nov. 2016）.

〔2〕 *Mining Act 1992*, ss 292E, 292F; Mining Regulation 2016, regs 78-85 and Sch. 9.

〔3〕 *Mining Act 1992*, ss 282-285; Mining Regulation 2016, reg. 74.

〔4〕 On State Significant Development, *see the Environmental Planning and Assessment Act 1979*（NSW）, ss 89C-89L.

益、场地是否适合开发、开发对环境的影响、当地环境规划和州环境规划政策。地方环境规划和州环境规划政策可以禁止本区内开采煤炭、部分禁止本区内开采（包括煤矿），也可以允许在本区内开采煤炭。在完全禁止采矿活动的情况下，规划部长不能授予开发许可，尽管该法允许对规划工具进行修改，以允许已被禁止的活动。如果采矿活动被部分禁止，可以给予开发许可。[1]

533. 与煤炭开采有关的州环境规划政策是《2007 年州环境规划政策（采矿、石油生产和采掘业）》（简称《采矿业州环境规划政策》）。《采矿业州环境规划政策》第三部分还规定了规划部长在确定矿山开发许可证申请时必须考虑的一系列事项，包括：与土地其他用途的兼容性、新南威尔士州自愿土地征用和缓解政策的任何适用规定；确保以对环境负责的方式进行采矿而在许可证上设置的条件；运输问题；以及修复。[2]

534. 虽然煤炭开采是州重要事项，但煤炭勘探并非如此。[3]许多煤炭勘探活动不需要根据《环境规划和评估法》获得批准。《采矿业州环境规划政策》依据 EPAA 第 76 条确定属于"豁免开发"的采矿活动。[4]"豁免开发"无须依据 EPAA 开展开发许可或依据 EPAA 第五部分开展评估的情况下进行，后者适用于不需要开发许可但仍需要进行环境评估的项目。豁免开发必须对环境影响

---

〔1〕 *Environmental Planning and Assessment Act 1979*（NSW），ss 89D，89E，89H and 79C.

〔2〕 *State Environmental Planning Policy*（*Mining，Petroleum Production and Extractive Industries*）2007，cls 12–17.

〔3〕 *State Environmental Planning Policy*（*Mining，Petroleum Production and Extractive Industries*），cl. 17A；*State Environmental Planning Policy*（*State and Regional Development*）*2011*，cl. 8 and Sch. 1. cl. 5.

〔4〕 *State Environmental Planning Policy*（*Mining，Petroleum Production and Extractive Industries*）2007，Part 2.

最小；不能在濒危物种、种群或生态群落的关键栖息地进行；[1]
也不能在荒野地区进行。[2]

535. 勘探许可证下的"矿产勘探"仅限于"勘探"，是"未经
许可的开发"，即不需要依据 EPAA 第 89E 条进行开发许可，尽管
它需要依据 EPAA 第五部分开展环境评估。[3] 在不属于"州重要
环境敏感区"，根据矿产勘探许可证开展的对环境影响最小的低强
度采矿勘探活动（如地质测绘和航空测量、使用手持设备采样和取
芯、地球物理而非地震测量）属于"豁免开发"，也可以根据 EP-
AA 要求在没有开发许可的情况下进行。[4]

536. 这些影响最小的活动在勘探许可证上被认定为"豁免勘
探作业"，在实施之前不需要进一步的开发批准。所有其他勘探活
动在许可证上被确定为"可评估的勘探作业"，并且在实施之前需
要获得资源和能源部长的批准。[5] 需要进一步批准的勘探活动的
评估和批准程序需满足 EPAA 第五部分的要求。

537. 某些类型的"可评估的勘探作业"如果以特定方式进行，
则不太可能产生重大环境影响。[6] 这些活动被称为"共同勘探活
动"，如果它们满足《ESG5：勘探活动评估要求（2016 年）》中
规定的位置要求和影响阈值及标准，并按照不同的勘探实践规范进
行，则可以根据简化程序进行评估。这些规则规定了根据勘探许可

----

〔1〕　As defined by the *Threatened Species Conservation Act 1995 (NSW) and Fisheries Management Act 1994* (NSW).

〔2〕　As defined by the *Wilderness Act 1987* (NSW).

〔3〕　*State Environmental Planning Policy (Mining, Petroleum Production and Extractive Industries)* 2007, cl. 6.

〔4〕　Clause 10.

〔5〕　*Mining Act 1992*, ss 23A, 44A.

〔6〕　2015 年 7 月 1 日前，这些被称为类别 2 和类别 3 勘探活动。同时，类别 2 和
类别 3 勘探活动和新的"可评估的勘探活动"被称为"可评估的活动"。

证进行勘探的公司的强制性义务。[1]

538. 申请开展不符合共同勘探活动要求的煤炭勘探活动时，必须附上额外的环境影响评估信息，即根据对环境的可能影响程度、位置的环境敏感性以及对受威胁物种和生态群落的潜在影响对环境进行有针对性的评估；依据《ESG2：编制环境影响报告书的指南（2015 年）》出具的环境评估或环境影响声明和/或物种影响声明。[2]

539. 在采矿相关的州环境规划政策中，某些辅助开采矿物（包括煤炭）的开发活动，例如某些类型的基础设施工程，如果它们对环境影响最小，并且在批准矿山所在的土地上进行，也被认定为豁免开发。

三、土地使用权

（一）豁免区域

540. 除非事先获得资源和能源部长同意，否则不得根据勘探许可证或评估租约在依据《采矿法》所宣布的"豁免地区"范围内开展活动。[3] 豁免地区包括：为公共目的而保留、专用、拨出、收回或取得的土地，如州森林、国家公园、旅游线路和州自然保护区；根据特殊租约或其他形式的供水租约持有的土地；以及由政府以信托方式转让、准许或授予的用于赛马场、板球场、康乐场地、

---

〔1〕 *Exploration Code of Practice*: *Environmental Management* (Department of Industry, Skills and Regional Development, July 2015); *Exploration Code of Practice*: *Produced Water Management*, *Storage and Transfer* (Department of Industry, Skills and Regional Development, July 2015); *Exploration Code of Practice*: *Rehabilitation* (Department of Industry, Skills and Regional Development, July 2015).

〔2〕 NSW Government, Department of Industry, Division of Resources and Energy, *Coal and Mineral Exploration*, http://www.resourcesandenergy.nsw.gov.au/miners-and-explorers/applications-and-approvals/environmental-assessment/exploration#_is-approval-of-exploration-activities-required_003f (accessed 1 Nov. 2016).

〔3〕 *Mining Act* 1992, ss 30 and 48.

公园或永久性公共场所或其他公共用途的土地。豁免地区的规定不适用于采矿租约。

（二）保护区和其他特殊区域

541.《1974 年国家公园和野生动物法》（新南威尔士州）禁止在国家公园、历史遗址、自然保护区、喀斯特保护区或土著区进行勘探和开采。[1]《采矿法》不适用于这些保护区的土地，该法允许代表政府进行勘探，但需要经议会两院批准。[2] 根据《1987 年荒野法》（西澳大利亚州）确立的荒野地区主要位于国家公园和自然保护区内，可以更安全地保护其免受人类活动的影响，以确保其保持原始状态。

542. 对于新南威尔士州州长根据《采矿法》第 367 条宣布为保护区的土地，以及州长指示不允许授予勘探许可证、评估租约或采矿租约的土地，不得授予勘探许可证、评估租约或采矿租约。[3]

543. 在采矿相关的州环境规划政策中已经确定了某些禁止露天煤矿开采的区域，这些区域位于麦格理湖（Lack Macquarie）和上亨特郡（Upper Hunter Shire）。[4]

（三）房屋、花园和重大改善

544. 未经房屋所有者、居住者、花园所有者及重大改进措施所有者的书面同意，《采矿法》禁止勘探许可证和评估租约持有者在作为居住者主要居住地的住宅 200 米、花园 50 米范围内或任何"重大改进措施"上面进行勘探活动。[5]"重大改进措施"是指任何实质性的建筑物、大坝、水库、等高线、分级河岸、堤坝、水处

---

〔1〕　*National Parks and Wildlife Act 1974（NSW）*, ss 41, 54, 58O and 64.

〔2〕　*Ibid.*

〔3〕　*Mining Act 1992*, ss 18, 36, 57, 367.

〔4〕　*State Environmental Planning Policy（Mining, Petroleum Production and Extractive Industries）2007* cl 9 and Sch. 1.

〔5〕　《1992 年采矿法》第 31、49 条。如果住宅、花园或重大改善由勘探许可证持有人拥有，或如果持有人是一个公司或关联公司，则这些规定不适用。

理区、土壤保护工程或其他有价值的工程或结构。[1] 任何一方都可将有关该禁令的争议提交给土地和环境法院。

545. 同样，未经房屋所有者、居住者、花园所有者及重大改进措施所有者的书面同意，不得在作为居住者主要居住地的住宅200米、花园50米范围内或任何"重大改进措施"上授予采矿租约。[2] 但是，如《采矿法》所述，住宅、花园或重大改善设施必须在"相关日期"前已存在。[3] 如果先前的勘探许可证持有者申请煤炭开采租约，为保护土地持有者的房屋、花园和/或重大改进措施必须在勘探许可证申请日期之前就已经存在。任何一方均可将争议提交土地和环境法院进行裁定。

（四）准入安排

1. 勘探许可证和评估租约

546.《采矿法》将勘探许可证和评估租约称为"勘探权"。该法禁止勘探权持有人进行"探矿作业"（即勘探采矿活动），除非与土地持有者达成书面准入协议。[4] "土地所有者"定义广泛，包括所有者和占有者，如登记的承租人。[5]

547. 可在授予所有权之前或之后安排准入，并可就一系列事项做出规定，包括：允许进入土地的期限；开展活动所在的土地区域；特许权人进入土地的方式；可进行的作业种类；特许权人须遵守的条件；须向土地持有者支付的补偿；以及与该安排有关的争议解决方式。[6] 准入安排只需要覆盖土地所有权人允许进行勘探活动的区域。可以与同一土地的不同土地所有者（例如土地所有者和

---

〔1〕 *Mining Act 1992*, s. 4, Dictionary.

〔2〕 第62条。如果住宅、花园或重大改善由勘探许可证持有人拥有，或如果持有人是一个公司或关联公司，则不适用该规定。

〔3〕 *Mining Act 1992*, subs. 62（4）（5）.

〔4〕 Section 140.

〔5〕 Section 4, Dictionary.

〔6〕 Section 141.

任何承租者或占有者）做出单独的准入安排。可以对同一土地所有权的不同区域或就不同事项涉及的不同区域进行单独安排。

548. 希望获得准入安排的探矿权人可向每个土地持有者发出书面通知，告知他们其寻求准入安排的意图。[1] 如果在28天内未能就准入安排达成一致，则探矿权人可以向土地持有者发出书面通知，要求他们同意指定仲裁员。如果双方不能就仲裁员达成一致意见，任何一方都可以申请从部长的仲裁员小组中指定一名仲裁员。[2]《采矿法》第143~158条详细规定了仲裁程序。

549. 如果探矿权持有人违反准入安排，土地持有者可拒绝其进入土地，直至特许权人停止违反行为，或直至违反行为得到合理满意的纠正，或以工业部部长指定的仲裁员确定的方式进行。[3]

550. 在授予勘探许可证或评估租约时，土地持有者有权就因行使所有权而遭受或可能遭受的任何"可补偿损失"获得补偿。[4]本规定适用于土地持有者，无论其是否拥有土地所有权。准入安排可以规定特许权人和土地所有者之间达成的补偿条款。仲裁员确定的准入安排必须明确土地持有者根据法律有权获得的补偿。如果出现准入安排未涵盖的情况，土地持有者有权依法要求进一步补偿。所有权人和土地持有者可以就应支付的补偿金额达成书面协议，并由双方签字。[5] 如果不能达成协议，土地持有者可以寻求土地和环境法院的裁定。[6]

2. 采矿租约

551. 采矿租约一经批出，未经有效的补偿协议或土地和环境法院做出的补偿评估，特许权人不得在任何土地表面行使租约规定

---

[1] Section 142.
[2] Established under s. 139.
[3] Subsection 141 (4).
[4] 第263、264条。第262条规定了"可赔偿损失"的定义。
[5] Sections 263, 264.
[6] Section 276.

的任何权利。[1] 在授予采矿租约时,土地持有者有权就因行使采矿租约赋予的权利而遭受或可能遭受的任何可补偿损失获得补偿。[2] 本规定适用于土地持有者,无论其是否拥有土地所有权。采矿租约持有者和土地持有者可以就应支付的补偿金额签订书面协议,并由双方签字。如果不能达成协议,土地持有者可以寻求土地和环境法院的裁定。

(五) 农用地

1. 农用地:个人土地持有者

552. 根据《采矿法》的定义,[3] 土地所有者可以部分或全部土地是"农用地"为由反对授予采矿租约。[4] 反对意见将提交工业部第一产业司裁定。就煤炭开采租约而言,确定土地是否为"农用地"的日期是先前的煤炭勘探许可证持有人提交其勘探许可证申请的日期。[5] 这意味着,在确定该土地是否为农用地时,将不考虑在该日期之后进行的农业改良,例如播种作物。可能会发现只有部分第一产业土地是农用地的情况。如果确定土地为"农用地",除非获得土地持有者的书面同意,否则不得授予煤矿租约。[6] 但是,如果部长认为有必要授予可利用土地任何其他部分的采矿租约,以允许使用采矿租约适用的土地的任何其他部分,则可以授予可使用土地的任何部分的采矿租约。[7]

2. 战略农用地

553. 政府已经建立了一个特殊的"门户程序"以评估与"战略农用地"相关的州重大采矿项目的提案。"战略农用地"包括

---

〔1〕 Section 265.

〔2〕 第263、264条。第262条规定了"可赔偿损失"的定义。

〔3〕 Schedule 1, cl. 22.

〔4〕 Schedule 2, cl. 1.

〔5〕 Schedule 2, subc. 2 (3).

〔6〕 Schedule 1, subc. 23 (1).

〔7〕 Schedule 1, subc. 23 (4).

（a）"生物物理战略农用地"，即具有高质量土壤和水资源的土地，能够维持高水平的生产力；和（b）"关键产业集群"，即在一个区域内的相互关联的高生产力农业产业聚集在一起，有助于该区域协同发展，并提供大量就业机会。截至 2016 年 11 月 1 日，新南威尔士州共确定和绘制了 280 万公顷生物物理战略农用地的区域，而亨特河上游的一些马业和葡萄栽培产业则被确定和圈定为关键产业集群。[1]

554. 采矿相关的州环境规划政策规定的"现场验证过程"使采矿运营商能够验证潜在开发现场的土地是否属于生物物理战略农用地。[2] 如果进行采矿活动的土地不是生物物理战略农用地，则支持者可获得"现场验证证书"。持有现场验证证书的煤矿开采支持者可根据 EPAA 申请开发许可。[3]

555. 如果拟议煤矿位于战略农用地上，则煤矿开采项目作为州重大开发项目，在依据 EPAA 提交开发许可申请之前，必须向采矿和石油门户小组提交关于其对战略农用地及其相关水资源影响的独立、科学评估报告。[4] 该小组是根据采矿相关的州环境规划政策组成的一个独立的科学专家机构。[5] 专家组的评估是根据有针对性的科学标准进行的。[6] 评估后，专家组可颁发两种类型的"门户证书"：一种是确认提案符合科学标准的无条件证书，或另一

---

〔1〕　NSW Government, Department of Planning and Environment, *Safeguarding Our Agricultural Land*, http：//www. planning. nsw. gov. au/policy－and－legislation/Mining－and－Resources/Safeguarding-our-Agricultural-Land（accessed 1 Nov. 2016）.

〔2〕　*State Environmental Planning Policy*（*Mining, Petroleum Production and Extractive Industries*）*2007*, cls 17C-17E.

〔3〕　Environment Planning and Assessment Regulation 2000（NSW）cl. 50A.

〔4〕　*State Environmental Planning Policy*（*Mining, Petroleum Production and Extractive Industries*）*2007*, cl. 17F.

〔5〕　Clauses 17N-17U.

〔6〕　These criteria are set out in cl. 17H.

种是有条件证书，其中可能包括对项目的进一步研究或修改的建议。[1]

556. 当煤炭开采项目位于生物物理战略农用地上时，该项目还必须提交给第一产业部长，征求其就政府蓄水层干扰政策对项目影响的意见，并提交给联邦 IESC，征求其对水资源潜在影响的意见（见上文第二章第一节第一部分）。[2] 委员会的意见必须提供给门户小组。

557. 一旦煤矿开采支持者获得门户证书，他们就可以根据 EP-AA 进行开发许可申请。[3] 在决定是否授予开发许可之前，决策者必须考虑一系列因素，包括证书中列出的任何建议，以及第一产业部长和联邦 IESC 向门户小组提供的书面建议。[4]

四、矿山安全

558. 适用于煤矿安全与健康的法律主要是《2011 年工作健康与安全法》（新南威尔士州）和《2011 年工作健康与安全条例》，以及专门针对矿山安全的《2013 年工作健康与安全（矿山）法》（新南威尔士州）和《2014 年工作健康与安全（矿山）条例》的附属规定。《2011 年工作健康与安全法》（新南威尔士州）和《2011 年工作健康与安全条例》规定了雇主在工作场所健康和安全方面负有主要职责。

559. 2015 年 2 月 1 日开始实施的《工作健康与安全（矿山）法》及其条例主要对遵守和执行矿山健康与安全法律相关问题进行规范，例如煤矿中某些严重事故的强制性通知，以及有关政府检查

〔1〕 Clause 17H.

〔2〕 Clause 17G.

〔3〕 Environment Planning and Assessment Regulation 2000, cl. 50A.

〔4〕 *State Environmental Planning Policy（Mining, Petroleum Production and Extractive Industries）2007*, cl. 17B.

矿山的规定。这些法律以全国采矿工作示范、采矿健康和安全条例以及新南威尔士州、昆士兰州和西澳大利亚州三个最大的采矿州之间商定的附加条款为基础，旨在加强各州和领地之间的协调，为规范包括煤炭在内的所有矿产部门的工作场所健康和安全提供了统一框架。[1] 该法适用于所有包括勘探和开采活动在内的矿山作业的工作场所；以及目前仅用于旅游目的的旅游矿山。

560. 政府公布经批准的业务法规，这些法规是实现立法规定的健康及安全标准的实用指南。[2] 在大多数情况下，遵守经批准的业务法规中的具体规定使其法定职责得以履行。通过遵循其他措施（如技术标准或行业标准）也可以证明合规性，但前提是达到与相关规范相当或更高的工作健康和安全标准。截至 2016 年 11 月 1 日，《工作健康与安全法》批准了一系列实践规范，而资源和能源部长已批准了 6 项采矿行为准则。政府还出版了一系列工业采矿设计指南、指导说明和针对煤炭的技术参考。

561. 工业部资源、能源和矿山安全司（新南威尔士州矿山安全）是政府监管机构，负责在采矿行业内制定可接受的安全和健康标准并确保其在煤炭行业的遵守，向部长提供计划和咨询建议，并报告法律的执行和有效性。[3] 在煤炭行业，还赋予行业和煤矿安全及健康代表一定的执行权。[4] 矿山安全咨询委员会就与矿山工作健康和安全有关的任何政策问题向自然资源和矿业部部长提供建议。[5]

---

〔1〕 该立法替代了《2002 年煤矿健康和安全法》（新南威尔士州），《2007 年煤矿健康和安全规章》，《2004 年矿业健康和安全法》（新南威尔士州）和《2007 年矿业健康和安全规章》。

〔2〕 这些是根据《2011 年工作健康与安全法》（新南威尔士州）第 274 条和《2013 年工作健康与安全（矿业）法》（新南威尔士州）第 72 条制定。

〔3〕 *Work Health and Safety Act 2011*, s. 152 and *Work Health and Safety (Mines) Act* 2013, s. 74.

〔4〕 *Work Health and Safety (Mines) Act*, Pt. 5.

〔5〕 Sections 60-61.

第三章 运输与分配

562. 煤炭运输通过公路、铁路和港口网络进行。现有的煤炭生产区靠近海岸,因此能够利用现有的运输基础设施。[1] 煤炭运输基础设施是以商业运营为基础,通过政府所有的铁路和港口公司、矿业公司、私人铁路轨道所有者、煤炭码头所有者和/或承租者、港口管理机构等相关实体与运输提供商之间缔结商业合同的方式进行。[2]

第一节 港 口

563. 截至 2016 年 8 月 1 日,澳大利亚煤炭出口行业由位于昆士兰州和新南威尔士州的 9 个主要煤炭装载码头提供服务。在昆士兰州,铁路将煤炭输送到四个主要港口的六个煤炭出口码头:艾伯特角港(Abbot Point)、海波因特港(Hay Point)、格拉德斯通港(Gladstone)和布里斯班港。[3]

564. 艾伯特角港由北昆士兰散货港口公司管理,该公司是昆士兰州政府的法定代表机构。其现有的唯一煤炭经营码头——阿达尼艾伯特角煤炭 1 号码头(Adani Abbot Point Coal Terminal 1),根据一份为期 99 年的租赁协议由政府租赁给阿达尼矿业有限公司(Adani Mining Limited)的子公司蒙德拉港(Mundra)私人有限公

---

〔1〕 International Energy Agency, *Energy Policies of IEA Countries: Australia 2012 Review*, 112(OECD/TEA, 2012).

〔2〕 Queensland Department of Transport and Main Roads, *Coal Transport Infrastructure Development*, http://www.tmr.qld.gov.au/business-industry/Transport-sectors/Coal-transport-infrastructure-development(accessed 30 Sept. 2016).

〔3〕 *Ibid.*

司。阿达尼艾伯特角港口私人有限公司将码头的运营和维护合同授予艾伯特角散装煤私人有限公司，该公司是嘉能可（Glencore）控制的子公司。2014—2015年，码头出口了2870万吨冶金煤和热煤。从加利利盆地增加的煤炭从这个码头出口。加利利盆地煤炭出口量的增加见证了现有码头的扩建和/或新码头的建设。[1]

565. 海波因特港也由北昆士兰散货港口公司管理。它从伯恩盆地开采的冶金煤和热煤有两个出口码头。达尔林普尔湾煤炭码头由政府租赁给布鲁克菲尔德资产管理有限公司（Brookfield Asset Management Limited），由一家独立公司达尔林普尔湾煤炭码头私人有限公司（Dalrymple Bay Coal Terminal Pty Ltd, DBCT）根据合同运营，该公司由8家通过码头运煤的矿业公司中的5家所有。海波因特服务煤码头（HPSCT）是由必和必拓—三菱联盟（BHP Billi-ton-Mitsubishi Alliance）拥有和管理的单一用户码头。HPSCT由中昆士兰煤炭联营公司合资企业所有，由必和必拓煤炭有限公司的全资子公司海波因特服务私人有限公司经营。2014—2015年，DBCT出口了7160万吨煤炭，HPSCT出口了4340万吨煤。[2]

566. 格拉德斯通港由政府所有的格拉德斯通港口公司（Port of Brisbane Pty Ltd）管理。港口出口从博文盆地开采的冶金煤和热煤。该港口有三个以上用户煤炭码头。RG塔纳（RG Tanna）和巴尼角（Barney Point）煤炭码头均由格拉德斯通港口公司拥有和管理。第三个煤炭码头——威金斯岛煤炭出口码头（WICET），于2015年建成，归威金斯岛煤炭出口码头私人有限公司所有，该公司是一家煤炭行业财团，由阿奎拉资源（Aquila Resources）、卡利登煤炭（Caledon Coal）、嘉能可、新希望集团（New Hope Group）、西农库拉富（Wesfarmers Curragh）和兖煤（Yancoal）组成。2014—2015年，RG塔纳和巴尼角煤炭码头出口了6780万吨煤炭，

〔1〕 *Ibid.*
〔2〕 *Ibid.*

向澳大利亚其他港口输出 20 万吨煤炭，而威金斯岛煤炭出口码头出口了 50 万吨。威金斯岛煤炭出口码头建成后，巴尼角煤炭码头计划于 2016 年 9 月关闭。[1]

567. 布里斯班港由布里斯班港私人有限公司（PBPL）根据与昆士兰州政府签订的 99 年租约进行管理和发展。PBPL 由昆士兰港口控股财团所有。该港口拥有一个煤炭码头——昆士兰散货装卸煤炭码头，由昆士兰散货装卸私人有限公司所有和运营。昆士兰散货装卸私人有限公司由澳大利亚拥有的多元化能源公司新希望集团全资拥有。煤炭出口包括位于西莫顿（West Moreton）和苏拉特盆地的煤矿生产的热煤。[2] 2014—2015 年，港口煤炭出口总量为 7300 万吨。[3]

568. 新南威尔士州纽卡斯尔港（Port of Newcastle）是世界上最大的煤炭出口设施之一。瓦拉塔港煤炭服务有限公司（Port Waratah Coal Services Limited）在纽卡斯尔港经营两个主要码头——卡林顿港（Carringto）和库瑞根港（Kooragang），这两个码头从亨特山谷（Hunter Valley）出口煤炭。[4] 在肯布拉港（Port Kembla），肯布拉港煤炭码头为新南威尔士州南部和西部煤田的煤矿提供服务。

---

〔1〕 *Ibid.*

〔2〕 *Ibid.*; Port of Brisbane, *About Us*, https：//www. portbris. com. au/about－us/about-us（accessed 30. Sept. 2016）；Queensland Bulk Handling, About, http：//www. qbh. com. au/content/about（accessed 30. Sept. 2016）.

〔3〕 Queensland Department of Transport and Main Roads, *supra* n. 786.

〔4〕 Minerals Council of Australia, *Australia's Coal Industry*: *Ports and Transport*, http：//www. minerals. org. au/resources/coal/exportsports＿and＿transport（accessed 30 Sept. 2016）.

第二节 铁 路

569. 大部分煤炭通过铁路运输至港口进行出口。在煤炭行业运营的两家最大的铁路公司是奥瑞松（Aurizon）和太平洋国家公司（Pacific National），他们共同服务于昆士兰州、新南威尔士州和南澳大利亚州。

570. 在昆士兰州，用于出口的煤炭通过铁路系统从矿山运输到港口，由奥瑞松、太平洋国家公司和必和必拓-三菱联盟铁路公司负责。奥瑞松拥有并运营昆士兰州中央煤炭铁路网，该铁路网由纽兰兹（Newlands）、古涅拉（Goonyella）、黑水（Blackwater）和毛拉（Moura）铁路系统组成。位于昆士兰州东南部的西莫顿铁路系统归昆士兰法定铁路监管机构所有。[1] 煤炭也通过铁路运输到斯坦威尔（Stanwell）和格拉德斯通的发电站，以及各种工业用户。

571. 奥瑞松控股有限公司，前身为昆士兰国家铁路公司（QR National），是澳大利亚最大的煤炭铁路运输公司，在昆士兰州和新南威尔士州的所有主要煤炭地区运营。昆士兰国家铁路公司成立于2004/05 年，负责运营昆士兰铁路公司（QR）的货运服务，昆士兰铁路公司是政府所有的铁路公司和运营商。昆士兰铁路的货运业务在 2010 年私有化，当时昆士兰国家铁路公司在证券交易所上市。2012 年 12 月，昆士兰国家铁路公司更名为奥瑞松，现在是澳大利亚最大的铁路货运公司。

572. 在新南威尔士州，太平洋国家公司将煤炭从亨特山谷、南部和西部煤田输送至纽卡斯尔港和肯布拉港出口，并将煤炭输送至新南威尔士州的发电站和钢铁厂。

---

〔1〕 Queensland Department of Transport and Main Roads, *supra* n. 786.

第三节　其　他

573. 其他形式的煤炭运输包括使用陆上运输系统从靠近发电站的煤矿运输煤炭，以及许多远离铁路设施的煤矿使用的公路运输。但是，一般来说，卡车只用于到港口或铁路装载的短距离运输。[1]

---

〔1〕　Minerals Council of Australia, *supra* n. 793.

第四章 消 费

574. 从历史上看，煤炭一直是澳大利亚的主要燃料之一，这反映出其在澳大利亚发电燃料中的主导地位。2013—2014 年，煤炭仍然是澳大利亚第二大主要能源消费燃料，占澳大利亚能源消费总量的 31.7%，仅次于石油（38.4%），但高于天然气（24%）和可再生能源（5.9%）。然而，煤炭消费在一次能源消费中所占的份额是自 20 世纪 70 年代初以来的最低水平，这反映出煤炭在发电中的使用量下降，钢铁部门的产量也在下降。[1]

575. 尽管煤炭在 2013—2014 年仍然是澳大利亚发电的最大燃料来源，其发电量的 61% 来自煤炭，但其份额比 2003—2004 年的 79% 下降，这一时期澳大利亚发电总量下降的主要原因是煤炭。[2] 2013—2014 年，除西澳大利亚州外，所有州的燃煤发电量均下降至 1996—1997 年以来的最低水平，尽管 2013—2014 年的褐煤发电量下降率与 2012—2013 年相比大幅下降，但最可能的原因是取消了碳定价机制，这增加了燃煤发电的相对成本。相比之下，2013—2014 年，天然气发电和可再生能源发电有所增加。[3]

576. 随着人们越来越多地关注燃煤发电站温室气体排放对气候变化的影响，澳大利亚政府表示，"储存二氧化碳的能力对于澳大利亚继续依赖燃煤发电站至关重要。"[4] 澳大利亚联合政府仍然致力于支持煤炭行业，原因如下：澳大利亚煤炭作为低成本燃料储

---

〔1〕 Australian Government, Department of Industry and Science/Office of the Chief Economist, *supra* n. 599 at 11.

〔2〕 *Ibid.*, 20.

〔3〕 *Ibid.*, 20-21.

〔4〕 Australian Government, Department of Industry and Science, *2015 Energy White Paper*, 57 (Commonwealth of Australia, 2015).

量丰富；可以获得特许权使用费、出口收入和税收；以及煤炭在昆士兰州和新南威尔士州经济中处于中心地位。因此，投资开发碳捕获和储存技术将成为澳大利亚联合政府的工作重点，以使煤炭能够继续出口和消费，同时努力履行气候变化承诺。[1] 政府还认识到，发展和推广新的低排放煤炭技术对煤炭行业的持续发展至关重要。[2] 碳捕获和储存监管将在第五编进行讨论。

---

〔1〕 *Ibid.*

〔2〕 *Ibid.*; Geoscience Australia/BREE, *supra* n. 580 at 149–155.

第五编　能源法与环境法的互动

第一章　概　况

577. 能源项目随着实践发展需要进行环境评估。这主要是依据州规划、环境和采矿/石油法进行，特殊情况下，依据《1999 年环境保护和生物多样性保护法》（联邦）需要获得联邦批准。每个州的陆上和海上资源法、无数规划和环境法以及联邦法律之间的关系和相互作用过于复杂，本编无法详细研究，因此仅提供一个简要概述。然后，本章将重点介绍气候变化法。由于能源是温室气体排放的主要行业，能源使用和气候变化是密不可分的。

578. 风力发电场和太阳能装置等可再生能源开发项目需要根据州总体规划和环境法进行环境评估和批准。由于煤炭是一种矿物，因此煤炭勘探和开采需要根据相关的州采矿法和/或相关的州规划和环境法（见上文第四编）进行评估和批准。陆上石油开采、地热能和非常规燃料（如页岩气和煤层气）需要根据相关石油法和/或州规划和环境法进行环境评估和批准（见上文第二编和第三编）。州沿海水域的石油开采需要根据相关州的海上石油立法进行评估和批准，而联邦水域的石油开采则需要根据联邦石油立法进行评估和批准（见上文第三编）。

579. 必须考虑能源开发对一系列环境和文化问题的影响，并在开发许可证上规定保护环境的条件。对于煤矿或石油和天然气项目，授权时所附的环境保护条件，包括恢复和停止侵害。对于其他能源项目，如根据总体规划法评估的风能设施，可在规划许可证上规定一系列条件，包括噪音、视觉影响以及对鸟类和蝙蝠的影响。

580. 采矿和石油法通常要求资源部长在管理石油/采矿立法时，如在做出诸如授予或更新许可证或对许可证施加条件等决定时，考虑特定环境立法的目标。这可能是资源部长在管理石油/采矿立法时"考虑环境"的法定要求。采矿法或石油法可能对采矿/石油许可证持有者规定法定义务，例如保护环境或尽快清理漏油的义务。

581. 除了规划或采矿或石油授权外，支持者还需要根据一系列环境和遗产立法获得能源项目的授权，如：水资源法、污染法、原住民权利法、原住民遗产法、州和国家遗产法、规范原生植被清除的立法、保护区和受保护物种立法，以及土壤保护法。采矿、石油或总体规划立法通常要求将能源/资源项目提交给负责执行某些特定环境法的其他部长，例如管理保护区或保护物种立法的部长。

第二章　气候变化法

582. 澳大利亚大约 76% 的温室气体排放来自能源部门。固定地点能源排放占总排放量的 52%，交通运输排放占 17%，无组织燃料排放占 7%。[1] 尽管澳大利亚排放的温室气体占世界总排放量的小部分，但人均排放率非常高。

第一节　国际义务

583. 澳大利亚是《联合国气候变化框架公约》和《京都议定书》的缔约国，分别于 1992 年 12 月 30 日和 2007 年 12 月 12 日批准了《联合国气候变化框架公约》和《京都议定书》。[2] 澳大利亚对这两部法律文件均有履约义务。

一、《联合国气候变化框架公约》

584. 在 2011 年德班举行的《联合国气候变化框架公约》第十七次缔约方大会上，缔约方同意制定并通过一项议定书——另一部根据《联合国气候变化框架公约》而协商制定的适用于所有缔约方的具有法律效力的法律文书或谈判成果，将从 2020 年起实施，以实现《联合国气候变化框架公约》的目标——将大气中的温室气体

---

〔1〕 Australian National Greenhouse Accounts, National Inventory Report 2013, Vol 1 (May 2015).

〔2〕 United Nations Framework Convention on Climate Change, Adopted 14 Jun. 1992, UNCED Doc A/CONF. 151/5/Rev. 1, (VolⅠ), Annex Ⅰ, 13 Jun. 1992, 31 ILM 874 (1992); Kyoto Protocol to the United Nations Framework Convention on Climate Change, *Report of the Conference of the Parties at its Third Session*, *1-11 Dec. 1997*, U. N. Doc FCCC/CP/1997/7/Add. 1, 18 Mar. 1998, Annex.

浓度稳定在防止对气候系统造成危险干扰的水平。[1] 缔约方大会启动了《德班加强行动纲要》特设工作组，以制定法律文件供 2015 年 12 月在巴黎举行的第二十一次缔约方会议审议。根据《巴黎协定》,[2] 澳大利亚在其国家自主贡献（NDC）中阐明的长期目标是到 2030 年前将温室气体排放量减少到比 2005 年水平低 26%~28%。澳大利亚于 2016 年 11 月 9 日批准了《巴黎协定》。

二、《京都议定书》

585. 澳大利亚在《京都议定书》第一期（2008—2012 年）的承诺是将其温室气体排放量减少到 1990 年的 108%。澳大利亚目前在《京都议定书多哈修正案》中提出的减少温室气体排放的承诺分为两部分。[3] 第一部分无条件目标是到 2020 年将其温室气体排放量比 2000 年至少减少 5%。第二部分是附条件目标：如果达成一项全球协议，该协议未能确保将大气二氧化碳浓度稳定为 450 ppm，但主要发展中经济体承诺实质性限制排放，发达经济体承担与澳大利亚类似的承诺，那么到 2020 年澳大利亚温室气体排放量将减少 15%。或者，如果达成一项全球协议，确保大气中的二氧化碳浓度为 450 ppm，主要发展中经济体承诺实质性限制其排放，发达经济体承担与澳大利亚类似的承诺，那么到 2020 年澳大利亚温室气体排放量将减少 25%。

---

〔1〕 United Nations Framework Convention on Climate Change *Report of the Conference of the Parties on its seventeenth session*, held in Durban from 28 November to 11 December 2011, FC-CC/CP/2011/9/Add. 1, 15 Mar. 2012, Decision 1/CP. 17, 'Establishment of an Ad Hoc Working Group on the Durban Platform for Enhanced Action'.

〔2〕 United Nations Framework Convention on Climate Change, Report of the Conference of the Parties at its Twenty First Session, 30 Nov. –11 Dec. 2015, FCCC/CP/2015/L. 9/Rev. 1, 12 Dec. 2015. Annex.

〔3〕 Kyoto Protocol to the United Nations Framework Convention on Climate Change, Conference of the Meeting of the Parties, Decision 1/CMP. 8, FCCC/KP/CMP/2012/13/Add. 1, *Amendment to the Kyoto Protocol pursuant to its Art. 3, para. 9* ('*the Doha Amendment*').

586. 截至 2016 年 7 月 1 日，澳大利亚尚未批准《京都议定书多哈修正案》，该修正案也没有生效，尽管总理马尔科姆·特恩布尔（Malcolm Turnbull）于 2015 年 12 月在巴黎举行的第九次缔约方会议上宣布，澳大利亚将批准《京都议定书多哈修正案》。[1]

第二节　应对气候变化的国家行动

587. 在联邦和州一级有一系列减少温室气体排放的措施。考虑到各级政府采取措施的多样性和范围，本部分将重点讨论与减少能源部门排放有关的一些关键举措，包括：

-温室气体和能源报告计划；

-排放交易计划（例如最近废除的），即通过对二氧化碳（CO_2）排放定价，使排放二氧化碳排放的燃料更昂贵，并提高替代能源的成本竞争力；

-减排基金，即澳大利亚政府向污染者支付因减少二氧化碳排放量降至正常水平以下而产生的费用，以确保排放量不超过某些基准线的保障机制；

-强制性市场政策，即增加可再生能源在发电中的比重，这可能是电力零售商必须购买的强制性数量（联邦可再生能源目标），或可再生能源电力的强制性价格，如各州的固定电价；

-鼓励节能和提高能效的某些需求侧措施，包括标准、标签和基于市场的州可交易证书计划；

-碳捕获和储存规则。

---

〔1〕　The Climate Institute, 'The Paris climate deal: What it means for Australia and its policies', *Reneweconomy*, 15 Dec. 2015, http://reneweconomy.com.au/2015/the-paris-climate-deal-what-it-means-for-australia-and-its-policies-61728 (accessed 3 Feb. 2015).

588. 下文讨论的联邦政府的主要举措由清洁能源监管局负责执行管理，包括温室气体和能源报告计划、国家排放单位登记、可再生能源目标和减排基金，以及在之前被废除的碳定价机制。在气候变化和可再生能源方面发挥不同作用的其他主要独立国家机构包括：气候变化管理局，这是一个向澳大利亚政府提供关于气候变化缓解举措的独立专家咨询意见的法定机构；[1] 清洁能源金融公司，旨在为私营部门发展可再生能源和清洁技术项目提供资金杠杆，并确定和消除项目融资障碍；[2] 澳大利亚可再生能源局，一个拥有30亿澳元预算的法定机构，主要负责协调资助现有可再生能源技术研发的拨款方案。[3]

一、国家温室气体排放报告要求

589. 《2007年国家温室和能源报告法》（联邦）引入了单一的国家能源和排放报告框架，以确保温室气体排放测量和报告的准确、透明、可验证和完整性。[4] 该法要求特定公司对其温室气体排放、能源生产和能源消耗进行监测和报告负有法定义务，即：就制定政策向政府报告；告知澳大利亚公众；履行澳大利亚的国际报告义务；协助联邦、州和领地开展政府项目和行动；避免各州和领地重复类似的报告要求。[5]

590. 《国家温室和能源报告法》适用于"宪法公司"，即《联

---

〔1〕 http：//climatechangeauthority.gov.au/（accessed 28 Sept. 2016）.

〔2〕 http：//www.cleanenergyfinancecorp.com.au/（accessed 28 Sept. 2016）.

〔3〕 http：//arena.gov.au/（accessed 28 Sept. 2016）.

〔4〕《2008年国家温室和能源报告条例》规定了《2007年国家温室和能源报告法》（联邦）的具体执行规则和程序。《2008年国家温室和能源报告（估算）决定》规定了估算温室气体排放量、能源生产和消费量时采用的方法、标准和准则。《2009年国家温室和能源报告（审计）决定》规定了编制、实施和报告温室气体和能源审计的要求。《2012年国家温室和能源报告（审计员注册）文件》规定审计员必须依据《2007年国家温室和能源报告法》（联邦）进行注册的资格条件。

〔5〕 *National Greenhouse & Energy Reporting Act 2007（Cth）s. 3.*

邦宪法》第 51（xx）段所指的贸易、金融和外国公司。法定义务
适用于"控股公司"，即在澳大利亚没有控股公司的宪法公司。[1]
在澳大利亚，它通常处于公司层级的顶端。外国公司也可能是控股
公司。

591. 自 2008 年 7 月 1 日起，如果在 2009 年 6 月 30 日或之后
的每个财政年度，所有控股公司在一个财政年度内排放的温室气
体、生产的能源或消耗的能源超过某些阈值，则必须申请登记。[2]
有两个门槛：第一个是"集团阈值"，即控股公司的"集团"，其
成员拥有对设施的运营控制权，排放 125kt 二氧化碳或更多的温室
气体，或生产或消耗 500 TJ 或更多的能源。[3] 第二个阈值是"设
施阈值"，即控股公司集团内的实体对在一个财政年度内排放 25 kt
或更多温室气体或产生/消耗 100 TJ 或更多能源的设施拥有运营控
制权。[4]

592. "设施"是指"涉及温室气体排放或生产或消费能源"
的活动或一系列活动；构成单个机构或企业的一部分（即发生在
"单个地点"）；是生产产品或服务过程的一部分；属于单个行业
部门。[5] 控股公司的团体包括子公司和控股公司，或者可能只包
括控股公司本身。[6] 如果公司有权引入和开展运营，则公司对设
施具有"运营控制权"。在任何时候，只有一个公司可以对一个设
施拥有操作控制权。[7]

593. 一旦进入国家温室和能源登记册，企业必须通过排放和

〔1〕　Section 7.

〔2〕　Section 12.

〔3〕　第 13 条。三年内逐步引入了公司集团门槛；这些数据来自 2010—2011 年。

〔4〕　Section 13.

〔5〕　Section 9；National Greenhouse and Energy Reporting Regulations 2008, regs 2. 15-
2. 22.

〔6〕　Section 8.

〔7〕　Section 11；National Greenhouse and Energy Reporting Regulations 2008, reg.
2. 14.

能源报告系统报告其能源消耗、能源生产和温室气体排放情况。[1]能源生产和消耗阈值不需汇总。每项都超标的公司才有义务进行登记和报告。但是，如果满足任何一个温室气体排放或能源生产或消费的阈值，那么公司必须登记并报告所有排放、生产和消费的温室气体。直接和间接排放量要汇总报告。

594. "排放"是指温室气体释放到大气中。"温室气体"是指《京都议定书》最初包括的六种气体：二氧化碳、甲烷、一氧化二氮、全氟碳、氢氟碳和六氟化硫。[2]报告义务包括"直接排放"（范围1排放）和/或"间接排放"（范围2排放）。范围1排放是指设施的一项活动或一系列活动直接排放到大气中的排放物。范围2排放是指一个或多个发电、供热、制冷或蒸汽活动直接排放到大气中的排放物，这些活动通过设施消耗，但不构成设施的一部分。[3]范围2的排放是通过间接消费能源商品释放出来的，例如，通过使用从另一个设施中燃煤产生的电能中释放。

595. 国家温室和能源登记册登记以下信息：注册公司及其集团中成员的名称；注册公司和集团成员的商标；每个注册公司及其集团成员的详细信息；《国家温室和能源报告法》所规定的公司注册信息；公司的守法信息；与公司有关的温室和能源审计信息。[4]它可能包括第一年未达到报告阈值的公司。如果登记册上的公司不符合某一报告年度的阈值，则必须提交一份报告。[5]监管机构可向公众披露登记册的部分或全部内容。

596. 该法规定了一系列的监测、遵守和执行机制。其中包括

---

〔1〕 Section 19.

〔2〕 Section 7A.

〔3〕 Section 10; National Greenhouse and Energy Reporting Regulations 2008, regs 2. 23, 2. 24.

〔4〕 Section 16; National Greenhouse and Energy Reporting Regulations 2008, reg. 3. 04.

〔5〕 National Greenhouse and Energy Reporting Regulations 2008, reg. 4. 32.

授权具有广泛权力的官员开展调查以监督合规性,[1] 以及由注册审计师对注册公司进行温室和能源审计,以确定公司是否遵守了该法。[2] 该法还包括一系列执行机制,尤其是违反该法规定的法定义务的民事处罚,以及对持续违法行为的民事处罚、侵权通知、可强制执行的承诺和违反民事处罚规定的罚款。[3]

二、排放交易

597. 澳大利亚是否应该通过总量控制与排放交易机制为碳定价,这个问题由来已久,也很曲折。早在 20 世纪 80 年代,鲍勃·霍克(Bob Hawke)任总理的工党政府就曾讨论过引入碳税来为碳定价,但考虑到社会各界可能会反对征收新税和提高能源价格而没有这样做。

598. 在 2006 年初,通过排放交易计划推出碳定价似乎不太可能。总理约翰·霍华德领导的自由党政府长期以来一直反对采用强制性措施应对气候变化。但是,随着 2006 年英国发布《斯特恩气候变化经济影响评估报告》(Stern Review on the Economic Impacts of Climate Change)和 2007 年 2 月政府间气候变化专门委员会发布第四次评估报告,气候变化已成为一个重要的公众问题,进而成为政治问题。2006 年 12 月,约翰·霍华德成立了一个关于排放交易的政府—企业联合工作组,该工作组的最终报告于 2007 年 5 月发布,建议制定澳大利亚排放交易计划。[4] 几个月后,由多个州组成的国家排放交易特别工作组于 2007 年 12 月发布了关于在澳大利亚各

---

〔1〕　National Greenhouse and Energy Reporting Act 2007, ss 57–72.

〔2〕　Sections 73–75A.

〔3〕　Sections 29–48.

〔4〕　Prime Ministerial Task Force on Emissions Trading, *Report of the Task Force on Emissions Trading* (Australian Government, 2007).

州之间制定排放交易计划的最终报告。[1]

599. 随着 2007 年 11 月联邦选举的临近，公众对霍华德政府应对气候变化行动的压力越来越大，政府宣布将引入总量控制和碳排放交易系统（ETS）。然而，自由党政府于 2007 年 11 月下台。即将上任的工党政府，在总理陆克文（Kevin Rudd）的领导下表示，计划在 2010 年之前建立一个全国性的排放交易计划。对联邦工党政府排放交易政策做出重要贡献的是受人尊敬的经济学家罗斯·加诺特（Ross Garnaut）教授进行评估后发表的大量中期报告和讨论文章，并于 2008 年 9 月 30 日发表了最终报告。[2] 联邦政府对加诺特报告临时文件和建议的回应是 2008 年 7 月 16 日发布的"碳污染减排计划"（CPRS）绿皮书。在发布了《加诺特评估最终报告》和绿皮书后，政府于 2008 年 12 月 15 日发布了一份白皮书，介绍了政府在"碳污染减排计划"关键设计问题上的政策决定。[3]

600. "碳污染减排计划"最初得到了自由党领袖马尔科姆·特恩布尔的两党支持。但是，当托尼·阿伯特成为自由党领袖时，这一计划就消失了。2009 年 11 月，为了抗议马尔科姆·特恩布尔支持排放交易，托尼·阿伯特辞去了议会首席执行官职位。托尼·阿伯特以 42 票对 41 票的优势击败马尔科姆·特恩布尔，当选自由党领袖。作为一名气候变化怀疑论者，托尼·阿伯特强烈反对通过碳排放交易机制进行碳定价。2009 年 5 月 14 日，向议会提出的"碳

〔1〕 National Emissions Trading Taskforce, *Possible Design for a National Greenhouse Gas Emissions Trading Scheme: Final Framework Report on Scheme Design* (NETT, 2007).

〔2〕 Garnaut R, *Garnaut Climate Change Review: Final Report* (Cambridge University Press, 2008). For the latest version see Garnaut R, *The Garnaut Review 2011: Australia in the Global Response to Climate Change* (Cambridge University Press, 2011).

〔3〕 Australian Government, Department of Climate Change, *Carbon Pollution Reduction Scheme, Green Paper, July 2008* (Commonwealth of Australia, 2008); Australian Government, Department of Climate Change and Energy Efficiency, *Carbon Pollution Reduction Scheme - Australia's Low Pollution Future, White Paper* (Commonwealth of Australia, 2008).

污染减排计划法"于 2010 年 4 月 27 日三次未能在参议院通过。[1]在这之后，被政府废弃。

601. 到 2010 年 6 月，陆克文已经失去了工党的信任，朱莉娅·吉拉德成为总理，向选民保证其政府不会开征碳税。2010 年 9 月，成立了多党气候变化委员会（MPCCC），探讨实施碳定价的方案，并就帮助澳大利亚如何应对气候变化挑战达成共识。2010 年 12 月 21 日，MPCCC 发布了一份公报总结认为，碳定价机制将是减少澳大利亚碳污染的最具成本效益和经济性的方法，并制定了 11 项原则来指导有关碳定价机制的讨论。[2] 2011 年 2 月 24 日发布了第一份碳定价机制提案，供广泛讨论和磋商，2011 年 7 月 10 日发布了更详细的碳定价一揽子方案。最终，在绿党和参议院独立人士的支持下，通过《2011 年清洁能源法》（联邦）确立了碳定价机制，成为吉拉德政府 2011 年"清洁能源一揽子计划"的核心内容。

602. 尽管托尼·阿伯特称之为"碳税"，但 CPM 并不对产生的温室气体数量征税，而是实施灵活的总量管制和交易排放计划，2012—2015 年间，该机制以每吨二氧化碳排放的固定价格运作。[3]根据碳定价机制，责任主体必须购买或被分配碳单位，并通过向监管机构交出"合格排放单位"。未能交出足够单位的责任主体必须在固定价格期间以每单元价格的 1.3 倍支付排放费或"单位短缺费"。在弹性价格时期，则是单位年平均价格的两倍。

603. 根据该计划负有义务的责任主体包括：第一，对每年排放超过 25 000 吨范围 1 温室气体的设施拥有运营控制权的人；第二，天然气零售供应商。根据碳定价机制，最大的污染者中约有

〔1〕 *Carbon Pollution Reduction Scheme Bill* 2010（Cth）.

〔2〕 Multiparty Committee on Climate Change, Third Meeting Communiqué（21 Dec. 2010）.

〔3〕 碳定价机制在达米安·洛基的《澳大利亚清洁能源法》（Damien Lockie, Clean Energy Law in Australia）中有详述（巴特沃斯律商联讯，2012 年）。

500 个需承担责任。该计划适用于《京都议定书》涵盖的四个温室气体，即二氧化碳、甲烷、一氧化二氮和全氟碳。

604. 该计划所涵盖的部分包括：固定能源；工业加工；无组织排放；非遗留废物排放。铁路、国内航空和海运燃料通过专门立法中与碳定价类似的机制来实施。排除在外的部分包括：农业和土地部门的排放；生物燃料和生物量燃烧产生的排放（包括填埋设施甲烷燃烧产生的二氧化碳排放）；乙醇、生物柴油和可再生柴油；家庭运输和轻型公路商用车用的燃料；农业、林业和渔业用的燃料；国际航空燃料；退役煤矿的无组织排放物；遗留废物的排放；以及道路上使用的液化天然气、液化石油气和压缩天然气（CNG）。

605. 向"排放密集型出口行业"（EITE）和其他受影响行业提供了各种援助方案，包括"排放密集型出口行业"的就业和竞争力计划，根据该计划，将向从事"排放密集型出口行业"的实体分配免费许可证；能源安全基金；提供过渡援助以促进发电行业从高排放转变为低排放；针对受碳价格影响最大的矿山提供煤炭行业就业一揽子计划；以及为钢铁行业提供结构性优化援助的钢铁转型计划。对家庭给予减税。

606. 自 2015 年 7 月 1 日起，当固定价格期结束时，将对温室气体的排放设定经济上限，从而限制可获得的许可证数量，这符合澳大利亚应承担的国际义务，即到 2020 年在 2000 年的基础上减少 5% 的温室气体排放量，到 2050 年在 2000 年的基础上减少 80%。2015—2018 年的污染上限将在 2014 年 5 月 31 日前设定，每年的 6 月 30 日都将设定污染上限。价格更加灵活。

607. 在固定价格期内，"合格排放单位"包括以固定价格从澳大利亚政府购买的或作为援助计划免费分配获得的碳单位；在碳农业倡议下发布的澳大利亚碳信用（ACCUS），限额为其总负债的 5%，是根据《2011 年碳信用（农业倡议）法》（联邦），鼓励农业／土地利用部门通过封存和避免排放来实现碳补偿的独立机制。自

2015 年起的价格灵活期内，"合格排放单位"包括通过拍卖从澳大利亚政府购买的碳单位，或通过援助计划下的免费分配获得的碳单位，或通过二级市场购买许可证的碳单位；从碳农业倡议获得的碳信贷单位；以及在 2020 年之前有 50% 的限额，根据《京都议定书》或公认的区域/国家计划（如欧洲和新西兰排放交易计划）确立的国际排放单位。一项与欧盟排放交易计划建立双向联系的条约将在 2015 年 7 月 1 日之前达成一致，并于 2018 年 7 月 1 日前实施。

608. 碳定价机制在 2014 年被 2013 年 9 月赢得总理职位的托尼·阿伯特总理领导下的联合政府废除。托尼·阿伯特仍然坚决反对碳定价机制，而废除碳'税'的承诺是自由党 2013 年竞选活动的一项基本纲领。但是，这并不一定意味着澳大利亚排放交易的终结。为了使直接行动计划在参议院获得通过，联合政府被迫同意对排放交易计划进行调查。因此，2014 年 12 月，环境部长要求气候变化管理局根据其国际承诺和其他国家的行动，对澳大利亚温室气体减排政策和未来目标进行特别审查。审查的职权范围包括澳大利亚是否应实施排放交易计划，以及实施该计划的条件。

609. 特别审查的最终报告——《迈向气候政策工具包》，于 2016 年 8 月 31 日发布。[1] 报告建议澳大利亚应采取一系列政策来履行其国际温室气体减排承诺。作为特别审查的一部分，管理局评估了澳大利亚电力供应部门的若干减排政策。管理局对电力环节的详细分析报告载于《澳大利亚供电环节的政策选择——特别审查研究报告》中。[2] 气候变化管理局不建议引入全经济范围的总量控制和排放交易计划作为澳大利亚气候政策工具包的一部分。相反，管理局建议政府扩大目前的减排基金和保障机制［见下文（三）］。

---

〔1〕 Climate Change Authority, Towards a Climate Policy Toolkit: *Special Review on Australia's Climate Goals and Policies* (Climate Change Authority, 2016).

〔2〕 Climate Change Authority, *Policy options for Australia's electricity supply sector—Special Review Research Report* (Climate Change Authority, 2016).

610. 考虑到 CCA 的建议以及自由党/联合政府对排放交易计划的抵制,似乎将来不可能在澳大利亚重新实施排放交易机制。尽管作为澳大利亚两大政党之一的澳大利亚工党在政策上承诺作为应对气候变化的优先事项重新引入排放交易计划,[1] 但是,考虑到普通公众和自由党对排放交易的抵制,很难预测工党在政治上能否在 3 年内赢得下一次选举。

三、减排基金

611. 减排基金是总理托尼·阿伯特领导的联合政府为取代废除的碳定价机制而制定的直接行动政策的核心部分。2014 年 11 月 24 日,[2] 依据《2011 年碳信用(农业倡议)法》(联邦)修订案成立的减排基金由购买减排的政府基金和保障机制组成,"以确保这些减排不会因经济发展中其他地方超乎正常经营水平的排放量大幅上升而被取代"。[3]

(一) 购买排放量

612. 减排基金的第一个组成部分就是用于购买减排的 25.5 亿澳元基金。减排基金是一个自愿的"基线和信用"计划。公司温室气体排放的基线是根据"正常经营"轨迹设定的。在清洁能源监管局登记的公司可以基于所登记的"合格的补偿项目"寻求基线以下的减排信用——碳信用额,有两种类型的合格补偿项目可计入澳大利亚单位。分别是:主要与农业和林业等土地利用部门相关的封存补偿项目,以及与能源利用导致的二氧化碳减少有关的排放规避补

---

〔1〕 Australian Labor Party, *National Platform*: *A Smart*, *Modern*, *Fair Australia* (*2015*), 61.

〔2〕 *See also the Carbon Credits* (*Carbon Farming Initiative*) *Regulations 2011 and the Carbon Credits* (*Carbon Farming Initiative*) *Rule 2015.*

〔3〕 Australian Government, Department of the Environment and Energy, *Emissions Reduction Fund Safeguard Mechanism*, http://www.environment.gov.au/climate-change/emissions-reduction-fund/about/safeguard-mechanism (accessed 28 Sept. 2016).

偿项目。[1]

613. 为获得项目的碳信用，各实体必须在澳大利亚国家排放单位登记处开立账户；[2] 合格补偿项目的项目申请声明；申请并从 CER 获得权利证书；通过补偿项目申请"合格碳减排"。[3]然后，可以通过碳减排合同将碳信用出售给联邦政府，[4] 或者在二级市场出售碳信用，以获得收入。项目支持者可以在项目开始之前或在项目注册和启动之后参加拍卖，与联邦政府签订碳减排合同。清洁能源监管局使用密封的投标"反向拍卖程序"，代表政府以最低成本收购减排项目。价格高于基准价格的项目将不会被选中。CER 将选择成本最低的项目，直到减排基金预算用完为止。[5]

614. 只有特定类型的已批准项目（称为"方法"）才有资格获得减排基金下的信用。部长根据《碳信用（农业倡议）法》发布了适用于这些特定类型项目的各种方法决定，并规定了成为合格项目必须满足的要求。[6] 具体项目属于两种减排方法中的一种：针对具体减排行动的"活动方法"，如填埋气捕获、能效和土地部门项目；以及"设施方法"，将大型设施的多个活动的减排进行汇总，根据国家温室和能源报告计划的要求报告这些数据。与能源部门减排特别相关的方法或项目包括：根据国家温室和能源报告计划而开展的设施减排通用方法报告。[7] 煤矿无组织排放的捕获和销

---

〔1〕 *Carbon Credits（Farming Initiative）Act 2011（Cth）*, ss 16, 18.

〔2〕 Established under the *Australian National Registry of Emission Units Act* 2011 (Cth).

〔3〕 *Carbon Credits（Farming Initiative）Act* 2011, ss 11, 12, 15, 22 and 27.

〔4〕 Section 20B.

〔5〕 Section 20F-20G.

〔6〕 Section 106.

〔7〕 *Carbon Credits（Carbon Farming Initiative-Facilities）Methodology Determination 2015.*

毁;[1] 石油或天然气的无组织排放;[2] 减少运输的排放强度;[3]
商业、工业和小型能源综合用户能效项目;[4] 以及捕获和燃烧填
埋气。[5]

615. 迄今为止，CER 已在 2015 年 4 月、11 月和 2016 年 4 月
举行了三次拍卖。总计来看，CER 已累计授予 309 个碳减排合同，
涵盖 348 个项目，总价值 17.33 亿澳元，涉及 1.43 亿吨减排，平
均价格为每吨 12.10 澳元。[6] 绝大多数合同都是通过植被项目
（9850 万吨）进行减排，其次是填埋和替代废物处理方法（2180 万
吨）、农业（880 万吨）和稀树草原燃烧（800 万吨）。能效项目减
排 420 万吨（仅占减排的 2.93%），运输 120 万吨，工业无组织排
放 77 万吨。

（二）保障机制

616. 自 2016 年 7 月 1 日起，减排基金的自愿减排项目得到了
减排基金保障机制的补充。保障机制通过《2007 年国家温室和能

---

〔1〕 *Carbon Credits* (*Carbon Farming Initiative-Coal Mine Waste Gas*) *Methodology determination 2015.*

〔2〕 *Carbon Credits* (*Carbon Farming Initiative-Oil and Gas Fugitives*) *Methodology Determination 2015.*

〔3〕 *Carbon Credits* (*Carbon Farming Initiative - Aviation*) *Methodology Determination 2015*; *Carbon Credits* (*Carbon Farming Initiative-Land and Sea Transport*) *Methodology Determination 2015.*

〔4〕 *Carbon Credits* (*Carbon Farming Initiative- Aggregated Small Energy Users*) *Methodology Determination 2015*; *Carbon Credits* (*Carbon Farming Initiative-Commercial Buildings*) *Methodology Determination 2015*; *Carbon Credits* (*Carbon Farming Initiative-Commercial and Public Lighting*) *Methodology Determination 2015*; *Carbon Credits* (*Carbon Farming Initiative-Industrial Electricity and Fuel Efficiency*) *Methodology Determination 2015.*

〔5〕 *Carbon Credits* (*Carbon Farming Initiative-Landfill Gas*) *Methodology Determination 2015.*

〔6〕 Clean Energy Regulator, Combined results for auctions 1, 2 and 3, Emissions Reduction Fund (5 May 2016) http://www.cleanenergyregulator.gov.au/DocumentAssets/Documents/Emissions%20Reduction%20Fund%20-%20Cumulative%20auction%20results.pdf (accessed 14 Sept. 2016).

源报告法》发挥作用，使用国家温室和能源报告系统下报告的数据。

617. 保障机制旨在通过要求大型企业将排放量控制在设定的基准线以下，确保其排放量不会超过历史水平。将为单个设施设置基线，以反映 1009—1010 年至 2013—2014 年期间设施的最高报告排放水平。排放量高于历史基准的设施（即"超额排放量"）必须放弃信用，以抵消其高于基准的排放量。澳大利亚碳信用可用于履行法律规定的义务。[1] 保障机制仅适用于"指定大型设施"，即每个财政年度直接排放二氧化碳当量温室气体（范围 1 排放量）超过 100 000 吨的企业（指定大型设施阈值）。[2] 该机制将适用于各种"主体"或商业实体，包括公司、合伙企业、信托和地方委员会。与 NGER Act 报告框架一致，对指定大型设施（称为"责任排放者"）具有"运营控制"的实体将负责满足保障要求。[3]

618. 该机制将允许临时或永久调整基线。在任何一年中，如果设施运营商超过基线能够证明排放强度有所改善，则基线可以临时增加。基线可能会永久增加以适应生产能力的"显著扩大"。[4] 如果设施在 2020 年 7 月 1 日前因显著扩建而超过或预期超过其基线，运营商可申请使用"独立评估方法"修改基线。据此方法，监管机构可以进行"计算排放量基线确定"，根据设施运营商提供的

〔1〕　*National Greenhouse and Energy Reporting Act 2007*, ss 22XK–22XN.

〔2〕　第 22XJ 条；《2015 年国家温室和能源报告（保障机制）规则》第 8 条。据估计，保障机制将适用于高于指定的大型设施门槛的 261 个设施；其中，由 30 家公司运营的 85 个设施将超出它们的历史基准线；前 20 个排放设施（包括发电设施）中的任何一个都不太可能面临财政处罚，Baker & McKenzie, *Australia's Emission Reduction Fund Safeguard Mechanism: Top 10 Considerations for Companies*, (4 Mar. 2016), http://bakerxchange.com/rv/ff0025da75c818a6b56f 37f4274e80bd27bd7afl, 最后访问日期：2016 年 9 月 14 日。

〔3〕　*National Greenhouse and Energy Reporting Act 2007*, s. 22XH.

〔4〕　*National Greenhouse and Energy Reporting (Safeguard Mechanism) Rule 2015*, rr. 22, 24.

经审计的排放预测修改基线。如果由于 2020 年 7 月 1 日之后的重大扩张，某个设施超过或预期超过其基准，监管机构可进行"基准排放基线确定"，使用基于基准排放强度的最佳实践基准方法修订设施基准。[1]

619. 在 2025 年之前，为了适应天然气等自然资源开采的可变性，可使用独立评估方法调整基线。如果设施的运营与自然资源或矿藏的开采有关，设施运营商可以申请调整，其中：资源或储备的性质直接影响设施的排放性能；设施控制此类排放的成本效益能力有限；自然资源属性是设施排放量超过或预期超过基准的主要原因。设施是与从天然气储备中提取天然气相关的天然气加工或液化设施。[2]

620. 如果设施在保障机制运行的第一年预计会超过其基线，监管机构可使用独立评估方法增加基线。[3] 如果历史排放量不能很好地反映未来企业正常排放的表现，例如，由于全球金融危机后经济状况低迷，基准期的产量较低，则会进行此类调整。

621. 对于新设施的基线计算也有具体规定，因为没有足够的历史数据来确定历史基线。监管机构将使用排放基线方法为 2020 年 7 月 1 日之前涵盖的新投资设定基线，并将基准排放基线法应用于 2020 年 7 月 1 日之后涵盖的新投资。[4]

622. 对电力部门将采取一种特殊的方法，对所有"并网发电厂"适用一个部门基准。[5] 这包括以下五个电网（指定电网）：

---

〔1〕 Rule 32.

〔2〕 Rules 22, 25.

〔3〕 Rules 22, 26.

〔4〕 Rules 22, 23, 32, 33.

〔5〕《2007 年国家温室和能源报告法》第 22X1 条；《2015 年国家温室和能源报告（保障机制）条例》，rr 4, 7 (1) I, 13 (1) a。还可参见澳大利亚政府环境部：《保障机制——电力行业》，载 http://www.environment.gov.au/climate-change/emissions-reduction-fund/publications/factsheet-safeguard-mechanism-electricity-sector，最后访问日期：2016 年 9 月 28 日。

NEM、西南互联系统、西北互联系统、达尔文-凯瑟琳（Darwin-Katherine）互联系统和伊萨山-克朗克里（Mount Isa-Cloncurry）供电网络。与 198 Mt 二氧化碳温室气体排放量相等的部门基线，已被计算为 2009—2010 财年该部门排放量的总和。只要部门总排放量不超过部门基准，并网发电厂排放就不会被掩盖。如果总排放量超过电力部门基准，则需要连接电网的发电机将排放量保持在各设施水平基线以下，即 2009—2010 年和 2013—2014 年间各设施的最高年排放量。[1]

623. 该法规定了一系列的合规和执行机制。排放责任人必须向 CER 报告排放量，CER 将向净排放量在给定年份超过基线的责任人发出通知。排放责任人可申请进行多年监测，如果两年或三年以上的平均排放量低于基线，则允许设施在一年内超过基线。[2]如果设施在监测期间的平均排放量仍高于基线，监管机构有许多强制执行措施可供选择，包括：发布侵权通知；接受可执行的承诺；法院作出民事处罚；以及要求设施运营商履行纠正任何超标排放的义务。[3]

（三）减排基金的未来发展及其保障机制

624. 在最近关于澳大利亚气候政策的特别审查报告中，CCA 提出了一系列建议，以建立一套政策和措施，履行其在温室气体减排方面的国际义务。管理局的结论是，为履行减排承诺，需要澳大利亚的排放量比过去更急剧地下降。[4] 虽然已经提出了一些政策

---

〔1〕 如果排放量超出了电力行业基准线，监管者必须在下一个财年的 2 月 28 日前发布一份声明。截止并包括超过电力行业基准的年份，以及清洁能源监管局发布其声明的下一个财年，都是"行业基准"财年。个别并网发电机没有义务在行业基准财年达到个别基准。但是，在行业基准财年结束后，并网发电机将被要求将排放量维持在各自设施水平基准线以下。

〔2〕 *National Greenhouse and Energy Reporting Act 2007*, s. 22XG.

〔3〕 Part 5; *National Greenhouse and Energy Reporting（Safeguard Mechanism）Rule 2015*, Pt. 4.

〔4〕 Climate Change Authority, *supra* n. 569 at 49.

建议，包括改善运输能效相关的措施，但报告的核心部分，大概也是最根本的建议，是澳大利亚政府保留减排基金和保障机制并以其为基础。[1] 主要理由是能源政策的稳定性和可预测性；而且因为"公共利益"意味着保留和扩大直接行动，这为实现减排提供了一种"务实"的方法，主要是因为它使电价的上涨保持在低于总量控制和排放交易计划的水平。[2]

625. 首先，对于电力供应行业，自 2018 年起，CCA 建议将保障机制扩展为排放强度基线以下的基线和信贷排放交易方案，即设定每 kWh 排放强度基线，在 2050 年前降至零。州能效计划的合格能效信用［见下文第二节第六部分（二）］可用于履行义务，但国际信用和许可证不能。[3] 其次，对于"直接燃烧、无组织气体和工业加工"部门，CCA 建议"强化"现有保障机制。[4]这些部门的责任主体将被禁止超过其基线，但低于基线的排放不会有排放信用。CCA 建议，根据保障机制的责任门槛应从 10 万吨二氧化碳温室气体排放减少到 2.5 万吨；所有设施的基线下降速度应统一：不应再对基线进行修订；应允许使用国际信用和许可证履行义务。[5]

626. CCA 报告不是一份共识报告，因为 CCA 的两名成员不同意一些建议，特别是将减排基金和保障机制作为实现温室气体排放目标的主要政策工具。[6] 研究已经表明，自碳定价机制被废除并

---

〔1〕 *Ibid.*, 3.

〔2〕 *Ibid.*, Ch. 4.

〔3〕 *Ibid.*, 6-8.

〔4〕 *Ibid.*, 9.

〔5〕 *Ibid.*

〔6〕 克莱夫·汉密尔顿教授、卡里教授，"关于澳大利亚气候目标和政策的气候变化局特别评论：通向气候政策的工具箱：少数派报告"（Professor Clive Hamilton and Professor Karoly, The Climate Change Authority's Special Review on Australia's Climate Goals and Policies: Towards a Climate Policy Toolkit: Minority Report），2016 年 9 月 5 日，载 http://www.climatecouncil.org.au/cca-minority-report，最后访问日期：2016 年 9 月 28 日。作为气候变化局的报告，"少数派报告"没有官方地位。

被直接行动取代以来，澳大利亚最大的排放者"失去了对碳问题的关注，放弃了能源项目，对减少排放的长期战略行动失去了兴趣"。[1] 与总量控制和排放交易计划相比，对减排基金的大量批评与基准和信用计划的共同缺点有关。特别的批评是：这是对联邦预算的"巨大消耗"，因为与提高收入的总量管制和排放交易计划相比，污染者因不污染而获得补偿，使温室气体排放目标的实现依赖于财政政策；将"污染者付费"原则改为"向污染者付费"原则，这是"糟糕的经济，糟糕的伦理和糟糕的政策"；需要一个庞大的官僚机构来评估和监督项目；它还引发了人们对减排持久性和附加性的"严重而持续的担忧"。[2]

627. 此外，少数 CCA 成员还认为，拟议的电力排放强度基线和保障机制不要求产量和排放量增长的公司向排放量减少的公司购买信用，因为它们可能具有相同的排放强度；不要求污染者支付全部损害成本，不太可能与世界各地的排放交易计划挂钩。强化的保障机制计划被称为"一团糟"，相关实体不得不就一系列复杂的激励和监管要求进行协商，在设定可信基线方面存在重大困难；没有对排放量降低到基线以下的责任主体的激励措施。[3]

628. 截至 2016 年 9 月 28 日，澳大利亚政府尚未对气候变化管理局的报告做出回应。

四、鼓励可再生能源发电的措施

（一）联邦可再生能源目标

629. 可再生能源目标是根据《2000 年可再生能源（电力）法》（联邦）建立的基于市场的机制。可再生能源目标的主要目的

---

〔1〕　*Ibid.*，11.

〔2〕　*Ibid.*，12-13.

〔3〕　*Ibid.*，10-12.

是鼓励可再生能源发电（RES-E），以减少电力部门的温室气体排放。[1]

630. 可再生能源目标由两个子计划组成，即大型可再生能源目标（LRET）和小型可再生能源计划（SRES），这两个子计划均由 CER 管理。SRES 和 LRET 适用于所有电力零售商和批发电力采购商（责任主体）。CER 对合格的可再生能源发电项目颁发可再生能源证书（REC）——大型发电证书（LGC）或小型技术证书（STC）。责任主体必须向 CER 提交所需的可再生能源证书数量以履行其依法承担的责任。它们承担可再生能源目标的责任取决于其市场份额。如果责任主体提交的可再生能源证书数量不足，则必须支付差额费用。

1. 大型可再生能源目标

631. LRET 为大型可再生发电站（如风能、太阳能和水力发电站）生产可再生能源电力提供了财政激励。它要求"责任主体"承担购买和交出一定数量的大型发电证书的法定义务，以实现可再生能源发电的年度目标，即可再生能源发电量。到 2015 年，从 2020 年起，可再生能源发电量将额外增加 41 000 GWh，并制定临时年度目标。自 2015 年 6 月 25 日修订生效后，可再生能源目标和中期年度目标如下表所示：[2]

---

〔1〕《2000 年可再生能源（电力）（收费）法》（联邦）第 3 条。该计划的第一版是 2001 年时推行强制性可再生能源目标。名称被改为可再生能源目标，2009 年该计划分为大型可再生能源目标和小型可再生能源计划。《2001 年可再生能源（电力）条例》就很多问题做了详细规定，比如可再生能源资源的合格标准和电站的鉴定标准。

〔2〕 *Renewable Energy（Electricity）（Charge）Act 2000*, s. 40.

可再生能源目标 2015—2030 年	
年份/年	目标/兆瓦时
2016	21 431
2017	26 031
2018	28 637
2019	31 244
2020（至 2030）	33 000

632. "责任主体"（主要是电力零售商和大型发电公司）必须按其市场份额（即按其购买的批发电力数量）的比例来实现目标。[1] "责任主体"是指在一年内对电力进行"相关收购"的人。[2] 有两种类型的"相关收购"。第一种是大规模的电力收购，或是从 AEMO（即从国家电力池购买），或是从没有在其他实体（即直接从可再生能源发电商处）购买电力的主体那里购买。第二类"相关收购"是"名义上"的大规模电力收购，包括大型电力用户的自发电。[3]

633. 责任主体通过每年交出大型发电证书来履行义务。一个大型发电证书相当于超过"1997 年合格可再生能源电力基线"的 1

---

〔1〕 依据该计划，义务主体的责任或所需的可再生能源电量的计算方式是，将该主体获取的电量减去任何豁免，然后乘以该实体的"可再生能源电力百分比"，这是根据该法第 39 条规定的公式计算出来的。

〔2〕 *Renewable Energy（Electricity）Act 2000*（Cth），s. 35.

〔3〕 第 31~33 条，第 31 条第（2）款定义的收购，不包含下列相关收购：电力是通过容量小于 100MW 的电网传输的，并且没有直接或间接连接到容量为 100MW 或以上的电网；或者是自行发电，其中，要么是（I）发电点距离用电点不足 1km；或者（II）电力在发电点和最终使用点之间传输或分配，该线路仅在这两个点之间传输电力（即未连接到电网）。

兆瓦时合格可再生能源发电量。[1] 引入这一历史基线是为了确保
REC 仅适用于可再生能源电力，这些可再生能源是该法生效前新产
生的或附加的可再生能源。在 1997 年 1 月 1 日之前存在的可再生
能源发电设施只有在能够证明这些设施的产出高于 1997 年合格可
再生能源电力基准时，才有资格获得证书。每个发电站的 1997 年
基线由监管机构确定，是 1994 年、1995 年和 1996 年合格能源年发
电量的平均值。1997 年 1 月 1 日后首次发电的发电站的基线
为零。[2]

634. 大型发电证书只能由根据《2000 年可再生能源（电力）
法》第 10 条进行注册的主体创建。创建大型发电证书的可再生能
源必须来自经认证的发电站。[3] 如果发电站产生的部分或全部电
力来自"合格的可再生能源"，则发电站可获得认证。[4] 法律中列
举的合格可再生能源包括：水力、波浪、潮汐、海洋、风能、太阳
能、地热蓄水层、干热岩石、能源作物、木材废料、农业废料、农
产品加工废料、食品废料、食品加工废料、甘蔗渣、黑液、城市固
体废物的生物质成分、填埋气体、沼气、污水中的生物质成分，以
及法规规定的任何其他能源。[5] 化石燃料或从化石燃料中获得的
材料或废物不是合格的可再生能源，尽管煤矿废气在某些情况下可
能是合格的。[6]

635. 证书在监管机构注册之后生效。[7] 大型发电证书在可再
生能源证书注册处外进行协商和支付，并在可再生能源证书注册中
心进行转让。市场价格是不固定的，而是取决于市场供求。大型发

〔1〕 *Renewable Energy（Electricity）Act* 2000, s. 17C.
〔2〕 Section 14; Renewable Energy（Electricity）Regulations 2001, reg. 5 and Sch. 3.
〔3〕 *Renewable Energy（Electricity）Act* 2000, s. 18.
〔4〕 Subsection 14（2）.
〔5〕 Section 17.
〔6〕 Subsection 17（2）and s. 17 A.
〔7〕 Section 26.

电证书是有期限限制的，在提交后即告失效。[1]

2. 小型可再生能源计划

636. 小型可再生能源计划为业主安装小型可再生能源装置提供了经济激励措施。符合条件的装置有权根据产生的可再生能源量或其取代的常规电源量获得一定数量的小型技术证书。可再生能源必须来源于：2001年4月或之后安装的合格太阳能热水器装置；空气源热泵；或"小型发电机组"，即2001年4月或之后安装的小型光伏系统、风力系统、微型水力发电系统。[2]

637. 小型技术证书在安装时创建。对小型可再生能源计划没有设定目标，也未设定证书的数量上限。可创建的数量取决于系统的安装日期，以及预计产生或替换的电量（单位：兆瓦时）。对于小型太阳能电池板、风能或水力发电系统，可再生能源证书的数量取决于预期寿命长达15年的发电量。对于太阳能热水器或热泵，可再生能源证书的数量取决于其在预计长达10年的寿命内替换的传统供电量。[3] 一般来说，一个小型技术证书等于1兆瓦时的合格可再生能源发电量或1兆瓦时的被替代的常规能源发电量。[4]

638. 根据大型可再生能源目标，提交证书的法定义务主体也应按小型可再生能源计划的要求购买小型技术证书并将其交给CER。一旦提交，小型技术证书即算失效，不能再使用。[5] 可再生能源证书注册处协助创建、验证、审计和转让小型技术证书。一旦创建和验证，小型技术证书可以直接出售给其他个人和企业，或

---

〔1〕 Section 29.

〔2〕 Sections 21 and 23A; Renewable Energy (Electricity) Regulations 2001, regs 3 (2) and 3A.

〔3〕 See Renewable Energy (Electricity) Regulations 2001, regs 19-20AAA; *Renewable Energy (Electricity) Regulations 2001 -STC Calculation Methodology for Solar Water Heaters and Air Source Heat Pump Water Heaters- Determination*, March 2012.

〔4〕 Renewable Energy (Electricity) Act 2000, s. 23B.

〔5〕 Section 29.

通过由 CER 运营的可再生能源证书清算中心出售。[1] 可再生能源系统所有者有权自行创建和出售小型技术证书，但在实践中，系统安装者通常会提供价格折扣或现金报偿，作为对转让创建小型技术证书权利的回报，然后将其出售给大型可再生能源目标下的责任主体。[2] 小型技术证书的价格受可再生能源证书市场供求的影响，每天波动。对于通过小型技术证书清算中心出售的小型技术证书，每张证书的固定价格为 40 美元，但只有在有买家的情况下才能出售。[3]

3. 对排放密集型出口行业的援助

639. 截至 2015 年 6 月，在规定的排放密集型出口活动中使用的电力免除了大型可再生能源目标和小型可再生能源计划方面的责任。自 2015 年 6 月起，在规定的排放密集型型出口活动中使用的电力将完全免除该计划规定的责任。[4] 《2001 年可再生能源（电力）条例》（联邦）附表 6 将 50 多项活动定义为 EITE 活动，包括炼油和液化天然气生产。

4. 合规和执行

640. 《2000 年可再生能源（电力）法》规定了一系列的监测、合规和执行机制。这些包括由授权官员进行的调查，包括实地考察、外出巡视、监督授权和合规考察，以及对各责任方进行审计。[5] 监管机构可依据该法向联邦法院申请禁令以防止出现违法行为。[6] 监管机构可以接受书面承诺，并向联邦法院申请执行承

---

〔1〕 Part 2A.

〔2〕 Section 23C.

〔3〕 Section 30LA.

〔4〕 Section 38A and 38B.

〔5〕 Parts 11 and 11A.

〔6〕 Section 154S.

诺。[1] 该法规定了一系列的违法行为，例如，证书的不当创建。[2] 惩罚性规定包括民事处罚，例如，对不当创建证书或提供虚假信息导致不当创建证书的处罚；[3] 民事处罚令（罚款）；[4] 以及暂停监管机构的监管行为，包括暂停发电站的注册或认证。[5]

641. 未提交规定数量的可再生能源证书的责任主体有责任支付差额费用。如果责任主体没有交出足够的小型技术证书来履行小型可再生能源计划下的义务，则应交纳差额费用。[6] 大型发电证书差额超过大型可再生能源目标规定 10% 的责任主体将承担大型技术差额费用。[7] 是否存在差额，基本上是通过计算该义务主体该年必须交出的大型发电证书数量，加上差额或减去上一年的盈余，然后减去交出的大型发电证书的价值来确定的。如果结果大于零，则表示大型发电证书不足。如果结果小于零，则是结转盈余。[8] 《2000 年可再生能源（电力）法》规定了责任主体是否存在小型技术缺口的季度结算程序。[9] 任何差额的应付金额是差额金额乘以每兆瓦时 65 澳元的固定费用。[10] 监管机构有权公布存在差额的责任主体的名称。

642. 2014 年，对可再生能源目标进行了两次独立审查，一次由

---

〔1〕 Sections 154Q, 154R.

〔2〕 Section 24.

〔3〕 Sections 24A. 24B.

〔4〕 Section 154B.

〔5〕 Sections 30, 30A, 30D. 30E.

〔6〕 Section 38AB.

〔7〕 Section 36.

〔8〕 Section. 38.

〔9〕 Section 38AD-AE.

〔10〕 第 37、38AC 条。收费量在《2010 年可再生能源（电力）（大型技术差额费用）法》（联邦）第 6 条和《2010 年可再生能源（电力）（小型技术差额费用）法》（联邦）第 3 条明确规定了收费量。

联邦政府成立的专家小组进行，另一次是由气候变化管理局进行。[1] 虽然有人批评可再生能源目标，但通过这些审查发现，其成功地促进了可再生能源发电，从 2001—2013 年，可再生能源发电量几乎翻了一番。[2] 在 2001—2014 年期间，安装了 400 多个总容量超过 5000 兆瓦的可再生发电站，相当于澳大利亚当前并网发电容量的 10%。[3] 然而，两年一次的可再生能源目标审查带来了较大的不确定性，[4] "冷淡"的联邦政府支持和 2015 年废除碳定价机制都破坏了投资。从 2015 年 6 月 25 日起，不再对可再生能源目标进行两年一次的审查。

（二）州可再生能源目标

643. 除了联邦可再生能源目标外，澳大利亚的一些州和领地也致力于实现自己的可再生能源目标。2009 年，南澳大利亚州政府承诺到 2020 年将该州可再生能源生产目标提高到占发电总量的 33%。2013—2014 年实现了这一目标。[5] 2014 年，在保留国家可再生能源政策的前提下，制定了到 2025 年达到 50% 的新目标。2016 年，澳大利亚首都领地政府通过立法确立了一个长期可再生能源目标，即到 2050 年 6 月 30 日前，首都领地使用的电力 100% 来自可再生能源，过渡期目标是到 2020 年 6 月 30 日将温室气体排放量减少至比 1990 年排放量少 40%。[6] 维多利亚州政府承诺到 2020 年实现维多利亚州可再生能源发电占总发电量 25%，到 2025

〔1〕 D Warburton, B Fisher, S In't Veld and M Zema, *Renewable Energy Target Scheme*, *Report of the Expert Panel* (Commonwealth of Australia, 2014); Climate Change Authority, *Renewable Energy Target Review Report* (Climate Change Authority, 2014).

〔2〕 Warburton et al., *supra* n. 908 at 14.

〔3〕 Climate Change Authority, *supra* n. 908 at 11.

〔4〕 例如，澳大利亚政府环境与能源部可再生能源目标的变化，可再生能源计划的更新可参见：http://www.environment.Gov.au/climate-change/renewable-energy-target-scheme/updates，最后访问日期：2016 年 9 月 28 日。

〔5〕 RenewablesSA, http://www.renewablessa.sa.gov.au/ (accessed 1 Sept. 2016).

〔6〕 *Climate Change and Greenhouse Gas Emission Reduction Act 2010* (ACT), ss 6, 7.

年达到 40%，这将为实施维多利亚州可再生能源行动计划提供支持。[1] 昆士兰州承诺到 2030 年，50% 的电力需求来自可再生能源。[2]

644. 截至 2016 年 9 月 1 日，尽管新南威尔士州在 2013 年 9 月发布了一份可再生能源行动计划来指导可再生能源发展，但西澳大利亚州和新南威尔士州没有可再生能源目标，[3] 由于对水力发电的巨大依赖和建设风力发电设施，塔斯马尼亚州可再生能源利用率已经接近 100%。

五、固定电价

645. 在澳大利亚，固定电价计划只由州/领地实施，而非由联邦政府实施，许多在 21 世纪中后期推出的慷慨计划已对新加入者关闭或缩减。这是因为在 2012 年 12 月，澳大利亚政府委员会同意了修订后的《固定电价协议国家原则》。[4] 其中两个原则是：所有

---

〔1〕 The Hon Daniel Andrews MP, Premier, State of Victoria, *Renewable Energy Targets To Create Thousands Of jobs*, Media Release, 15 Jun. 2016, http://www.premier.vic.gov.au/renewable-energy-targets-to-create-thousands-of-jobs/ (accessed 14 Sept. 2016); Victorian Government, Department of Energy and Resources, *Victo'ia's Renewable Energy Roadmap*, *http://www.energyandresources.vic.gov.au/energy/sustainable-energy/victorias-renewable-energy-roadmap* (accessed 14 Sept. 2016).

〔2〕 Queensland Government, Department of Energy and Water Supply, *Renewable Energy Expert Panel*, https://www.dews.qldgov.aw/electricity/solar/solar-future/expert-panel (accessed 24 Sept. 2016); Giles Parkinson, *Queensland Commits to 50% Renewable Target by 2030*, 14 May 2015, http://reneweconomy.com.au/2015/queensland-commits-to-50-renewable-target-by-2030 (accessed 1 Nov. 2015).

〔3〕 New South Wales Government, Department of Industry, Resources and Energy, *NSW Renewable Energy ActionPlan*, http://www.resourcesandenergy.nsw.gov.au/energy-consumers/sustainable-energy/renewable-energy-action-plan (accessed 14 Sept. 2016).

〔4〕 Council of Australian Governments, *National Principles for Feed-in Tariff Arrangements* (7 Dec. 2012), http://www.coag.gov.au/node/507 (accessed 14 Sept. 2016). These revised the COAG *National Principles for Feed-in Tariffschemes* (29 Nov. 2008), http://www.coag.gov.au/node/243 (accessed 14 Sept. 2016).

使用并网微型发电的居民和小型企业用户的输出电力都将获得"公平合理"的价值；所有关于"立法赋予微型发电用户接收超过其能源价值的权利"的决定都必须禁止新参与者参与。[1] 遵循这些原则，每个州现在都向新的参与者关闭了固定电价奖励计划，并为新的固定电价用户确定了新的"公平合理"的输出电量价值。但是，电力零售商可自愿将高出固定电价的部分作为其不受监管的市场报价的一部分。

646. 这意味着各州的固定电价计划现在通常是作为电力零售商必须向其用户支付的最低电价来运作的，以确保小型可再生能源发电商获得公平合理的供电电价。[2] 现有的大多数方案都是"净"固定电价，这意味着仅对消费者消费以外的出售到国家电网的多余可再生能源电力进行计费。相比之下，"毛"固定电价向消费者支付其可再生能源系统产生的所有电力，包括其自身消费而产生的电力。现有的许多方案只适用于太阳能系统。

647. 在维多利亚州，每家拥有 5000 多个电力用户的授权电力零售商都必须发布和提供普遍可用的可再生能源电力的条款和条件，包括不得低于维多利亚州基本服务委员会确定的最低电价的固定电价。[3] 委员会在上一年 8 月底前确定每个日历年的最低固定电价。2016 年的固定电价为 5.0 c/kWh。[4] 该电价适用于"小型可再生能源发电设施"，即被定义为"与配电系统相连的装机容量或铭牌发电容量小于 100 千瓦的风力、太阳能、水力或生物质能设

---

〔1〕 Principles 1 and 2.

〔2〕 Victorian Essential Services Commission, *Minimum Electricity Feed-in Tariff to Apply from 1 Jan. 2016 to 31 Dec. 2016: Final Decision*, (C/15/11121), 1 Aug. 2015.

〔3〕 《2000 年电力行业法》(维多利亚州)。之前的计划现在不向新成员开放，但仍继续为已是该计划的成员提供费用。上网电价补贴将继续适用于现有的成员直至 2024年。

〔4〕 Victorian Essential Services Commission, *supra* n. 919 at 1.

施（或委员会命令规定的其他设施）"。[1]2013 年 7 月起，容量小于 100 千瓦的分布式"低排放"发电技术的支持者，满足 0.4t 二氧化碳当量/兆瓦时的碳排放强度阈值时，可以每年申请固定电价计划。[2]

648. 在西澳大利亚州，零售电力不存在竞争，因此所有电价由地方公用事业公司与政府监管机构共同确定。政府推出了一项可再生能源回购计划，[3] 根据该计划，政府所有的零售商——塞纳（Synergy）和地平线电力公司（Horizon Power）——必须根据批准的合同向有意向公司出售可再生能源电力的合格用户购买可再生能源电力。[4]"小型可再生能源系统"是指光伏阵列系统；或风力涡轮机系统；或水力发电系统；或发电量 500 瓦以上 5 千瓦以下的其他可再生能源发电系统。[5]"合格用户"是指每年耗电量不超过50 兆瓦时的家庭用户，或是学校、大学或其他教育机构，或是非营利组织。[6] 零售商也可以自愿接受不符合最低要求的用户。尽管须经公用事业办公室批准，但是零售商可以确立自己的条款和条件，包括回购多余电力的价格。[7]

649. 在南澳大利亚州，从 2013 年 9 月 30 日起，申请将太阳能

---

〔1〕 *Electricity Industry Act* 2000 (Vic), s. 40F.

〔2〕 *Energy Legislation Amendment* (*Feed-in Tarifs and Other Matters*) *Act 2013* (Vic).

〔3〕 作为西澳大利亚州居民上网电价计划一部分的系统所有者，西澳大利亚州政府为其出口的电力支付了 10 年的额外费用。固定电价计划自 2010 年 7 月 1 日至 2011 年 8 月 1 日向申请者开放。在首批 10MW 新发电量后，政府引入了 150MW 的容量上限。达到上限后，该计划将不再对新申请者开放。参见西澳大利亚州政府财政部，常见问题：固定电价计划，载 https://www.treasury.wa.gov.au/public-Utilities-Office/Solar-PV/Household-Renewable-Energy/，最后访问日期：2017 年 7 月 1 日。

〔4〕 The Electricity Industry (Licensing Conditions) Regulations 2005 (WA), reg. 6.

〔5〕 Regulation 3.

〔6〕 Regulation 6.

〔7〕 Government of Western Australia, Finance Department, *Renewable Energy Buyback Scheme*, https://www.finance.wa.gov.au/cms/public_Utilities_Office/Energy_Initiatives/renewable_Energy_Buyback_Scheme_-_Residential.aspx (accessed 14 Sept. 2016).

系统连接到电网的申请人如果符合资格要求，将获得太阳能"最低零售商电价"。[1]这是电力零售商对向电网输入多余电量的太阳能用户支付的最低电价，条件是这些用户每年通过使用 10 kVA（千伏安）或 30 kVA 的太阳能系统消耗的电量低于 160 兆瓦。这笔款项记在太阳能用户的电费单上。南澳大利亚州基本服务委员会决定，从 2015 年 1 月 1 日至 2016 年 12 月 31 日的最低零售商付款额为 6.8 c/kWh，不包括货物与服务税。所有与合格太阳能用户签订合同的电力零售商必须至少向太阳能用户提供这一最低电价，或支付更高的价格。[2]

650. 在昆士兰州，太阳能奖励计划向该地区的家庭和企业开放。昆士兰地区的竞争还不足以确保太阳能用户从市场获得公平的固定电价，因此，政府规定了合格用户可适用固定电价（运行的最大变频器容量不超过 5 千瓦且每年耗电量低于 100 兆瓦时的太阳能光伏系统）。对于 2012 年 7 月 10 日之后申请的用户，固定电价由昆士兰州竞争管理局（QCA）确定，2016—2017 年为 7.448c/kWh。[3] 昆士兰州东南部（布里斯班地区）没有强制性的最低固

---

[1] 此项付款是对用户依据太阳能固定电价计划获得的上网电价补充，该计划于 2008 年 7 月 1 日开始，2013 年 9 月 30 日对新用户关闭。"用户组 1"中的小用户在 2010 年 8 月 31 日之前获得联网许可，系统在 2012 年 1 月 29 日之前完全装配并连接，在 2028 年 6 月 30 日之前，这些小用户输送到电网的电力有权获得 44 c/kWh 的固定电价。参见南澳大利亚州政府，太阳能固定电价计划，载 http://www.sa.gov.au/topics/water-energy-and-environment/energy/rebates-concessions-and-incentives/solar-photovoltaic-systems/solar-feed-in-scheme，最后访问日期：2016 年 9 月 14 日。

[2] Ibid. see also EsCOSA, Solar Feed-in Tariff Scheme, http://www.escosa.sa.gov.au/consumers/energy/solar-feed-in-tariff-scheme（accessed 14 Sept. 2016）.

[3] Queensland Government, Department of Energy and Water Supply, Feed-in tariff for regional customers, https://www.dews.qld.gov.au/electricity/solar/installing/benefits/regional（accessed 14 Sept. 2016）. Customers who applied for the Queensland Solar Bonus Scheme feed-in tariff before 10 Jul. 2012 receive 44 c/kWh until I Jul. 2028; Queensland Government, Department of Energy and Water Supply, Solar Bonus Scheme 44c Feed-in Tariff, https://www.dews.qld.gov.au/electricity/solar/installing/benefits/solar-bonus-scheme（accessed 14 Sept. 2016）.

定电价。取而代之的是，这些太阳能用户必须与他们的电力零售商联系，以获得输入至电网的基于市场的太阳能电价。电力零售商必须在他们的能源价格实况表中公布他们的固定电价，这些价格将显示在昆士兰州竞争管理局的在线电价系统上。[1]

651. 塔斯马尼亚州的电力公司——奥罗拉能源公司（Aurora Energy），提供净固定电价。[2] 自2014年1月1日起，塔斯马尼亚经济监管机构确定了由居民和小企业用户并入塔斯马尼亚州电网的净输入电力的"公平合理"价值，并每年审查固定电价。该价格适用于2013年8月31日或之后发生的所有新的合格装置。合格系统是指：利用太阳能、风能或水发电；符合澳大利亚标准 AS 4777；如果安装在该处所的系统具有单相逆变器，则其最大发电容量为10 kVA，或者如果安装在该处所的系统具有三相逆变器，则其总发电量不超过30 kVA。[3] 2016年7月1日至2017年6月30日，固定电价用户的标准电价为6. 671 c/kWh（不包括货物与服务税）。[4]

652. 新南威尔士州目前没有强制性的最低固定电价。太阳能奖励计划于2010年1月1日开始实施，有效期至2016年12月31

---

〔1〕 Queensland Government, Department of Energy and Water Supply, *The Benefits of Solar*, https：//www. dews. qld. gov. au/electricity/solar/installing/benefits（accessed 14 Sept. 2016）.

〔2〕 在2013年8月30日午夜前申请奥罗拉能源公司净计量回购计划的用户在2019年1月1日前将继续适用以下固定电价费率：统一的住宅费率28. 319c/kWh（包括商品与服务税）；小企业在每个结算周期内供应的前500kWh为38. 577c/kWh，之后按照28. 319c/kWh（包括商品与服务税）。参见塔斯马尼亚州经济监管办公室：http：//www. energyregulator. tas. gov. au/xomino/otter. nsf/elect-v/，最后访问日期：2016年9月14日。

〔3〕 *Electricity Supply Industry Act 1995（Tas）* s. 44B.

〔4〕 根据以下方法计算，塔斯马尼亚州监管办公室：《对标准固定电价用户上网电价费率决定的监管》（2016年5月5日），依据是《1995年电力供应行业法》（塔斯马尼亚州）第44条第 G（1）款。

日，现已对新申请者关闭。[1] 取而代之的是，个别电力零售商向太阳能用户提供了一种基于市场的电价，用于将太阳能发电输入电网。每年，独立定价与监管法庭都会设定一个基准范围，以指导零售商和太阳能用户了解太阳能光伏发电机组明年的发电并输入电网的可能价格。[2] 2016 年 6 月 9 日，独立定价与监管法庭将 2016—2017 年太阳能自愿性固定电价的基准范围设定为 5.5 c/kWh 至 7.2 c/kWh。[3]

653. 在北领地，继政府所有的北领地电力和水公司于 2014 年 7 月拆分为三家公司之后，零售商加卡纳能源（Jacana Energy）现在对大多数消费者（不包括偏远社区）按照电价进行收费。对从小型太阳能（光伏）、风力涡轮机或水电系统产生多余电力的符合条件的北领地家庭支付固定电价。自 2016 年 1 月 1 日起，加卡纳能源适用的回购电价为：家庭用户的统一回购电价为 25.54c/kWh；商业用户的标准统一回购电价为 29.72c/kWh；太阳能光伏系统大于 30kVA 和消耗大于或等于 750 000kWh 的用户谈判确定回购电价。[4]

654. 澳大利亚首都领地没有规定强制性的最低固定电价。相反，个别电力零售商自愿为输入的太阳能电力设定一个价格。但

〔1〕《1995 年电力供应法》（新南威尔士州）和《2001 年电力供应（通则）条例》。该计划对利用小型太阳能或风能发电机的合格用户提供每千瓦时 20 分或 60 分的固定定价，这些发电机与电网相连。新南威尔士州政府工业、资源和能源部：http://www.resourcesandenergy.nsw.gov.au/energy-consumers/solar/solar-bonus-scheme，最后访问日期：2016 年 9 月 14 日。

〔2〕 Electricity Supply Act 1995 (NSW), s. 43ECB.

〔3〕 独立定价与监管法庭，太阳能上网定价：零售商贡献和基准范围从 2016 年 7 月 1 日起至 2016 年 6 月的决定，载 https://www.ipart.nsw.gov.au/home/Industries/energy/Reviews/Electricity/Review-of-Solar-feed-in-tariffs-from-1-July-2016? qDh = 2，最后访问日期：2016 年 9 月 14 日。

〔4〕 Jacana Energy, *Solar Photovoltaic (PV) Systems*, http://jacanaenergy.com.au/sustainability_and_environment/photovoltaic_pv_solar_systems (accessed 28 Sept. 2016).

是，根据《2011 年澳大利亚首都领地电力上网（大型可再生能源）法》，可再生能源发电商可以通过一个称为反向拍卖的竞争过程获得固定电价。2012 年 1 月，政府通过太阳能拍卖的方式，发布了支持发展高达 40 兆瓦的大规模太阳能发电能力的提案征询书。[1] 截至 2016 年 9 月 14 日，规模分别为 20 兆瓦、13 兆瓦和 7 兆瓦的三个项目获得了固定电价授权。[2]

655. 澳大利亚首都领地对风能进行了两次反向拍卖，一次是在 2014 年，另一次是在 2015 年。2014 年 3 月，环境部长任命了一个独立的风能拍卖咨询小组负责监督评估过程，并就授予固定电价权利提出建议。2015 年 2 月 6 日，三个成功的拥护者被宣布参与第一次风电拍卖，总容量为 120 兆瓦，而两个总容量为 200 兆瓦的风电项目在第二次风电拍卖后获得了固定电价权益。[3]

六、需求侧机制：能源节约与效率

656.《2009 年澳大利亚政府委员会国家能效合作协定》为 2009 年通过的《澳大利亚政府委员会能源效率十年国家战略》指明了总体方向和目标。[4] 该合作的目标是提供"全国一致和协调的能源效率方法，认识到灵活方法的必要性，并鼓励在提高能源生

---

〔1〕 RFP 是针对根据《2011 年电力上网（大型可再生能源发电）法》制定的《2012 年电力上网（大型可再生能源发电）容量发布决定》（第 1 号）中确定的太阳能拍卖发布的。

〔2〕 Australian Capital Territory, Environment and Planning Directorate, *Large-scale Solar*, http：//www. environment. act. gov. au/energy/cleaner-energy/large-scale-solar（accessed 14 Sept. 2016）.

〔3〕 Australian Capital Territory Government, Environment and Planning Directorate, *Wind Power*, http：//www. environment. act. govau/energy/cleaner-energy/windpower（accessed 14 Sept. 2016）.

〔4〕 Council of Australian Governments, *National Strategy on Energy Efficiency*（2 Jul. 2009, updated July 2010）, http：//www. coag. gov. au/sites/default/files/nsee_updatejuly_2010. pdf.

产、供应和使用效率的创新措施上进行合作"。[1]国家能源效率战略的措施是以提高四个关键领域的能源效率为基础："帮助家庭和企业向低碳未来过渡；减少提高能源效率的障碍；提高建筑的能源效率；以及与政府合作，引领潮流"。[2]气候变化特别委员会负责监管协议和战略在澳大利亚各州的实施。本编将介绍的联邦和州关于能源效率的各种倡议是以实现国家能源效率战略的原则和建议为基础的。

（一）最低能效标准和能量等级标签

1.《2012年温室和能源最低标准法》（联邦）

657. 通过减少对能源的需求，电器和产品的最低能效标准（MEPS）和能效标识（ERL）有助于减少消费电力所排放的温室气体。MEPS"规定电器、照明和电气设备在出售或用于商业用途之前必须达到或超过的最低能效水平"。[3]能效标识为消费者提供受监管产品在销售时的相关能效信息。它们通过比较相似大小和容量的不同型号来估计年能耗和星级，帮助消费者比较同类产品并选择最高效的型号。

658. 在2012年之前，最低能效标准和标签的要求均依据州和领地立法处理，但2012年，出台了《2012年温室和能源最低标准法》（联邦），建立了澳大利亚产品能效标准的联邦框架。[4] 根据该法，在澳大利亚供应或销售各种产品之前，必须满足 MEPS、

---

〔1〕 澳大利亚政府委员会：《气候变化和环境》，载 http：//www.coag.gov.au/wate_climate_change_and_the_environment，最后访问日期：2016年9月14日。伙伴关系协议可查询：http：//www.curtin.edu.au/research/jcipp/local/docs/NP_energy_efficiency.pdf，最后访问日期：2016年9月14日。

〔2〕 Council of Australian Governments, *National Strategy on Energy Efficiency*, *supra* n. 571 at 5.

〔3〕 Government of Australia, *Energy Rating*, http：//www.energyrating.gov.au/suppliers/legislation (accessed 14 Sept. 2016).

〔4〕 参见根据《温室和能源最低标准法》制定的各种规章和文件，包括《2012年温室与能源最低标准条例》，以及各种决定。

ERL 或同时满足两者的监管要求。《温室和能源最低标准决定》中针对各种产品类型规定了 MEPS 和标签的要求。这些要求直接通过《温室和能源最低标准决定》进行规定，或者《温室和能源最低标准决定》的规定与国家标准组织澳大利亚标准局和新西兰标准局单独或联合发布的产品标准相结合。[1]

659. MEPS 是许多产品的强制性要求，包括（截至 2015 年 10 月 26 日）干衣机、家用冰箱和冰柜、计算机及其显示器、电视和机顶盒、电源适配器、单相和三相空调、封闭式空调（计算机室）、紧凑型节能灯、荧光灯镇流器、荧光灯、线性荧光灯、白炽灯、电储水加热器、燃气储水加热器、瞬时燃气热水器、商用冷水机、冷冻展示柜、冷冻储藏柜、三相电动机、配电变压器以及卤素变压器和转换器。截至 2015 年 10 月 26 日，能源标签要求适用于单相空调、电视、洗衣机和干衣机、洗碗机、冰箱、冰柜和计算机显示器。[2]

660. 受监管产品必须经过测试以证明其能源性能，[3] 符合相关 MEPS 和/或标签要求，并通过在线系统进行注册，然后才能在澳大利亚销售。[4] 已注册并符合规定的产品被罗列在注册数据库中。[5] 温室和能源最低标准监管机构负责该法的执行。监管机构有权开展一系列合规活动，包括检查、监督和调查，并拥有一系列执法权，包括暂停或取消型号的注册、接受可执行的承诺、发布侵

---

〔1〕　Government of Australia, *Energy Rating*, *supra* n. 946.

〔2〕　*Ibid.*

〔3〕　《2013 年温室和能源最低标准（检测温室与能源最低标准产品授权要求）文件》规定了检测方法和条件。可使用公司自己的测试实验室、合格的第三方测试设施或经认可的第三方测试实验室进行测试。由国家检测机构协会（NATA）进行认证。

〔4〕　《2012 年温室和能源最低标准（注册费用）法》（联邦）规定了注册费用，《2015 年温室和能源最低标准（注册费用）文件》和《2014 年温室和能源最低标准（模型注册的变化——申请费用）文件》。

〔5〕　The Registration Database can be searched at http：//reg. energyrating. gov. au/comparator/product_types/（accessed 14 Sept. 2016）.

权通知、公布某些违法行为、违反和不利的决定，以及申请民事处罚令和禁令。《2012 年温室和能源最低标准法》还对不遵守能效和标签义务的供应商规定了一系列违法行为和刑事处罚措施。

2. 建筑标准

661. 自 2003 年起，《国家建筑法规》（NCC）规定了新建筑的住宅能效标准。NCC 响应澳大利亚政府委员会的倡议，详细规定了澳大利亚各地建筑设计、施工和性能的最低要求。各州和领地于 2016 年 5 月 1 日通过了《2016 年国家建筑法规》。NCC 通过州和领地立法具有法律效力，这些立法规定建筑工程必须满足 NCC 规定的所有技术要求。澳大利亚建筑规范委员会对其进行管理。

662. 住房的能效要求被规定在 NCC 第二卷。新房同时兼顾住房和家庭服务的性能。性能要求可通过满足"视为满足（DtS）条款"来实现，包括材料、产品、设计因素、施工和安装方法的示例；或通过实施"性能解决方案"，即只要能够成功演示满足性能要求的解决方案，而不是 DtS 解决方案。[1]

663. 关于房屋的性能要求，满足"视为满足条款"有两种途径：一是在新住宅建设的 10 星级标准上达到相当于 6 星级的最低能源等级。为减少热负荷和冷负荷所需的能源等级必须通过批准的软件进行验证，例如通过全国房屋能源等级计划（NatHERS）认证的软件。[2] 此外，设计必须符合特定的节能特征，例如，绝缘和建筑密封的测试和安装。二是遵守 NCC 第二卷关于房屋"视为满足条款"的所有相关规定，包括以下要求：建筑构造，例如墙壁、

---

〔1〕 Australian Building Codes Board, NCC 2016: A Performance Based Code, http://www. abcb. gov. au/Resources/Publications/Education-Training/A-Performance-Based-Code (accessed 14 Sept. 2016).

〔2〕 全国房屋能源等级计划由联邦环境与能源部代表各州和各领地管理：www. nathers. gov. au。NCC 建筑法规中有关住宅建筑能效的部分内容各不相同，建筑可持续性指数"BASIX"不适用于全国房屋能源等级计划，载 https://www. planningportalnsw. gov. au/planning-tools/basix，最后访问日期：2016 年 9 月 14 日。

地板和屋顶；外部玻璃和遮阳；建筑密封；以及空气流动效果。[1]

664. 就房屋的家庭服务性能而言，也可以通过遵守"视为满足条款"的所有规定来满足，这些规定包括管道系统和中央热水管道的绝缘和密封、空间供暖、人工照明以及游泳池和水疗中心的供暖和泵送要求。[2]

665. NCC 还包含新的多功能住宅、商业和公共建筑的能源性能要求。NCC 第一卷规定了能效要求，对于大多数此类建筑，还考虑了建筑及其服务的性能。"视为满足条款"包括以下要求：建筑结构性能，例如墙壁、地板和屋顶；玻璃和遮阳；建筑的密封性；供暖、通风和空调系统的性能；人工照明；游泳池和水疗中心的供暖和泵送；能够通过维护继续提供服务；以及监测能源利用的设施。[3]

666. 除了 NCC 的要求外，自 2010 年开始实施的《商业建筑信息披露计划》还要求大型商业办公楼需获得建筑能效等级，并在出售或租赁时披露能源性能。其目的是确保潜在买家和租户了解商业建筑的能效，从而选择更有效的替代方案，最终提高能源效率。[4]该计划作为澳大利亚政府委员会国家能源效率战略的一部分，由澳大利亚、州和领地政府制定。它由《2010 年建筑能效披露法》（联

---

〔1〕　Australian Building Codes Board, *Handbook*：*NCC Volume Two Energy Efficiency Provisions*（3rd ed, 2016）21, 27 - 28, http：//www. abcb. gov. au/resources/pubLications/education-training/NCC-2019-Energy-Efficiency-Provisions-development-process（accessed 14 Sept. 2016）.

〔2〕　*Ibid.*，21.

〔3〕　Australian Building Codes Board, *Handbook*：*NCC Volume One Energy Eficiency Provisions*（4th ed, 2016）24, http：//www. abcb. gov. au/Resources/Publications/Education-Training/NCC-Volume-One-Energy-Efficiency-Provisions（accessed 14 Sept. 2016）.

〔4〕　Australian Government, Department of Environment and Energy, *What is CBD？*, http：//cbd. gov. au/overview-of-the-program/what-is-cbd（accessed 14 Sept. 2016）.

邦）确立，由联邦环境与能源部管理。[1]

667. 该计划要求出售或租赁的面积为 2000 平方米或以上办公用房的业主，以及转租部分的面积在 2000 平方米或以上的租户，在建筑物上市销售、租赁或转租前，取得建筑节能证书（BEEC）。从 2017 年 7 月 1 日起，强制性披露门槛降至 1000 平方米。[2] 只有经认证的评估师才能代表业主或出租人申请 BEEC。[3] BEEC 的有效期最长为 12 个月，必须含有澳大利亚国家建筑环境评估体系（NABERS）下的建筑能源之星等级，该体系对澳大利亚建筑的环境/能源性能进行测量，并对建筑相关区域的照明能源进行评估。[4]

668.《2010 年建筑能效披露法》（联邦）要求在出售、租赁或转租时，应向潜在买家或承租人提供 BEEC；并在建筑能效登记册上公开。[5] 该法还要求在销售、租赁或转租的任何广告材料中列明能效等级。[6]

3. 机动车燃油效率

669. 关于机动车油耗标准和标签的讨论，见第三编。

（二）州能源效率目标和计划

670. 澳大利亚各州和地区已经制定了自己的州目标和基于市

---

〔1〕 *See also* the Building Energy Efficiency Disclosure Regulations 2010；Building Energy Efficiency Disclosure（Disclosure Affected Buildings）Determination 2016（Minister's Determination）；Building Energy Efficiency Disclosure Determination 2016（Secretary's Determination）.

〔2〕 *Building Energy Eficiency Disclosure Act 2010*（Cth），s. 11；Building Energy Efficiency Disclosure（Disclosure Affected Buildings）Determination 2016，cl. 6.

〔3〕 Australian Government，Department of Environment and Energy，*What is CBD？*，*supra* n. 958.

〔4〕《2010 年建筑能效披露法》第 13A 条；《2016 年建筑能效披露决定》（部长决定）第 6 条。国家建筑环境评估系统由新南威尔士州环境与遗产办公室代表澳大利亚、州和领地政府运行。NABERS，载 https：//nabers. gov. au/public/webpages/home. aspx，最后访问日期：2016 年 9 月 15 日。

〔5〕 *Building Energy Eficiency Disclosure Act 2010*，s. 14.

〔6〕 Section 15.

场的能效提升计划。维多利亚州、新南威尔士州、南澳大利亚州和首都领地的计划尽管存在差异，但在性质上非常相似。各国部长于2015年5月4日出席了气候变化管辖权会议，同意自2016年起协调能源效率计划的实施，并提高各州和各地区之间的一致性。

1.《2007年能效目标法》（维多利亚州）

671. 2009年，维多利亚州制定了一项以市场为基础的能效激励计划，即节能激励计划或维多利亚能效目标计划。它由维多利亚州基本服务委员会管理。[1] 该计划设定了全州的节能目标，使维多利亚州的家庭和企业可以享受到一系列节能产品和服务的折扣。经认证的企业可以通过提供节能产品和服务来创建维多利亚州能效证书。[2] 这些证书由能源零售商（相关实体）购买并交回，以履行其根据《2007年能效目标法》（维多利亚州）和《2008年能效目标条例》（维多利亚州）规定的年度强制性国家温室气体排放目标所承担的责任。[3] 生成的证书数量以与合格产品或服务相关的二氧化碳当量温室气体为基础。"温室气体"包括二氧化碳、甲烷、一氧化二氮、六氟化硫、氢氟碳和全氟碳。[4] 下表列出了2016—2020年的目标。2021—2025年的目标将在2020年5月31日之前根据条例确定，2026—2029年的目标将在2020年5月31日之前确定。[5]

〔1〕 *Victorian Energy Efficiency Target：Home*，https：//www.veet.vic.gov.au/public/public.aspx? id=Home（accessed 15 Sept. 2016）.

〔2〕 *Victorian Energy Efficiency Target Act 2007*（Vic），ss 9, 15, 16.

〔3〕 Sections 30, 31.

〔4〕 Section 3.

〔5〕 Section 300.

2016—2020 年维多利亚州能效目标	
年份/年	目标（二氧化碳当量温室气体减排吨数）= 维多利亚能效证书数量
2016	540 万
2017	590 万
2018	610 万
2019	630 万
2020	650 万

2. 新南威尔士州节能计划

672. 根据《1995 年电力供应法》（新南威尔士州）第九部分和《2014 年电力供应（一般）条例》（新南威尔士州）第八部分制定的节能计划（ESS）于 2009 年 7 月 1 日开始实施。ESS 为计划参与者设定了强制性的年度节能目标。[1] 计划参与者是电力零售商及其他主体，例如直接向用户供电的发电商，以及在新南威尔士州买卖电力的市场用户。[2] 计划参与者必须根据其在电力市场中所占份额的大小来实现各自节能目标。[3] 必须通过创建和提交节能证书（ESC）来实现目标。[4] 未能达到目标的计划参与者必须为其"节能缺口"支付罚款。[5]

673. 节能证书由认证证书提供商创建，[6] 并开展《2009 年节

---

〔1〕 Section 103 and Sch. 5.

〔2〕《1995 年电力供应法》（新南威尔士州）第 101 条。一些受外贸影响严重的行业可以从该计划中进行部分豁免，参见《1995 年电力供应法》第 119、121 条。

〔3〕 Sections 102. 106.

〔4〕 Sections 127-133.

〔5〕 Section 112.

〔6〕 Section 134.

能计划规则》规定的公认的节能活动。[1] 这些活动包括更换和安装普通电器、高效照明和其他节能装置、建筑物的能效等级、工业程序和用电量的变化以及节约燃气。独立定价与监管法庭作为计划的管理者和监管者对合规情况进行管理。[2]

3. 南澳大利亚州零售商能效计划

674. 零售商能效计划（REES）于 2015 年 1 月 1 日开始实施，并持续到 2020 年。它以 2009 年至 2014 年实施的住宅能效计划为基础。[3] 根据《1996 年电力法》（南澳大利亚州）制定的《2012年电力（一般）条例》第四部分和根据《1997 年天然气法》（南澳大利亚州）制定的《2012 年天然气条例》第四部分确立了该计划。

675. 零售商能效计划规定了电力和天然气零售商必须达到的能效和审计目标。超过特定门槛的能源零售商被设定了向家庭和/或企业提供能效活动的年度目标。拥有更大住宅用户群的零售商也被设定了目标，以确保向"优先群体"（低收入）家庭提供一定数量的能效活动，并设定了向低收入家庭提供能源审计的目标。[4]

676. 零售商能效计划由两个三年期组成：2015—2017 年和2018—2020 年。[5] 矿产资源和能源部长在每个阶段开始时制定年度目标，然后由管理该计划的南澳大利亚基本服务委员会分配给每

---

〔1〕《2009 年节能计划规则》和《2016 年能源节约计划（1 号修正案）规则》，于 2016 年 4 月 8 日公布。

〔2〕 *Electricity Supply Act 1995*（NSW），ss 151，154.

〔3〕 零售商能效计划于 2015 年代替住宅能效计划，前者被扩充包含了小企业。

〔4〕 South Australian Government，Department of Premier and Cabinet，*Retailer Energy Eficiency Scheme*，https：//www.sa.gov.au/topics/water-energy-and-environment/energy/rebates-concessions-and-incentives/retailer-energy-efficiency-scheme-rees（accessed 15 Sept. 2016）.

〔5〕 这些是第二和第三阶段。住宅能效计划自 2009—2014 年起施行，包含了第一阶段。

个负责的能源零售商。[1] 每年向南澳大利亚州家庭和企业零售
27 000MWh 以上的电力或 100 000GJ 或以上的天然气的能源零售
商被设定了为家庭和企业提供能效活动的目标。拥有 5000 户或以上
住宅用户的零售商被设定了向家庭和企业提供能效活动的目标，以及
向优先群体家庭提供能效活动和能源审计的目标。[2] 零售商必须向
南澳大利亚州基本服务委员会报告，未达到目标者将受到处罚。

677. 参与该计划的每一个能源零售商决定为实现其目标而开
展的能效活动。矿产资源和能源部长有权维持和修订合格活动或措
施清单，[3] 包括安装节能照明、节水淋浴喷头、备用电源控制器、
家庭隔热和节能热水器，以及商用节能照明和节水淋浴喷头。2015
年 1 月起批准的所有零售商能效计划下的能效活动适用一般和最低
规范。[4] 矿产资源和能源部长还制定了能源零售商需履行的能源
审计规范，以实现能源审计目标。[5]

---

〔1〕 南澳大利亚州基本服务委员会作为管理者根据《零售商能效计划法规》履行
职能，该法规是由委员会根据《2002 年基本服务委员会法》(南澳大利亚州) 制定的。

〔2〕 ESCOSA, *Targets*, http：//www. escosa. sa. gov. au/industry/rees/targets (accessed
15 Sept. 2016). Key elements for the operation of the scheme for the period 2015 to 2017 were
gazetted by the Minister on 11 Dec. 2014: *South Australian Government Gazette*, 11 Dec. 2014,
p. 6648. *See also* South Australian Government, Department of State Development, *Retailer Ener-
gy Efficiency Scheme*: *Final Decisions on Thresholds and Targets* (December 2014). Individual
targets for 2016 are set out at ESCOSA, Targets 2016 - individual retailer, http：//www. esco-
sa. sa. gov. au/industry/rees/targets/targets - 2016 - individual - retailer (accessed 15 Sept.
2016).

〔3〕 Electricity (General) Regulations 2012, reg. 28; Gas Regulations 2012, reg. 22.

〔4〕 *South Australian Government Gazette*, 18 Dec. 2014, p. 6787. *See also* South Austral-
ian Government, Department of State Development, *Retailer Energy Efficiency Scheme*: *Final de-
cisions on Activity Specifications and Ministerial* Protocol (December 2014). For more informa-
tion, see South Australian Government, Department of Premier and Cabinet, *Retailer Energy Effi-
ciency Scheme*, *supra* n. 979.

〔5〕《能源审计规范》规定了开展可再生电力能源系统审计的人员能力要求和审计
方式，*Energy Audit Specification*, *Retailer Energy Efficiency Scheme* (REES): *Minimum Specifi-
cation for an Energy Audit* (*January* 2015).

4. 澳大利亚首都领地能源改善计划

678.《2012 年能源效率（生活成本）改善法》（首都领地）为澳大利亚首都领地引入了与南澳大利亚州、维多利亚州和新南威尔士州类似的能效改善计划（EEIS），该计划的关键要素受《2012 年能源效率（生活成本）改善法》以及环境和可持续发展部长根据该法制定的条例和各种不容否决的文件的管制。[1] 尽管《2012 年能源效率（生活成本）改善法》最初规定该计划持续到 2015 年 12 月 31 日，但澳大利亚首都领地政府对该法进行了修订，将计划延长至 2020 年。[2]

679. 该法要求部长为澳大利亚首都领地制定一个节能目标。[3] 2016 年至 2020 年的节能目标是每年 8.6%。各电力零售商需承担与其零售电力市场份额相关的强制性义务。因此，电力零售商必须单独实现与电力和天然气减排（以二氧化碳当量吨表示）相关的目标。[4] 部长确定电力零售商为提高能效而开展的符合条件的活动，[5] 即一系列与建筑围护结构、空间供暖和制冷、热水服务、住宅和商业照明以及电器活动有关的活动。[6] 零售商可以将符合条件的供应内容分包出去，并可以在获得计划管理者批准的情况下，在彼此之间转让因开展符合条件的活动所产生的"信用"。

680. 一级电力零售商应在"优先"（低收入）家庭中开展一定

---

〔1〕 These are listed on the Act Legislative Register at http：//www. legislation. act. gov. au/a/2012-17/di. asp (accessed 15 Sept. 2016).

〔2〕 For general information on the scheme, see ACT Government, Environment and Planning Directorate, http：//www. environment. act. gov. au/energy/smarter-use-of-energy/energy_efficiency_Improvement_scheme_eeis, accessed 15 Sept. 2016.

〔3〕 Energy Efficiency (Cost of Living) Improvement Act 2012 (ACT), subs. 7 (1).

〔4〕 Sections 13-14.

〔5〕 Section 10.

〔6〕 2016 年 7 月 22 日，依据《2012 年能源效率（生活成本）改善法》第 10 条（合格的活动）制定了《2016 年能源效率（生活成本）改善（合格行动）决定》。

比例的能效活动，以实现部长制定的"优先家庭目标"。[1] 一级电力供应商是指在澳大利亚首都领地至少有 5000 个用户，每年向首都领地用户出售至少 500 000MWh 电力的供应商。[2] 小型"二级"供应商承担简化的义务，这些供应商可以通过开展符合条件的节能活动，或通过缴纳相当于一级供应商预期成本的节能贡献费而履行义务。[3]

681. 零售商必须每年报告其义务履行情况。未履行法律规定义务的零售商必须就每吨二氧化碳当量缺口支付罚款，并弥补缺口。[4]

七、碳封存和储存

682. 碳封存和储存技术在澳大利亚得到了联邦政府强有力的政治支持，主要是为了促进煤炭的消费和出口。联邦、维多利亚州、昆士兰州和南澳大利亚州政府颁布了有关碳储存的立法，利用矿产和石油资源部长理事会的《2005 年二氧化碳捕获和地质储存：澳大利亚监管指导原则》推动国内达成一致行动。[5] 这些监管指导原则规定了有关二氧化碳注入和储存的六个关键内容，包括：评估和批准程序；准入和产权；运输问题；监测和验证；责任和关闭后责任；以及财务事项。立法计划并没有对温室气体捕获或运输至储存地点进行监管，这些主要根据其他法律进行处理，而是对与注

---

〔1〕 Section 8.

〔2〕 Section 3 and Dictionary.

〔3〕 Section 11.

〔4〕 Sections 20, 20A-20C, 21, 22.

〔5〕 矿产和石油资源部长理事会：《2005 年二氧化碳捕获和地质储存：澳大利亚监管指导原则》(MCMPR, 2005 年)。由澳大利亚联邦、州和领地负责矿产和石油的部长组成的委员会已不复存在。关于澳大利亚碳捕获和储存的讨论，见萨曼莎·赫本：《矿业与能源法》，剑桥大学出版社 2015 年版，第七章。[samantha Hepburn, Mining and Energy Law (Cambridge University Press, 2015), Ch. 7.]

入和储存管理相关的问题进行监管。

683.《2006 年海上石油和温室气体储存法》（联邦）（OPGG-SA）为联邦水域海底的海上碳储存提供了法律框架。[1]与石油一样，澳大利亚政府公布了温室气体活动的面积，项目参与者可以申请这一区域的所有权。2009 年发布了第一份海上温室气体储存评估面积。2012 年，维多利亚海岸外联邦水域的碳封存和储存项目获得一份温室气体排放许可证。[2]

684.《海上石油和温室气体储存法》确立了类似于矿业、石油和天然气行业的授权制度，因此，除非获得适当授权，否则开展某些温室气体活动是违法的。[3]在许可区域内勘探潜在的温室气体储层和注入场所需获得温室气体评估许可证。如果确定了合格的温室气体储存层，联邦部长可宣布该地层为已确定的温室气体储存层。许可证持有者随后可申请温室气体持有租约或温室气体注入许可证。温室气体注入许可证授权被许可人在许可区域注入和储存温室气体。当温室气体储存层已被确定且完全位于租赁区域内，但项目参与者目前不具备注入和永久性储存温室气体物质的能力且可能在十五年内处于这种状态，可获得类似于石油许可证的温室气体持有租约，以使其具有维持场地的权利，并开展某些活动。

685.其他权利为：温室气体调查授权，授权持有人在授权区

---

〔1〕　同见《2011 年海上石油和温室气体储存（温室气体注入和储存管理）条例》，《2009 年海上石油和温室气体储存（环境）条例》，《2009 年海上石油和温室气体储存（安全）条例》，《2011 年海上石油和温室气体储存（资源管理与行政）条例》，以及澳大利亚政府资源、能源与旅游部：《近海区域温室气体物质注入与储存指南》(2011 年 12 月)。

〔2〕　Australian Government, Department of Industry, Innovation and Science, *Carbon Capture and Storage Legislation and Regulation*, http：//www. industry. gov. au/resource/LowE-missionsFossilFuelTech/Pages/Carbon-Capture-Storage-Legislation. aspx (accessed 28 Sept. 2016).

〔3〕　*Offshore Petroleum and Greenhouse Gas Storage Act 2006* (Cth), s. 289. The system of authorisations is set out in Ch. 3 of the Act.

域内进行与勘探潜在温室气体储层或潜在温室气体注入场地有关的作业，但不进行油井开采；温室气体特别授权，授权持有人在授权区域内进行某些作业（但不钻井）；以及温室气体研究许可，授权持有人在科学调查过程中进行与温室气体相关的作业。

686. 该法规定了许可制度中的一般事项，包括申请流程以及许可的授予、变更、放弃和撤销。部长有权在许可证或执照上提出他或她认为必要的任何条件，所有权人开展温室气体业务活动之前必须获得部长的批准。该法还建立了温室气体所有权登记制度，并对温室气体所有权的转让和交易进行监管。[1] 该法规定了与碳封存和储存相关的特殊事项，包括环境评估和保护、公众咨询、注入气体监测、现场关闭和长期责任，以及温室气体活动与海上石油行业和其他海洋用户之间的潜在冲突。

687. 一些州的碳封存和储存立法还规定了授权或许可制度，以监管州管辖范围内的温室气体注入和储存作业，以及在该州授予为碳储存目的的陆上地下储存空间/地质构造的所有权。[2] 这些立法也对环境评估和保护、注入气体监测、现场关闭和长期责任以及潜在的土地使用冲突等进行了规范。在维多利亚州，《2008 年温室气体地质封存法》（维多利亚州）规定了陆上捕获的大规模温室气体的地下储存，而《2010 年海上石油和温室气体储存法》（维多利亚州）则规定了维多利亚州沿海水域的近海碳封存和储存。昆士兰州颁布了专门立法以规范陆上碳封存和储存，即《2009 年温室气体储存法》（昆士兰州）。南澳大利亚州通过修订《2000 年石油法》（南澳大利亚州）规定了碳封存和储存条款。

688. 在西澳大利亚州，《2013 年石油和地热能源立法修正案》

---

〔1〕 *Offshore Petroleum and Greenhouse Gas Storage Act 2006*, Ch. 5.

〔2〕 《2008 年温室气体地质封存法》（维多利亚州）第 14 条第（1）款；《2009 年温室气体储存法》（昆士兰州）第 27 条第（1）款。由于专属经济区和大陆架的海床和海域的主权相关的国际法，联邦和维多利亚州海上立法并未将所有权收归国有。

（西澳大利亚州）提交议会讨论，但尚未获得批准或公示。但是，西澳大利亚州已经颁布有关具体项目的法律来管理戈尔贡（Gorgon）二氧化碳注入项目。[1] 截至 2016 年 9 月，新南威尔士州和塔斯马尼亚州均未出台专门针对碳封存和储存的立法。[2]

689. 尽管联邦和州的法律制度是根据监管指导原则制定的，对与碳封存和储存有关的基本问题进行了规定，但这些立法并不是镜像立法，不同制度之间确实存在差异，因此全国没有一个统一或协调的制度。尽管如此，在 2015 年 9 月发布的国家法律和监管制度全球评估报告中，全球碳封存和储存研究所认识到，澳大利亚各地的监管框架在很大程度上是"一致的"，并认定其为澳大利亚联邦和州政府最高级别的"项目全生命周期最全面的监管模式"，因为它们解决了大多数（但不是全部）有关选址、设计、捕获、运输、储存、关闭和监测储存二氧化碳潜在释放的相关问题。[3]

---

〔1〕　*Barrow Island Act*（WA）2003.

〔2〕　《2010 年温室气体储存法案》（新南威尔士州），于 2010 年 11 月提交新南威尔士州立法议会，未获通过，之后议会因 2011 年 3 月的州政府选举而休会，故再无下文。

〔3〕　Global Carbon Capture and Storage Institute Ltd, *Global CCS Institute CCS Legal and Regulatory Indicator: A Global Assessment of National Legal and Regulatory Regimes for Carbon Capture and Storage*（Global Carbon Capture and Storage Institute Ltd, 2015）.

第一章 概 述

690. 州、领地和联邦议会同时拥有制定税收法律的立法权。《澳大利亚联邦宪法》第 51（ii）条规定了联邦制定税收法律的立法权，授权联邦议会制定税收法律，"但不得对各州之间以及州内地区造成歧视"，[1] 澳大利亚有大量复杂的由联邦、州和领地政府以及地方委员会征收的税费。尽管州和联邦在税收领域拥有并行立法权，但仍有一些主要税种仅由联邦议会征收，尤其是所得税、资本增值税（CGT）、附加福利税（FBT）和商品与服务税。各州税收的主要来源是工资税和印花税。

691. 《联邦宪法》规定了各州和联邦之间的税收划分。例如，《联邦宪法》第 90 条规定，联邦议会有征收关税和消费税的专属权，并对货物的生产或出口给予补贴。消费税是指在消费之前的生产、制造、销售或分销环节，对国内或国外货物征收的税。[2] 各州可以对石油、天然气和煤炭等资源征收特许权使用费，因为法院认为这些不是消费税，而是生产或开采资源权利价格，或取得财产

---

〔1〕《宪法》中其他相关规定有：第 99 条（禁止税收优惠）；第 53 条（参议院不可以制定或修订法律）；第 55 条（征税的法律只负责处理征税，且只能是一个税种）；第 114 条（禁止各州未经联邦同意对属于联邦的任何财产进行征税，禁止联邦未经各州同意的对属于各州的财产进行征税）；第 96 条（联邦有权向任何州提供财政支持）。如联邦法律和州法律不一致，以联邦法律为准（第 109 条）。

〔2〕 *Ha & Anor v. State of New South Wales & Ors* (1997) 189 CLR 465.

权的费用。[1]

692. 税收分配也反映了政治现实。例如，尽管 1900 年联邦成立时由各州征收所得税，但联邦政府在颁布四项法案引入"统一税收计划"之后，[2] 从 1942 年起迫使各州退出所得税领域。这项立法并未禁止各州征收所得税，但在全国范围内以相当高的税率征收所得税，计算所得税额相当于各州和联邦以前的税收总和，使得任何州在政治和经济上都不可能征收所得税。[3]

693. 能源行业受适用于澳大利亚所有经济行业的税法规制。但是，能源行业存在一些独特的税收问题和/或对能源特别重要的税收问题。本章的其余部分简要介绍了澳大利亚的主要联邦税，以及澳大利亚税务局的作用，之后考察与能源行业特别相关的一些税收问题，尤其是资源租金税，如联邦 PRRT；特许权使用费；通过所得税制度运行的各种燃料计划；燃料消费税和关税；以及鼓励研发清洁能源技术的所得税。

第一节　主要联邦税简介

一、所得税

694. 联邦政府根据《1997 年所得税评估法》（ITAA 97）和《1936 年所得税评估法》（ITAA 36）对应税收入征收所得税。所得税是对个人和公司征收的。澳大利亚公司在其营业活动报表到期时，有义务按其应纳税所得额 30% 的统一税率代缴所得税。对于营

---

〔1〕 *Harper v. Minister for Sea Fisheries* (1989) 168 CLR 314.

〔2〕 *Income Tar Act 1942* (Cth)；*Income Tax Assessment Act 1942* (Cth)；*States Grants* (*Income Tax Reimbursement*) *Act 1942* (Cth)；*and Income Tax* (*War-fime Arrangements*) *Act 1942* (Cth).

〔3〕 Woellner R, Barkoczy S, Murphy S, Evans C and Pinto D, *Australian Taxation Law* (26th ed, 2016) ¶ 1-600.

业额超过 2000 万美元的公司，通常是每月一次。对于小公司来说，可能是每季度一次。应纳税所得额是指应纳税所得额减去扣除额。一旦税率适用于应纳税所得额，就可以确定基本的所得税负债。然而，可能存在一系列可用于减少纳税义务的抵销。ITAA 97 中的"抵销"一词通常包含 ITAA 36 中以前所称的退税和抵免。

二、资本增值税

695. 澳大利亚没有单独的资本增值税。但从 1985 年 9 月 20 日起，资本增值被列为"收入"，并对其征收所得税。因此，所得税法即 ITAA 97 第 3-1 部分对资本增值税进行规范。ITAA 97 规定了"资本增值税"事项，这些事项触发了评估资本增值价值的责任。其中最常见的是"资本增值税事项 A1"，它在资产出售时适用。通过交易股票出售的资产或在正常业务过程中出售的资产相关的利润或损失，作为普通收入处理，不属于"资本增值税事项 A1"。出售并确实属于"资本增值税事项 A1"的资产可能会产生资本收益或资本损失，或者既不产生收益也不产生损失。资本净收益的应税价值[1]加在收入中，与其他普通收入一起按相关税率纳税。

三、附加福利税

696. 附加福利税旨在防止雇主通过向雇员提供普遍（附加）福利（作为工资包的一部分）而不是货币工资/薪金来避税。《1986 年附加福利税评估法》（联邦）第三部分中确定了主要的附加福利，包括：离家生活津贴；免费假期、旅行、免费使用机动车和停车；低息抵押贷款；以及各种娱乐福利。该法并不禁止雇主提供这些福利，但要求其跟踪这些福利，以便向雇主征税。

---

〔1〕 应税价值在适用各种豁免、损耗、优惠和折扣适用后确定。

四、商品与服务税

697. 联邦政府于 2000 年推出了商品与服务税。对大多数澳大利亚货物和服务征收 10%的税率。这是一种增值税，因此，企业有权在进项税与销项税中获得抵免。有一些重要例外，包括出口。商品与服务税在营业活动报表到期时收取。

第二节　澳大利亚税务局的作用

698. 澳大利亚税务局是联邦负责执行联邦税法和征收大部分联邦税的机构。[1] 澳大利亚税务局的决定由联邦税务专员或其代表作出。为了帮助纳税人理解和遵守法律，税务局以各种形式发布决议，包括发布私人和公共裁决，其中列明了税务局对法律的解释，以及在私人裁决的情况下，个人纳税人案件的法律适用。虽然税务局不是一个正式的立法机构，但税务局的做法"通过其评估和审查程序；与从业人员和公众进行正式和非正式交易的日常决策；公共和私人裁决和其他建议；以及其异议和审查（诉讼程序）"具有巨大的现实意义和影响，在某种程度上，它可以被视为事实上的或非正式的法律渊源。[2] 这是因为"许多从业者和他们的委托人将这些裁决作为法律渊源，将其视为权威，在没有正式质疑的情况下接受税务局的做法和裁决，并相应构建其业务"。[3]

---

〔1〕　*Taxation Administration Act 1953*（Cth）.

〔2〕　Woellner et al. , *supra* n. 1009, at ¶ 1-320. This is despite the Federal Court cautioning against the use of Rulings as a 'kind of "defacto law"'：BHP Billiton Direct Reduced Iron Pty Ltd & Anor v. DFC of T（2007）ATC 5071, 5095（French J）, cited in Woellner et al. , supra n. 1009, at ¶ 30-000.

〔3〕　Woellner et al. , *supra* n. 1009, at ¶ 1-320. For more information on Rulings, see Woellner et al. at ¶ 30-010 - ¶ 30-052.

第二章　税法与能源的互动

第一节　资源租金税

699. 澳大利亚自1987年开始以利润为基础征收石油资源租金税。[1] 它是由联邦政府推出的，旨在取代联邦管辖下大多数近海地区的特许权使用费和原油消费税。石油资源租金税最初只适用于海上石油项目，西澳大利亚州海岸外的联邦水域的西北陆架项目和东帝汶海的联合石油开发区（JPDA）（管理权由澳大利亚和东帝汶共同享有）除外。自1990年以来，巴斯海峡项目的石油一直受石油资源租金税的约束。根据澳大利亚未来税务制度审查［《亨利税务审查》（Herry Tax Review）］的建议，[2] 石油资源租金税从2012年7月1日开始延长，目前涵盖了澳大利亚所有陆上石油和天然气项目，包括油页岩和煤层气项目，以及除帝汶海联合石油开发区项目外的所有海上石油和天然气项目。

700. 石油资源租金税对项目销售的石油商品的利润进行征收，包括稳定原油（SCPO）、凝析油、天然气、液化石油气、乙烷和页

---

〔1〕 *Resources Rent Tax Assessment Act 1987* (Cth)；*Petroleum Resource Rent Tax* (*Imposition-Customs*) *Act 2012* (Cth)；*Petroleum Resource Rent Tax* (*Imposition-Excise*) *Act 2012* (Cth)；*Petroleum Resource Rent Tax* (*Imposition-General*) *Act 2012* (Cth)；*Petroleum Resource Rent Tax* (*Interest on Underpayments*) *Act 1987* (Cth)；*Petroleum Resource Rent Tax* (*Instalment Transfer Interest Charge Imposition*) *Act 2006* (Cth).

〔2〕 Henry K, Harmer J, Piggott J, Ridout H and Smith G, *Australia's Future Tax System: Report to the Treasurer*, *December 2009*, Part Two, Vol 1, C-Land and resources taxes (Commonwealth of Australia, 2010).

岩油。[1] 项目的"应税利润"按40%的税率计算。[2]该税以项目为基础，这意味着对纳税主体持有的每个项目利润分别计算应缴纳的石油资源租金税，当然，如果满足特定标准，纳税主体可以申请将其两个项目合并为一个项目计算其应纳税额（西北陆架项目除外）。[3] 如果生产许可证有效，则可开展石油项目。[4] 一旦海上生产许可证持有主体开始从石油销售中获得"应税收入"，则将产生缴纳石油资源租金税的责任。承包商因其服务获得报酬，且无权获得石油销售收入，因此无需支付石油资源租金税。[5] 合资企业参与者对其在项目中的利润独立承担石油资源租金税缴纳义务。

701. 纳税主体只负责针对项目有关的"应税利润"缴纳石油资源租金税。《1987年资源租金税评估法》（联邦）第22（1）条中对"应税利润"进行了定义，并通过从项目产生的应税收入中扣除合格项目支出和转让勘探支出来计算。应税收入可以是资本或收入性质的收入，包括石油收入、服务费收入、勘探开采收入、财产收入、杂项补偿收入、员工福利收入和附带生产收入。[6]

702. 可扣除支出与石油项目直接相关，具有资本或收入性质。该法界定了符合条件的类别，其中包括资源税支出（支付州和联邦资源税/特许权使用费）；勘探支出（石油勘探或与之相关的支出）；一般项目支出（为准备或进行石油勘探而发生的支出，包括项目在内的人工操作、设施和其他事项）；以及关闭支出（如海上

---

[1] *Petroleum Resource Rent Tax Assessment Act 1987*, s. 2E; Australian Taxation Office, *PRRT Concepts*, https：//www. ato. gov. au/Business/Petroleum - resource - rent - tax/PRRT - concepts/（last updated 25 Feb. 2016）.

[2] *Petroleum Resource Rent Tax Assessment Act 1987*, ss 21. 22.

[3] Sections 19, 20.

[4] Subsection 19（1）.

[5] Australian Taxation Office, Petroleum Resource Rent Tar（*PRRT*）（23 Sept. 2014）, https：//www. ato. gov. au/Business/Petroleum-resource-rent-tax/（accessed 25 Feb. 2016）.

[6] Petroleum Resource Rent Tax Assessment Act, s. 23.

平台拆除和环境恢复)。[1] 如果可扣除的支出超过应税收入，则可结转超出的未扣除金额，以便在未来几年扣除，并增加"利息"，以保持其实际价值。[2] 在计算所得税时，石油资源租金税的支付本身就是一项可扣除费用。

703. 顾名思义，石油资源租金税只适用于石油商品销售的利润，而不适用于矿产资源（包括煤炭和铁矿石）销售的利润，这些资源已获得了巨大的利润，特别是在资源繁荣时期。2009 年《亨利税务审查》建议联邦政府对资源租金税实施统一管理，除石油外，该税收还适用于包括铀和黑煤在内的一系列矿产。[3] 陆克文/吉拉德工党政府首次宣布，将于 2010 年 5 月 2 日推出一种广泛、统一的资源租金税，称为"资源超利润税"，在采矿业的强烈反对下，该税被矿产资源租金税（MRRT）取代。[4]

704. 从广义上讲，矿产资源租金税对集团采矿年利润超过7500 万美元的铁矿石和煤炭开采项目采用了 22.5% 的有效税率。[5] 但是，经过媒体长时间宣传和行业对矿产资源租金税的强烈游说，[6] 并在 2013 年联邦选举时承诺取消该税后，联合政府于2014 年废除了矿产资源租金税。[7] 虽然该税的设计一直受到批评，但许多分析员建议澳大利亚应重新考虑统一资源租赁计划，特别是

---

〔1〕 Division 3.

〔2〕 Sections 32–35B; Australian Taxation Office, Australian Taxation Office, *PRRT Concepts*, https：//www. ato. gov. au/Business/Petroleum‒resource‒rent‒tax/PRRT‒concepts/ (last updated 25 Feb. 2016).

〔3〕 Henry K et al, *supra* n. 1015, at 237.

〔4〕 *Minerals Resource Rent Tax Act 2012* （Cth）. *See also the Minerals Resource Rent Tax (Imposition‒Customs) Act 2012* （Cth）; *Minerals Resource Rent Tax (Imposition‒Excise) Act 2012* （Cth）: *Minerals Resource Rent Tax (Imposition‒General) Act 2012* （Cth）.

〔5〕 *Australian Taxation Office*, *Minerals Resources Rent Tax (MRRT)* （23 Sept. 2014）, https：//www. ato. gov. au/business/minerals‒resource‒rent‒tax/ （accessed 25 Feb. 2016）.

〔6〕 An appeal to the High Court against the constitutional validity of the MRRT failed: *Fortescue Metals Group Limited v. The Commonwealth* ［2013］ HCA 34.

〔7〕 *Minerals Resource Rent Tax Repeal and Other Measures Act 2014* （Cth）.

与改革资源特许权使用费和公司所得税制度结合进行考量。[1]

第二节　特许权使用费

705. 在澳大利亚，碳氢化合物和煤炭资源归国家或政府所有。位于陆上和离岸至 3 海里的资源归州或领地政府所有。位于联邦水域（3 海里至 200 海里）近海或大陆架 3 海里至大陆架外缘的资源，其延伸超过专属经济区 200 海里的界限，则归联邦政府所有。

706. 采矿和石油特许权使用费依据州和联邦法律进行管理和征收。特许权使用费通常按矿产/碳氢化合物产量的百分比计算（从量法），或按所销售矿产/碳氢化合物总价值的百分比计算（从价法）。但它们不是对矿产的实际生产或销售征收的税款。如果是这样的话，特许权使用费将在法律上被归类为消费税，根据《联邦宪法》，联邦议会拥有征收消费税的专属权力。更确切地说，特许权使用费被认为是资源所有者——州或联邦对获得开采、处置或使用矿物和碳氢化合物的权利所征收的费用。

---

〔1〕　Murray I, 'The Minerals Resource Rent Tax Is Dead, Long Live Resource Rent Taxes?' 40 *UW Aust LR* 111 (2015); Villios S, Blissenden M, Kenny P and Xynas L, 'Reducing the Company Tax Rate and Abolishing the MMRT: A Step Forward or Back?', 1 (6-10) *Tax* 109 (2014).

一、石油特许权使用费

(一) 州政府特许权使用费

707. 根据州陆上石油立法,对陆上石油生产征收特许权使用费。[1] 对于州/北领地沿海水域(低水位线向海至3海里)的石油生产,根据州海上石油立法征收特许权使用费(见表6)。[2]

根据国家陆上石油立法,对陆上石油生产征收特许权使用费。对于州/北领地沿海水域(低水位线向海至3海里)的石油生产,根据各州海上石油立法征收特许权使用费(见表6)。

表6 澳大利亚各州石油特许权使用费税率(截至2016年2月29日)

	陆 上	海 上
新南威尔士州	2013年1月1日当天或之后开采的石油(包括天然气和煤层气):石油井口价值的10%。	石油井口价值的10%。有初级和二级生产许可证的:不低于石油井口价值的11%或不高于12.5%。

---

[1] *Petroleum (Onshore) Act 1991* (NSW), s. 85; *Petroleum (Onshore) Regulation 2007* (NSW), regs 23, 24, 24AA; *Petroleum Act* (NT), subs. 84 (1); *Petroleum and Gas (Production and Safety) Act* 2004 (Q1d), subs. 155 (1), ch. 6; *Petroleum and Gas (Production and Safety) Regulation* 2004, reg. 147C; *Petroleum and Geothermal Energy Act 2000* (SA), s. 43; *Mineral Resources Development Act 1995* (Tas), s. 102; *Mineral Resources Development Regulation 2006*, reg. 7 and Sch. 1, Item 1 (petroleum) and Item 2 (coal seam gas); *Petroleum Act 1998* (Vic), ss 149–150: *Petroleum and Geothermal Energy Resources Act 1967* (WA), ss 52, 142.

[2] *Petroleum (Offshore) Act 1982* (NSW), ss 143, 43; *Petroleum (Submerged Lands) Act 1982* (NT), ss 142, 42; *Petroleum (Submerged Lands) Act 1982* (SA), ss 142, 41; *Petroleum (Submerged Lands) Act 1982* (Tas), ss 142, 41; *Offshore Petroleum and Greenhouse Gas Storage Act 2010* (Vic), s. 690; *Petroleum (Submerged Lands) Act 1982* (WA), ss 143, 42.

	陆　上	海　上
北领地	石油井口价值的 10%。	石油井口价值的 10%。有初级和二级生产许可证的：不低于石油井口价值的 11% 或不高于 12.5%。
昆士兰州	石油井口价值的 10%。	石油井口价值的 10%。有初级和二级生产许可证的：不低于石油井口价值的 11% 或不高于 12.5%。
南澳大利亚州	石油井口价值的 10%。	石油井口价值的 10%。有初级和二级生产许可证的：不低于石油井口价值的 11% 或不高于 12.5%。
塔斯马尼亚州	石油井口价值中每 100 澳元中的 12 澳元。	石油井口价值的 10%。有初级和二级生产许可证的：不低于石油井口价值的 11% 或不高于 12.5%。
维多利亚州	石油井口价值的 10%。	石油井口价值的 10%。

	陆　上	海　上
西澳大利亚州	根据石油勘探许可证、石油钻井储备或石油保留租约开采的石油：石油价值的10%； 石油初级生产许可证：石油井口价值的5.0%或10.0%。 二级生产许可证：针对致密气，为石油井口价值的5%到12.5%之间。针对非致密气，为石油井口价值的10.0%或12.5%之间。*	石油井口价值的10%。有初级和二级生产许可证的：不低于石油井口价值的11%或不高于12.5%。

* 例外情况：《1985年巴罗岛特许权使用费变更协议法》（西澳大利亚州）对资源租金适用40%的特许权使用费税率，其计算依据与石油资源租金税类似。另见《巴罗岛租约》第2（4）条。

注：澳大利亚首都领地不征收任何石油特许权使用费。

708. "石油"一般被定义为任何天然产生的碳氢化合物、碳氢化合物混合物（无论是气态、液态或固态）；或任何一种或多种碳氢化合物的天然混合物（无论是气态、液态或固态）；以及自然发生的一种或多种碳氢化合物的混合物；以下一种或多种物质：硫化氢、氮气、氦气或二氧化碳。因此，常规天然气资源和液化石油应支付特许权使用费。煤层气的收费标准与昆士兰州、新南威尔士州、西澳大利亚州和南澳大利亚州的石油收费标准相同。在维多利亚州，煤层气的从价税税率为2.75%。在昆士兰州，以下煤层气活动无需支付特许权使用费：（a）开采或排放；或（b）根据采矿租约开采的附带煤层气，或根据矿物碳氢化合物开采租约开采的煤层气——用于开采产生天然气的煤。[1]

（二）联邦政府特许权使用费

709. 联邦依据《1921年消费税法》（联邦）（见下文）通过征收石油资源租金税（如上所述），而非依据石油井口价值征收特许权使用费获得海上石油收入。但有两个例外。

1. 井口特许权使用费：西北陆架项目地区

710.《2006年海洋石油（特许权使用费）法》（联邦）对西澳大利亚海岸西北部陆架项目区开采的所有石油和天然气征收特许权使用费。[2] 第5条规定，西北陆架勘探许可证、西北陆架保留租约或西北陆架生产许可证的注册持有者有责任就其在许可区、租赁区或特许区内开采的所有石油支付特许权使用费。这包括在联邦管辖范围内（即联邦水域内）许可证 WA-1-P 和 WA-28-P 所涵盖油田的石油生产。[3]

711. 根据石油勘探或保留租约开采的石油的特许权使用费为石油井口价值的10%。根据生产许可证开采的石油的特许权使用费税率为10%，而对于"二级石油生产许可证"，则为石油井口价值的11%~12.5%。[4] 根据《2006年海上石油（特许权使用费）法》收取的收入，按照《2006年海上石油和温室气体储存法》（联邦）第75条的规定，按照使用费税率的60∶40比例与西澳大利亚

---

[1] *Mineral Resources Regulation 2013* (Qld), subs. 49 (1).

[2] 该法对《1967年石油（淹没陆地）（特许权使用费）法》（联邦）进行了重新修订，并做了某些修改。

[3] *Offshore Petroleum (Royalty) Act 2006* (Cth), s. 4 and *Petroleum Resources Rent Tax Assessment Act 1987*, ss 2, 19 (1B).

[4] 关于特许权使用费费率，见《2006年海上石油（特许权使用费）法》（联邦）第5~7条。《2006年海上石油和温室气体储存法》第四节第1，2（2）和cl4（2）条款对"二级石油许可证"进行了界定，该许可证是颁发给开发许可证持有人或保留租约持有人的石油生产许可证，包含的区块数量要少于申请者根据法律有权申请生产许可的区块数量。

州分享。[1]

2. 资源租金特许权使用费

712. 《1985 年石油收入法》（联邦）允许联邦政府免除《1921 年消费税法》（联邦）规定的对某些陆上石油项目征收的消费税。只有当州或领地政府（a）与石油生产许可证持有者就项目签订资源租金特许权使用费协议（RRRA），以及（b）与联邦政府达成收入分享协议时，才可以这样做。[2]资源租金特许权使用费协议下的使用费费率为财政年度内处理石油的累计净收入的 40%，但州不对该石油征收任何其他特许权使用费或费用。[3] 该法确定了州/领地和联邦政府之间的收入分配比例。[4]

713. 目前在西澳大利亚巴罗岛的资源生产中存在一种资源租金特许权使用费协议。[5] 它是基于净现金流百分比的特许权使用费。一些关键内容是：超过门槛税率的超额收入按 40% 的税率征收；联邦和州之间按 75：25 的比例分享收入，联邦份额越高，表明之前的特许权使用费和消费税制度下联邦应享受权利的比例越大；作为所得税前的税种，特许权使用费可以从所得税中扣除。[6]

二、矿物特许权使用费：煤炭和氧化铀

714. 根据州陆上采矿法，特许权使用费是对陆上矿物生产征

---

〔1〕 *Offshore Petroleum and Greenhouse Gas Storage Act 2006*, subs. 75 (1)；*see also* Government of Western Australia, Department of Mines and Petroleum, *Petroleum Royalties* http：//www. dmp. wa. gov. au/Petroleum/Royalties-1578. aspx（accessed 22 Feb. 2016）.

〔2〕 *Petroleum Revenue Act 1985*（Cth），s. 6.

〔3〕 Schedule 1, Item 1（d）. This Schedule sets out a formula to calculate 'accumulated net receipts'：Item 4.

〔4〕 Schedule 2, Item 1（b）.

〔5〕 *Barrow Island Royalty Variation Agreement Act 1985*（WA）（as of ll Sept. 2010）.

〔6〕 Government of Western Australia, Department of Mines and Petroleum, *Petroleum Royalties*, http：//www. dmp. wa. gov. au/Petroleum/Royalties-1578. aspx（accessed 23 Sept. 2016）.

收的。[1] 州政府还可以与涉及具有重大经济、社会和环境意义的大型矿山/项目的公司签订协议，这些协议依据具体立法（通常为契约法）批准，并可能规定具体的特许权使用费，[2] 或者可以简单地参考州立法中现有的特许权使用费条款。[3]

715. 煤炭一直是许多州的主要出口来源，并受到特许权使用费税率的制约（见表7）。[4]

表7　各州的煤炭特许权使用费税率（截至2016年2月29日）

新南威尔士州	采自深层地下矿：所采煤炭价值的6.2%。 采自地下矿：所采煤炭价值的7.2%。 采自露天煤矿：所采煤炭价值的8.2%。
北领地	在特许权使用期限内，生产单位出售或运走的煤炭净值的20%，但如果净值为5万澳元或以下的，应支付的特许权使用费为零；超过5万澳元的，应支付的特许权使用费减少1万澳元。

---

〔1〕　没有海上煤炭生产。

〔2〕　For example, the *Uranium*（*Yeelirrie*）*Agreement Act 1978*（WA），First Sch，cl. 25.

〔3〕　For example, the *Collie Coal*（*Griffin*）*Agreement Act 1979*（WA），Sch.，cl. 26; *Collie Coal*（*Western Collieries*）*Agreement Act 1979*（WA），Sch. 1, cl. 26.

〔4〕　*Mineral Royalty Act 1982*（NT），s. 10; *Mining Act 1992*（NSW），ss 291, 291A, 292; Mining Regulation 2010（NSW），reg. 63; *Mineral Resources Act 1989*（Qld），ss 320 - 321, Mineral Resources Regulation 2013（Qld），s. 46, Sch. 3, and Queensland Office of State Revenue，*MRA001. 1 - Determination of coal royalty*（14 Oct. 2015）; *Mining Act 1971*（SA），ss 17, 17A; *Mineral Resources Development Act 1995*（Tas），s. 102 and Mineral Resources Regulation 2006（Tas），reg. 7; *Mineral Resources*（*Sustainable Development*）*Act 1990*（Vic），ss 12, 12A and Mineral Resources（Sustainable Development）Regulations 2013（Vic），regs 6 - 10; *Mining Act 1978*（WA），s. 109 and Mining Regulations 1981（WA），reg. 86.

昆士兰州	出售、处置或使用的煤炭价值不超过 100 澳元/吨的 7%。 如果出售、处置或使用的煤炭平均价格在 100 澳元/吨以上 150 澳元/吨以下的：根据法定公式计算出的从价费率等于第一批按照 100 澳元/吨出售、处置或使用的煤炭价值的 7%；以及出售、处置或使用的煤炭结余部分价值的 12.5%。 如果出售、处置或使用的煤炭的平均价格为 150 澳元/吨或以上，则根据法定的公式计算出的从价使用费费率等于第一批按照 100 澳元/吨出售、处置或使用的煤炭价值的 7%，其余多出 50 澳元出售、处置或使用的煤炭价值的 12.5%，出售、处置或使用的煤炭结余部分价值的 15%。
南澳大利亚州	矿物价值的 5%。 在五年的时间里，从新矿山的矿产土地上开采的矿物（提取矿物除外）的应付特许权使用费为矿产价值的 2%。
塔斯马尼亚州	如果一年的净销售额低于 10 万澳元，则特许权使用费税率为净销售额的 1.9%。 如果一年的净销售额为 10 万澳元以上 60 万澳元以下，则特许权使用费税率为净销售额的 1.9%，加上上一年的年利润，最高为净销售额的 5.35%。 公式： R =（0.019×N）+［（0.4×P2）/N］ 公式中：R=特许权使用费税率，N=上一年度煤炭年净销售额，P=上一年度的年利润。
维多利亚州	褐煤：生产的褐煤按消费物价指数调整后，每 GJ 褐煤 0.0588 澳元。"千兆焦耳单位的褐煤"是指在规定时间内以规定方式开采和测量时，净湿比能量含量为 1 千兆焦耳的褐煤量。 除褐煤外：2.75%。

续表

西澳大利亚州	出口煤炭（含褐煤）：7.5%。 未出口的煤炭（包括褐煤）：1澳元/吨，每年6月30日根据截至该日的年度煤炭平均出厂价值与1981年6月30日的年度煤炭相应价值的增长百分比进行调整。

716. 澳大利亚有三个铀矿：北领地的兰杰矿和南澳大利亚州的奥林匹克大坝矿和贝弗利矿。在对氧化铀（黄饼）征收特许权使用费的州，通常在采矿立法和法规中规定特许权使用费税率（见表8）。

表8 各州的氧化铀特许权使用费税率（截至2016年2月29日）

北领地	依据《2009年铀特许权使用费（北领地）法》（联邦）对在北领地开采的铀征收特许权使用费，将《1982年矿产特许权使用费法》（北领地）作为联邦法律适用。因此，《1982年矿产特许权使用费法》（北领地）第10条规定的以利润为基础的特许权使用费制度适用于新的铀矿开采作业或现有铀矿开采作业的任何扩建。 应支付的特许权使用费为在特许权使用年度内从生产单位出售或已运走尚未出售的铀净值的20%，但如果该净值为： （a）5万或以下澳元，则应支付的特许权使用费为零；或 （b）5万澳元以上，则应支付的特许权使用费减少1万澳元。如果联邦根据《1982年矿产特许权使用费法》（北领地）收到一笔特许权使用费，联邦须依据《2009年铀特许权使用费（北领地）法》（联邦）第17（1）条向北领地支付一笔与收到金额相等的款项。

昆士兰州	铀的特许权使用费税率为： （a）如开采期内出售、处置或使用的每公斤铀的平均价格为 220 美元或低于铀价值的 5%；或 （b）如果开采期内出售、处置或使用的铀的平均每千克价格超过 220 澳元，则开采期内出售、处置或使用的铀价值的特许权使用费费率，四舍五入至小数点后 2 位，采用以下公式计算： RR＝5+（［（AP−220）／AP］×5） RR 是特许权使用费费率，以百分比表示。 AP 是在开采期内处置、使用或售出的每千克铀的平均价格。 《2013 年矿产资源条例》（昆士兰州），46 号条例第 13 条，附表 3。
南澳大利亚州	《1971 年采矿法》（南澳大利亚州）第 17 条，为矿物价值的 5%。
西澳大利亚州	依据《1978 年采矿法》（西澳大利亚州）第 109 条和《1981 年采矿条例》（西澳大利亚州）第 86 条，如果作为氧化铀精矿出售，则特许权使用费为矿物价值的 5%。 《1978 年铀（伊利里）协议法》（《伊利里协议》）第 25（1）条规定，加工厂投产后前七年出售的氧化铀的从价费率为 3.5%。《伊利里协议》第 25（5）条规定，在运营的前七年后以及之后每五年须有特许权使用费审查机制。

三、地热能源

717. 地热能是唯一需支付特许权使用费的可再生能源，通常按井口价值的一定比例支付（见表 9）。[1]

表 9　各州的地热能源特许权使用费税率（截至 2016 年 2 月 29 日）

新南威尔士州	出矿价值的 4%。
北领地	部长可在每份地热生产租约中规定一个条件，即租约持有者必须向部长支付与根据租约开采的所有地热能有关的特许权使用费。尽管条例可以规定每个租约持有者应支付的特许权使用费费率，但条例中尚未规定该费率。
昆士兰州	全部地热能的井口价值的 2.5%。
南澳大利亚州	全部地热能的井口价值的 2.5%。
塔斯马尼亚州	井口销售价值的 2.75%。
维多利亚州	根据地热能开采许可证规定的条件按费率支付使用费。使用费仅支付一次。
西澳大利亚州	地热能价值的 2.5%。

第三节　帝汶海的特别安排

一、帝汶海：联合石油开发区域

718. 澳大利亚和东帝汶未能就两国海洋划界达成协议。1972

---

[1] Mining Act 1992 (NSW), ss 291 and Mining Regulation 2010 (NSW), reg. 62; *Geothermal Energy Act 2009* (NT), s. 34 and Geothermal Energy Regulations (NT) in force 1 Jan. 2015; *Geothermal Energy Act 2010* (Qld), s. 104, 105 and Geothermal Energy Regulation 2012 (Qld), regs 64, 66; *Petroleum and Geothermal Energy Act 2000* (SA), s. 43; *Mineral Resources Development Act 1995* (Tas), s. 102 and Mineral Resources Development Regulation 2006 (Tas), reg. 7 and Sch. 1, Item 3 (p); *Geothermal Energy Resources Act 2005* (Vic), ss 103, 104; *Petroleum and Geothermal Energy Resources Act 1967* (WA), subs. 142 (2a).

年，澳大利亚和印度尼西亚就两国大陆架的边界问题达成协议。当时，东帝汶归葡萄牙管辖。澳大利亚和葡萄牙无法就海洋划界达成协议，因此在澳大利亚和印度尼西亚商定的边界产生了一个缺口（帝汶缺口）。1975 年，印度尼西亚占领东帝汶后，再次试图缩小东帝汶缺口的努力失败了。澳大利亚和印度尼西亚签订了《帝汶缺口条约》，这是依据《联合国海洋法公约》第 83 (3) 条做出的临时安排，允许在帝汶海沟继续进行石油开发。《帝汶缺口条约》在三个区域确定了"合作区"。

719. A 区实行联合控制，平等分享石油开采收益。适用于整个 A 区的法律制度，既不完全是澳大利亚的也不完全是印度尼西亚的。该条约附录 D 中所列的税法对共同区域内的活动避免双重征税。每个国家的税法都适用于 A 区。申报表必须在每个国家提交，但居住在澳大利亚的个人必须遵守澳大利亚税法，印度尼西亚的则必须遵守印度尼西亚税法。B 区受澳大利亚相关法律制度管辖，与印度尼西亚分享了部分开采所得税申报表。C 区受印度尼西亚相关法律制度管辖，并与澳大利亚分享了部分开采所得税申报表。

720. 1999 年 10 月 25 日，澳大利亚和印度尼西亚之间的《帝汶缺口条约》失效。2001 年 7 月 5 日，澳大利亚与联合国东帝汶临时行政当局在东帝汶向独立过渡时谈判达成的《帝汶海安排谅解备忘录》为 2002 年 5 月 20 日通过的《澳大利亚与东帝汶间帝汶海条约》（简称《帝汶海条约》）奠定了基础。[1]《帝汶海条约》仅适用于《帝汶缺口条约》合作区旧 A 区所在的区域，即现在的 JP-DA。B 区和 C 区分别受澳大利亚和东帝汶的完全主权管辖，不再进行联合开发。

721.《帝汶海条约》联合石油开发区域的运作以及各方权利/责任规定了指导原则。联合石油开发区域的产量在东帝汶和澳大利

---

[1] *Timor Sea Treaty Between the Government of Australia and the Government of East Timor*, (Dili, 20 May 2002), [2003] ATS 13 (in force 2 Apr. 2003).

亚之间进行分配，90%分配给东帝汶，10%分配给澳大利亚。[1] 根据 90/10 产量分割，澳大利亚和东帝汶可根据各自的法律和附录 G 中的税法，对其在联合石油开发区域的石油活动收入中的份额征税，但是任何一个国家都不得对未覆盖在《税法》范围内的有关或适用于联合石油开发区域开展的任何石油勘探或开采相关活动征税，除非另一国家同意征收该税。PRRT 不适用于 JPDA。

722. 就与联合石油开发区域石油勘探或开采直接或间接相关的税法而言，联合石油开发区域被视为澳大利亚和东帝汶的一部分对待。[2]《税法》附录 G 规定了石油活动的双重征税减免。该税法适用于以下税种：（a）澳大利亚的所得税、附加福利税、商品与服务税和养老金担保费，但不适用于石油资源租金税；（b）东帝汶的所得税、奢侈品增值税和销售税（增值税）；以及根据东帝汶法律征收的销售税。

723. 联合石油开发区的石油根据产量分成协议进行生产。该协议规定了各方在收回规定数额的成本费用后将获得多少石油。[3]

二、帝汶海：巨日升储区（Greater Sunrise Unit Reservoir）

724. 处于澳大利亚和东帝汶之间的巨日升油气田应支付的石油资源租金税有特别规定，这些油气田估计含有 5.1 万亿立方英尺液化天然气和 2.26 亿桶凝析油。[4] 部分巨日升储区位于联合石油开发区域内，联合石油开发区域由东帝汶和澳大利亚根据《帝汶海

---

〔1〕　Article 4.

〔2〕　Article 13.

〔3〕　见《石油开发法规》，根据《帝汶海条约》第 7 条制定，载 http：//www. anp-tl. org/webs/anptlweb. nsf/vwAll/JPDA，最后访问日期：2016 年 9 月 25 日。

〔4〕　Australian Government, Department of Industry, innovation and Science, *Joint Petroleum Development Area and Greater Sunrise*, http：//www. industry. gov. au/resource/upstream-Petroleum/Pages/JointPetroleumDevelopmentAreaandGreaterSunrise. aspx（accessed 25 Sept. 2016）.

条约》共同管理，另一部分属于澳大利亚的专属管辖权。根据澳大利亚和东帝汶 2007 年签署的《巨日升统一协议》第 7 条，巨日升项目 79.9% 的产量分配给澳大利亚，20.1% 分配给联合石油开发区域。[1]

这意味着，根据澳大利亚海上石油立法，79.9% 的石油产量成为开采石油的被许可人、承租人或被特许人的财产，而剩余 20.1% 的石油产量则根据《帝汶海条约》作为联合石油开发区的产量，在东帝汶和澳大利亚之间按 90/10 的比例划分。[2] 石油资源租金税仅适用于项目产量的 79.9%，即根据统一协议分配给澳大利亚的石油量。[3]

725. 澳大利亚和东帝汶在帝汶海海域划界问题上的持续争议，以及东帝汶对《帝汶海条约》和《巨日升统一协议》项下安排的不满，最终导致 2007 年的《澳大利亚政府与东帝汶政策关于特定海上安排的协定》谈判。[4] 根据该协定第 5 条，东帝汶和澳大利亚同意，在与上游开采该石油有关的收入范围内，平等分享巨日升区域内直接生产石油所得的收入。

726. 澳大利亚按季度向东帝汶支付款项，相当于"澳大利亚收入部分"和"东帝汶收入部分"总额的一半，减去东帝汶收入

---

〔1〕 *Agreement Between the Government of Australia and the Government of the Democratic Republic of Timor-Leste Relating to the Unitisation of The Sunrise and Troubadour Fields* (Dili, 6 Mar. 2003), [2007] ATS 11 (in force 23 Jan. 2007). See also Art. 9 and Annex E of the Timor Sea Treaty.

〔2〕 *Offshore Petroleum and Greenhouse Gas Storage Act 2006* (Cth) subs. 286 (1).

〔3〕 *Petroleum Resources Rent Tax Assessment Act 1987* (Cth) subs 22 (2) and 2C (2); *Offshore Petroleum and Greenhouse Gas Storage Act 2006* (Cth) s. 286 and Sch. 7.

〔4〕 《澳大利亚政府与东帝汶政府关于特定海上安排的协定》(Treaty Between the Government of Australia and the Government of the Democratic Republic of Timor-Leste on Certain Maritime Arrangements in the Timor Sea Sydney) (2006 年 1 月 12 日，悉尼)，[2007] ATS 12 (2007 年 1 月 23 日生效)。2017 年，在东帝汶提出终止该协定的意愿后，两国在根据《联合国海洋法公约》附录 V 组成的调解委员会主持下开展了一系列对话。

部分。澳大利亚收入部分是从石油资源租金税、公司税（包括资本增值税）和依据《帝汶海条约》对第一批石油和石油利润或类似税收中获得的收入。东帝汶收入部分是指从第一批石油、利润石油和根据《帝汶海条约》通过年度评估计算和征收的所有利润型所得税或类似税款中获得的收入，但不包括增值税或每月预扣所得税或类似税款。[1] 如果东帝汶的收入部分在某季度超过澳大利亚的收入部分，东帝汶不会向澳大利亚付款；相反，澳大利亚随后向东帝汶支付的季度款项会根据东帝汶之前未支付的款项进行调整。[2]

第四节　燃料税：消费税

一、历史简介

727. 澳大利亚对进口燃料和石油产品征收关税，对在澳大利亚生产或制造的燃料和石油产品征收消费税。1901 年，澳大利亚联邦政府在联邦成立后不久就开始征收燃油税，当时对某些进口石油产品征收关税，为新政府赚取收入。自 1929 年国内炼油厂成立之初，就开始征收汽油消费税。在 20 世纪，对不同产品以不同税率征收消费税，并先后推出和废除了一系列的补贴和退税计划，以抵销对各个行业征收的燃料税成本。在 1901 年对进口石油产品征收关税和 1929 年对汽油征收消费税的基础上，在 20 世纪对以下产品增加了消费税：煤焦油和焦炉馏分（1931 年）；重质燃料油

---

〔1〕　Article 5.
〔2〕　Article 10.

（1940 年）；道路用柴油（1957 年）：[1] 原油，包括液化石油气（20 世纪 70 年代中期）；取暖油、燃料油和煤油（1983 年）；以及精炼石油产品（1986 年）。

728. 2001 年 3 月 1 日，总理宣布政府将开展燃料税调查，以审查澳大利亚燃料税的总体结构，因为其结构很明显是混乱和复杂的。[2] 只对石油产品征收燃料税，税率最高的是运输用燃料（汽油和柴油）。征税燃料包括：固定能源形式的柴油、燃料油和煤油以及原油；还有移动能源形式的汽油、柴油、航空燃料、燃料油和煤油。某些石油替代品，包括液化石油气和乙醇，均免征消费税。[3]

729. 税收结构的复杂性是从"渐进式政策框架"演变而来，因为澳大利亚各级政府试图利用燃料税来实现不同的政策目标。[4] 20 世纪初至中期，燃料税被指定用于资助澳大利亚公路网的发展和维护。从 1959 年开始，燃油消费税抵押为道路资金的做法已经结束。燃料消费税被视为普遍而重要的政府收入来源，道路资金则

---

〔1〕 1957 年推行的柴油消费税不适用于越野用户。根据"免税证书计划"，用户免于支付消费税。1982 年推行的《柴油燃料退税计划》代替了免税证书计划。根据《柴油燃料退税计划》，某些越野用户需要购买完税燃料，一些用户有资格申请部分或全部退税。退费旨在保持矿业和农业作为主要出口行业的竞争力。澳大利亚财政部："澳大利亚燃料税历史"（2001 年），燃料征税查询背景文件，第 9~10 页，载 http：//fuel-taxinquirt. treasury. gov. au/content/002. asp，最后访问日期：2016 年 9 月 25 日。

〔2〕 Australian Treasury, *Fuel Taxation Inquiry Terms of Reference*, http：//fueltaxinqui-ry. treasury. gov. au/content/termsOfRef. asp（accessed 25 Sept. 2016）.

〔3〕 液化石油气的生产于 1975 年首次推行消费税。1974—1979 年期间，对用于车辆动力的液化石油气征收了消费税，但于 1979 年由于政府承诺对替代燃料（包括液化天然气和液化石油气）免征五年消费税的保证而取消。在 20 世纪 70 年代末和 80 年代，联邦政府为实现燃料安全的目标为液化石油气和乙醇提供了消费税优惠。1993 年取消了液化石油气消费税。20 世纪 80 年代乙醇享受免税待遇，1994 年与汽油混合时免征消费税。澳大利亚财政部：《澳大利亚燃料税历史》，见本页注释 1，第 25 页。

〔4〕 *Ibid.*，17.

是预算过程的一部分。[1] 燃料税（连同补贴、退税和免税）已被用于实现若干政策目标，例如：燃料安全目标，包括供应多样性；环境目标，包括改善空气质量和减少温室气体排放；以及澳大利亚直接燃料生产和相关技术制造业的发展，以及与此相关的通过工业援助实现的区域发展和就业。[2] 为实现减轻高油价对消费者影响的目标，政府于 2001 年取消了 1983 年推出的与消费者价格指数（CPI）一致的半年期的指数化。

730. 2002 年，燃料税调查报告建议政府设计新的联邦燃料消费税和关税安排。其中建议应将消费税和关税适用于所有液体燃料、液化石油气、液化天然气和压缩天然气，并重新引入所有燃料消费税和关税税率的两年期的消费者价格指数。[3] 这些建议没有被采纳。近十年后，2010 年《亨利税务审查》建议将燃料税作为一般收入来源逐步取消，尽管"有些燃料税可能会作为路网可变成本中无法直接定价的可变费用而被保留"。[4]《亨利税务审查》建议每年两次指数化，以维持燃料税的实际价值，并将燃料税扩大到所有运输用燃料，包括气体燃料、生物柴油和国内生产的乙醇。[5]

731. 继《亨利税务审查》之后，政府开展了各种改革。《2014年税收和退休金法修正案》（2014 年第 6 号措施）将燃油消费税和消费税等价关税与燃料税抵免率和清洁燃料补助计划税率（关于燃料税抵免，见下文第二章第五节）保持一致。《2014 年消费税修正

---

〔1〕 除了 1982—1988 年的简短时间外，澳大利亚政府制定了一项由汽油和柴油消费税的附加费提供资金的道路计划：见本页注释 1，7-8。

〔2〕 Trebeck D, John Landels J, QC and Hughes K, *Fuel Taxation Inquiry Report*, 17 and 41 (Commonwealth of Australia, 2002).

〔3〕 *Ibid.*, 29.

〔4〕 亨利·K 等人，见第 282 页注释 2，第二卷，398。评论建议，有关能源安全的政策目标应通过其他目标措施实现，而不是燃料税；温室气体减排最好通过减少碳污染计划来实现（已废除）实现（第 389、398 页）。

〔5〕 *Ibid.*

案（燃料指数化）法》（联邦）和《2014 年关税修正案（燃料指数化）法》（联邦）改变了燃料（航空燃料除外）的消费税和消费税等价关税的计算方法；将液体燃料的税率设定为 38.6 澳分/升，液化石油气的税率为 10.1 澳分/升，压缩天然气和液化天然气的税率为 21.2 澳分/千克；并重新引入两年期指数化，使这些利率与 CPI 保持一致。这些修订自 2014 年 11 月 10 日起生效。

二、现行燃料税结构

732. 根据《1921 年消费税法》（联邦），对在澳大利亚生产或制造的燃料和石油产品征收消费税。[1] 与能源有关的"应税商品"包括：石油燃料（汽油和柴油）；气体燃料；生物燃料；原油和凝析油；以及回收燃料和燃料产品。大多数情况下，向澳大利亚国内市场供应燃料产品用于家庭消费的主体必须提交消费税申报表并缴纳消费税。此外，生产应税燃料产品需获得澳大利亚税务局的消费税许可证。《1921 年消费税法》（联邦）附表中规定了不同燃料和石油产品的消费税税率。[2] 除航空燃料外，消费税税率每年根据 2 月 1 日和 8 月 1 日的消费者价格指数编制两次指数。[3] 进口燃料产品是"消费税等价物"（EEG），除非（生物燃料除外）用于制造，否则应缴纳同等关税而非消费税。澳大利亚税务局在其网站上有一个表格，显示最新的燃料消费税税率。[4]

---

[1] *Excise Tariff Act 1921* (Cth) s. 5 and Sch.

[2] These are also available online at the Australian Taxation Office website, https：//www. ato. gov. au/Business/Excise－and－excise－equivalent－goods/Fuel－excise/Excise－rates－for－fuel/ (accessed 1 Feb. 2016). Customs duty is levied under the Customs Act 1901 (Cth) and *Customs Tariff Act 1995 (Cth)*.

[3] Excise Tariff Act 1921, s. 6A.

[4] Australian Taxation Office, *Excise Rates for Fuel*, https：//www. ato. gov. au/Business/Excise－and－excise－equivalent－goods/Fuel－excise/Excise－rates－for－fuel/ (accessed 23 Sept. 2016).

733. 原油消费税针对合格的原油和凝析油产品进行征税。[1]
这包括"稳定原油"（SCPO）（除去挥发性气体的原油）、"拔头原
油"（通过蒸馏处理以除去部分较轻成分的原油）和凝析油（在标
准温度和压力下呈液态的碳氢化合物）。[2] 消费税是指对州和北领
地沿海水域、陆上区域以及联邦水域西北陆架项目区域的产品征收
的税。

734. 根据《1921 年消费税法》（联邦）附表第 20 和 21 项，对
稳定原油和冷凝物征收消费税。为确定适用于稳定原油的消费税公
式/税率，第 20 项对根据《1921 年消费税法》（联邦）第 6B、6C
和 6D 条计算的"旧油""新油"和"中间油"的消费税进行了区
分。[3] 第 21 项是指根据《1921 年消费税法》（联邦）第 6CA 条计
算的凝析油消费税税率。消费税的计算方法是将相关原油消费税税
率应用于一个财政年度内油田生产的原油/凝析油的实际（销售）
价格的成交量加权平均值（批发价格）而来。[4] 第一批 4767.3 兆
升的稳定原油和来自油田的凝析油（约 3000 万桶）免除消
费税。[5]

735. 根据第 20 和 21 项，来自石油资源租金税区域的原油和凝
析油无需缴纳消费税。但是，石油凝析油和稳定原油也分别根据附
表第 10.1 和 10.2 项征收消费税，从 2016 年 8 月 1 日起，税率为每

---

〔1〕 *Excise Tariff Act 1921*, ss 6A, 6B, 6CA and 6D and Sch., Items 20 and 21; and
Sch., Item 10.

〔2〕 Australian Taxation Office, *Crude Oil and Condensate*, https://www.ato.gov.au/
Bbusiness/Excise-and-excise-equivalent-goods/Fuel-excise/Crude-oil-and-condensate/（ac-
cessed 25 Sept. 2016）.

〔3〕 "旧"石油是 1975 年 9 月 18 日前发现的油田的原油；"新"石油是 1975 年 9
月 18 日之后发现的油田的原油；"中间"石油是 1975 年 9 月 18 日以后发现但 1984 年 10
月 23 日以前未开发的油田的原油：《1921 年消费税法》（联邦），第 6A、6B、6D 条。

〔4〕 《1921 年消费税法》第 6AB 条。批发价格是根据《1987 年石油消费税（价
格）法》（联邦）第 7 条制定的。

〔5〕 *Excise Tariff Act 1921*, s. 3 and Sch.

升 0. 396 澳元，除非用于凝析油或稳定原油的开采、生产、管道运输或精炼，或用作特许炼油厂的原料。[1] 根据附表第 10.3 项对拔头原油征收消费税。

736. 消费税适用于从许可的消费税生产或储存场所运至澳大利亚国内市场的运输用气体燃料。当在许可场所使用气体燃料时，也会向澳大利亚国内市场交付气体燃料，[2] 非运输气体燃料不受消费税规制。运输用气体燃料包括:[3]

　　–用于机动车辆或船舶内燃机的液化石油气或液化天然气，可直接使用或注入与该发动机相连的另一个油箱;

　　–用作机动车燃料的压缩天然气——不包括在住宅场所使用且不出售的能够以每小时不超过 10 千克的速度压缩天然气的设备用压缩天然气;和;

　　–混合使用（即运输和非运输使用）或未知最终用途的所有气体燃料。[4]

737. 柴油生产须缴纳消费税，从 2016 年 8 月 1 日起，税率为每升 0. 396 澳元。[5]

738. 就生物燃料而言，混合燃料（包括汽油和乙醇的混合物

〔1〕 Australian Taxation Office, *Excise Rates for Fuel*, https: //www. ato. gov. au/business/Excise-and-excise-equivalent-goods/Fuel-excise/Excise-rates-for-fuel/ (accessed 23 Sept. 2016); *Excise Tariff Act 1921*, Sch, Item 10; *Excise Act 1901*, s. 77K.

〔2〕 Australian Taxation office, *Gaseous Fuels*, https: //www. ato. gov. au/Business/excise-and-excise-equivalent-goods/Fuel-excise/Gaseous-fuels/ (accessed 25 Sept. 2016).

〔3〕 Australian Taxation Office, *ibid. Excise Tariff Act 1921*, Sch, Item 10; *Excise Act 1901*, ss 77HA and 77HB.

〔4〕 Australian Taxation Office, *Gaseous Fuels*, *supra* n. 1077.

〔5〕 *Excise Tariff Act 1921*, Sch. , Item 10. 10; Australian Taxation Office, *Excise Rates for Fuel*, https: //www. ato. gov. au/Business/Excise-and-excise-equivalent-goods/Fuel-excise/Excise-rates-for-fuel/ (accessed 25 Sept. 2016).

以及柴油和生物柴油和/或乙醇的混合物）应征收消费税。[1] 一般
情况下，混合燃料总量应缴纳消费税，减去之前就任何燃料成分缴
纳的关税或消费税。[2] 因此，完税金额取决于混合燃料的成分
（以及哪些成分）是否已缴纳关税，以及每种燃料成分的混合比例。
常见的混合燃料有：B5，一种生物柴油和柴油（生物柴油含量不
超过5%）的混合物；B20，一种生物柴油和柴油（生物柴油含量
不超过20%）的混合物；E10，一种燃料乙醇和汽油（乙醇含量不
超过10%）的混合物；E85，一种燃料乙醇和汽油的混合物，后者
通常含有70%以上85%以下的乙醇。[3]

739. 2015年修订的《消费税法》从2016年7月1日起对变性
乙醇和生物柴油征收消费税，[4] 正在逐步实施。从2030年7月1
日起，对生物柴油实行全额税率；2020年7月1日起对燃料乙醇实
行全额税率，并以适用于柴油（生物柴油为50%）和汽油（燃料
乙醇为32.77%）的税率的百分比为基础。[5]

第五节　燃料计划：燃料税抵免和补助

740. "燃料计划提供抵免和补助以降低某些燃料的成本，或为

---

[1] *Excise Tariff Act 1921*, Sch. , Items 10.7 and 10.12.

[2] Australian Taxation Office, *Your Excise Obligations on Excisable Fuel Blends*, https：//www. ato. gov. au/Business/Excise-and-excise-equivalent-goods/In-detail/Fuel/Fuel/blending/? anchor = YourexciseobligationsonexcisableblendsYourexciseobligationsonexcisableblends (accessed 25 Sept. 2016).

[3] Australian Taxation Office, Biofuels, https：//www. ato. gov. au/Business/Excise-and-excise-equivalent-goods/Fuel-excise/Biofuels (accessed 25 Sept. 2016).

[4] *Excise Tariff Amendment (Ethanol and Biodiesel) Act* 2015 (Cth). *See Excise Tariff Act 1921*, Sch. , Items 10.20 and 10.2.

[5] *Excise Tariff Act 1921*, s. 6G and Sch. , Items 10.7, 10.12 and 10.30 (rates for blended biofuels); s. 6H and Sch. , Item 10.20 (rates for ethanol); and s. 6J and Sch. , Item 10.21 (rates for biodiesel).

鼓励废油循环利用提供激励。"[1]澳大利亚过去曾推出各种燃料计划，以降低某些燃料的成本，特别是减轻燃料税负担，例如《柴油燃料退税计划》（DFRS）。最近，随着商品及服务税的推行和《亨利税务审查》后引入税务改革，从 2000 年开始实施各种补助计划。这些包括燃料销售补助计划、能源补助抵免计划（包括柴油补贴）、能源补助（清洁燃料）计划和产品管理（石油）计划。

741. 1982 年引入的《柴油燃料退税计划》[2] 在《亨利税务审查》后被扩展到包括"类似燃料"，并适用于铁路和海运；以及引入《柴油和替代燃料补助计划》（DAFGS）以降低公路运输成本。《柴油和替代燃料补助计划》适用于柴油和替代燃料（如乙醇、液化石油气、压缩天然气、再生柴油和菜籽油），而《柴油燃料退税计划》的退税仅适用于柴油和"类似燃料"（除汽油、煤焦油和焦炉馏分外，重燃料油、轻燃料油和具有与柴油相同税率的燃料）。[3] 2003 年，根据《2003 年能源补助（抵免）计划法》（联邦），《柴油和替代燃料补助计划》和《柴油燃料退税计划》纳入了《能源补助（抵免）计划》（EGCS）。《能源补助（抵免）计划》为 2010 年 7 月 1 日前购买用于道路运输的越野柴油和/或替代燃料（液化石油气、液化天然气、压缩天然气、乙醇和生物柴油）的企业提供燃料补助/补偿。《2003 年能源补助（抵免）计划法》（联邦）于 2012 年 7 月 1 日被废除。[4]

742. 根据《2004 年能源补助（清洁燃料）计划法》引入的《清洁燃料补助计划》，有效期至 2015 年 7 月 1 日，旨在鼓励生产

---

[1] Australian Taxation Office, *Fuel Schemes*, https：//www.ato.gov.au/Business/Fuel-schemes/（accessed 12 Feb. 2015）.

[2] See n. 1058 above.

[3] See David Trebeck et al., *Fuel Taxation Inquiry Report* (Commonwealth of Australia, March 2002).

[4] By the Fuel Tax (*Consequential and Transitional Provisions*) *Act 2006* (Cth), section 23.

或进口对环境影响较小的燃料。生产或进口符合"清洁"燃料条件的纳税人可以申请清洁燃料补助金，以抵消应缴纳的消费税或关税。合格燃料为用作内燃机燃料的生物柴油、压缩天然气、乙醇、液化天然气、液化石油气或甲醇，且符合适用的燃料标准。《2004年能源补助（清洁燃料）计划法》于2015年7月1日废除。[1]

743. 引入《燃料销售补助计划》（FSGS）是为了在引入商品与服务税时保持区域和大城市的价格相对性。在非大城市地区，它向注册零售商提供了每升1澳分，在"偏远"地区提供每升2澳分的补贴。另外在燃油价格始终高于1.21澳元/升的地区，还提供了每升1澳分的额外补贴。该补贴于2007年1月1日废止。[2]

744. 这三项补助计划已被废除，取而代之的是现行的燃油税抵免计划，该计划目前是减轻某些纳税人燃料税负担的主要计划（见下文）。自2001年1月1日起确立的《石油产品管理计划》（PSO），作为与新税制配套的改善环境一揽子措施的一部分，仍然有效。《石油产品管理计划》的目标是鼓励对废油进行可持续管理。根据该计划，对基于石油的油品或其等效合成物征收的关税和消费税，用于向废油开采商和《2000年产品管理（油）条例》公布的石油提供每升几澳分的优惠。共有8类石油，每类都有一个收益率（第1至7类用于回收废油，第8类用于公布的石油或公布用途的合格油）。纳税人如欲根据《石油产品管理计划》申请福利，必须持有澳大利亚税务局颁发的消费税制造商执照，并就任何符合条件的回收产品申报和缴纳消费税。[3]

---

〔1〕 By the *Energy Grants and Other Legislation Amendment* (*Ethanol and Biodiesel*) *Act 2015* (Cth), s. 13.

〔2〕 By the *Fuel Tax* (*Consequential and Transitional Provisions*) *Act 2006*, s. 8.

〔3〕 Australian Taxation Office, *Product Stewardship for Oil Scheme*, https://www. ato. gov. au/Business/Fuel-schemes/Product-stewardship-for-oil-program/ (accessed 25 Sept. 2015).

一、企业燃料税抵免

745. 澳大利亚政府于 2006 年 7 月 1 日通过《2006 年燃料税法》(联邦)规定了燃料税抵免制度。燃料税是指为企业提供的在机械、厂房、设备和重型车辆使用的燃料价格中的税款抵免。符合条件的企业必须登记商品与服务税和燃料税抵免,然后才能提出申领。燃料税抵免的税率定期变化,抵免金额取决于获得燃油的日期、使用的燃料及其活动类型。[1]

746. 未缴纳燃料税(即消费税或关税)的燃料不符合燃料税抵免条件。[2] 符合条件的液体燃料包括:汽油、柴油、其他燃料,如煤油、矿物松节油、白酒、甲苯、供暖用油和一些溶剂,以及混合燃料,包括生物柴油和乙醇混合物。从 2011 年 12 月 1 日起,在商业活动中使用的运输用气体燃料(液化石油气、液化天然气和压缩天然气)可申请燃料税抵免。[3] 航空燃料(航空汽油和航空煤油)不符合条件。[4]

747. 截至 2016 年 6 月 30 日,生物柴油或燃料乙醇是不符合条件的燃料,除非它们与其他燃料混合。自 2016—2017 财政年度起,含有不超过 20%生物柴油(如 B5 和 B20)的混合物被视为 100%柴油,并有资格按柴油税率全额享受燃料税抵免;含有不超过 10%燃料乙醇(如 E10)的混合物被视为 100%汽油,并有资格全额获得

---

〔1〕 Australian Taxation Office, *Fuel Tax Credits-Business*, https://www.ato.gov.au/Business/Fuel-schemes/Fuel-tax-credits-business/ (accessed 25 Sept. 2016).

〔2〕 *Fuel Tax Act 2006* (Cth), ss 43-5, 43-6.

〔3〕 Australian Taxation Office, *Eligible fuels*, https://www.ato.gov.au/Business/Fu-eL-schemes/Fuel-tax-credits---business/Eligibility/Eligible-fuels/ (accessed 25 Sept. 2016).

〔4〕 *Fuel Tax Act 2006*, s. 41-30.

燃料税抵免。其他混合物可以根据其缴纳的消费税获得燃料税抵免。[1]

748. 燃料税抵免仅适用于"合格活动"。第一,"道路运输",即在公共道路上行驶的重型车辆,前提是该车辆用于运输业务,且车辆总重量(GMV)大于4.5吨,符合规定的环境标准。在道路上行驶的轻型车辆(GMV4.5吨或以下)所使用的燃料不具备重型车辆道路运输燃料税抵免的资格。[2]

749. 第二,对于经营业务所使用的合格燃料,也可申请燃油税抵免,包括被用于非公共道路(例如,在工作场所和采矿场所)、私人道路行驶的轻型车辆以及非燃料用途。非常广泛的商业活动都符合条件,包括由商业发电厂、固定发电厂或便携式发电机进行发电。[3]

750. 第三,可以就燃料的包装和供应申请燃料税抵免。[4] 当某些合格燃料被包装在20升或以下的容器中用于内燃机以外的用途时,可以申请燃料税抵免。当液化石油气(已缴关税)用210千克或以下的气瓶供应(非运输用途)或在住宅区用储罐(非运输用途)供应时,也可申请燃料税抵免。非运输用途的液化石油气不能申请燃料税抵免,因为该液化石油气未缴纳任何关税。[5]

---

〔1〕 Section 43-7; Australian Taxation Office, *Fuel Blends*, https：//www.ato.gov.au/business/Fuel-schemes/In-detail/Specific-activities-for-fuel-tax-credits/Fuel-blends/ (accessed 25 Sept. 2016).

〔2〕 *Fuel Tax Act 2006*, ss 41-20, 41-25; Australian Taxation Office, *Heavy vehicles*, https：//www.ato.gov.au/Business/Fuel-schemes/In-detail/Specific-activities-for-fuel-tax-credits/Heavy-vehicles/ (accessed 25 Sept. 2016).

〔3〕 *Fuel Tax Act 2006*, s. 41-5; Australian Taxation Office, *All Other Business Uses*, https：//www.ato.gov.au/business/fuel-schemes/fuel-tax-credits---business/eligibility/eligible-activities/all-other-business-uses/ (accessed 25 Sept. 2016).

〔4〕 *Fuel Tax Act 2006. S. 41-10.*

〔5〕 Australian Taxation Office, *Packaging or Supplying Fuels*, https：//www.ato.gov.au/business/fuel-schemes/fuel-tax-credits---business/eligibility/eligible-activities/packaging-or-supplying-fuel/ (accessed 25 Sept. 2016).

751. 与消费税税率一样，燃料税抵免税率每年都会在2月和8月进行两次指数化。此外，澳大利亚政府对在公共道路上行驶的重型车辆所用燃料征收道路使用费，该费用每年进行审查，并且必须将其纳入重型车辆所用燃料成本的燃油税抵免计算中。[1] 液体燃料、气体燃料和混合燃料的税率不同。澳大利亚税务局在其网站上对包含企业燃料税抵免率的表格进行维护。[2]

二、非企业纳税人燃料税抵免

752. 非企业纳税人（即未注册或被要求注册的纳税人），用于家用发电（家庭、房屋或屋内）的燃料可获得燃料税抵免。[3] 房屋必须是主要居住地，不能为以娱乐为目的的发电申请燃料税抵免。符合条件的燃料包括柴油和汽油；已缴纳燃料税的液化石油气、液化天然气和压缩天然气；以及生物柴油和乙醇的常见混合物，即B5、E10、B20和E85。对于柴油、汽油、生物柴油和乙醇混合物B5、E10、B20，自2016年2月1日起的燃料税抵免税率为39.6澳分/升。已缴纳燃料税的液化石油气、液化天然气和压缩天然气的抵免税率为零，因为液化石油气的包装商/供应商已申请燃料税退税；用于国内发电的液化天然气和压缩天然气很少被征收消费税。[4] 根据消费价格指数，在每年的2月和8月进行指数化，

---

〔1〕 *Fuel Tax Act 2006*, s.43-10. 重型车辆收费包括根据州法律由州和领地政府管理和收取的重型车辆登记费用和由澳大利亚政府根据重型车辆使用的燃料收取的道路使用费。道路使用费由运输与基础设施委员会决定，该理事会是由澳大利亚联邦、州和领地政府部长组成的论坛。

〔2〕 Australian Taxation Office, *Rates – Business*, https：//www.ato.gov.au/Business/Fuel-schemes/Fuel-tax-credits---business/Rates---business/ (accessed 16 Feb. 2016).

〔3〕 *Fuel Tax Act 2006*, s. 42-5. 同样，对于在公共道路、私有道路和越野道路上行驶的重型应急车辆，非营利组织可以申请燃油税抵免。

〔4〕 Australian Taxation Office, *Table 1*：*Fuel tax credit rates for fuels acquired from 1 Jul. 2016*, https：//www.ato.gov.au/business/fuel-schemes/fuel-tax-credits---non-business/rates---non business/from-1-july-2016/ (accessed 25 Sept. 2016).

根据消费价格指数对税率进行指数化调整。

第六节　所得税：扣除和抵免

一、采矿和石油所得税扣除

753. 根据《1997 年所得税评估法》，一般采矿（与本章相关的一般采矿包括煤炭开采）和石油开采业务的纳税人可享受特殊税收优惠。[1]《1997 年所得税评估法》第 40-H 和 40-I 对此做了规定。最重要的是扣除勘探、勘查和采矿过程中发生的资本支出，这减少了纳税人的应纳税所得额。有些扣除是即时的（在成本发生时可扣除）；另一些扣除是在一段时间内扣除的（例如，折旧资产的成本通常在资产的有效寿命内扣除）。[2] 除了《1997 年所得税评估法》规定的营业费用允许做一般扣除额外，一般采矿和石油开采的税收优惠也适用。但是，如果资本支出根据《1997 年所得税评估法》的特殊采矿规定扣除，则不能再根据该法的其他章节内容进行扣除。

754. 为产生应税收入而进行的"采矿作业"对符合条件的矿产（包括煤炭）和石油"勘探或探矿"活动的支出可要求立即扣除。[3] 就煤炭而言，"采矿作业"是指从天然场地开采煤炭的采矿作业。就石油而言，"开采作业"是指为获取石油而进行的开采作业。[4] 但是，不允许立即扣除石油开发钻探、开采矿产或油田过程中的支出，这些支出可能会随着时间的推移而扣除。[5]

---

〔1〕 For more information, see Woellner et al. , *supra* n. 1009, at ¶ 21-200-¶ 21-270.

〔2〕 For immediate deductions, *see Income Tax Assessment Act 1997*, subdiv. 40-H; for deductions over a period of time, *see* subdiv. 40-I.

〔3〕 Section 40-730.

〔4〕 Subsection 40-730 (7).

〔5〕 Subsection 40-730 (2).

755. 可扣除支出的"勘探"活动类型为：煤炭开采相关的活动包括地理测绘、地球物理调查、对含煤区域的系统搜索、钻探和其他方式的搜索、在矿体内部或附近寻找矿石以及一旦发现煤所开展的评估采矿经济可行性的研究。它还包括获取与寻找和评估含矿区域相关的采矿信息。石油开采相关的活动包括地质、地球物理和地球化学调查，勘探钻井和评估钻井，以及在发现石油后评估开采经济可行性的研究。[1] "石油"不包括煤和油页岩。[2]

756. 在 2001 年 6 月 30 日之后购置的折旧资产［包括采矿或探矿权和信息（作为无形资产）的支出］中，首次用于勘探或探矿的资产也可直接扣除。[3] 首次使用该资产时，不得用于石油钻探开发，也不得用于开采矿产或油田的作业。

757. 纳税人进行符合条件的采矿作业、勘探及其辅助活动所需的采矿或石油场地的恢复支出，也可立即扣除。[4] "恢复"是指将现场或部分现场修复至其开采前状态或接近该状态的行为，包括拆除海上石油平台。在某些非常有限的情况下，还可能包括地质封存的支出。[5]

758. 开发或经营矿场或油田的经允许资本支出，可在项目预期寿命内扣除。随时间推移可扣除的支出包括进行合格采矿作业所产生的支出，以及在以下方面所产生的支出：为采矿作业准备场地、进行此类作业所需的建筑物和其他设施；直接与操作或维护采矿厂处理所生产矿物相关的建筑物；储存矿物的建筑物和其他改良

---

〔1〕 第 40-730（4）、(8) 条。有关"开采与勘探"支出的含义，参见后来的税收裁定 TR98/23。

〔2〕 *See* definition of petroleum in *Income Tar Assessment Act 1997*, subs. 40-730（6）and *Esso Australia Resources Ltd v. FC of T* (1998) 84 FCR 541.

〔3〕 *Income Tax Assessment Act. 1997*, s. 40-80, subs. 40-30（2）.

〔4〕 Subsection 40-735.

〔5〕 *Taxation Ruling* TR 2008/6.

设施；以及矿业员工及其家属的住房和福利。[1]

759. 最后，将采矿产品运出作业现场的运输设施和辅助工程的资本支出可在项目寿命期内扣除（但不包括折旧资产的成本，该成本必须根据一般条款进行申领）。[2]

二、所得税扣除：环境保护

760. 煤炭和石油开采公司等能源公司可以根据《1997 年所得税评估法》的一般规定扣除某些环保活动支出。该法规定，对于"仅用于或主要用于开展环境保护活动"的支出可立即扣除。[3]"环境保护活动"是指为防止、治理或补救纳税人营利活动造成的污染而开展的活动，或为处理、清理、清除或储存纳税人营利活动产生的废物而开展的活动。[4]"营利活动"是指为产生应税收入，为了勘探、勘查或恢复矿区而开展的活动。[5]

761. 用于地质封存气体的支出，如果是为了防止、治理或补救纳税人收入活动造成的污染，或者是为了处理、清理、清除或储存纳税人收入活动产生的废物，则可以扣除。[6]"环境保护土方工程"是指作为开展环境保护活动的一部分而建造的可扣除费用的基本工程；其能够在经济上无限期地保持良好的工作秩序和状态；不属于基本建设工程的组成部分；以及其支出发生于 1992 年 8 月 18日之后。[7]

---

[1]　*Income Tax Assessment Act 1997*, s. 40-860.

[2]　Sections 40-865-40-875.

[3]　Subsection 40-755 (1).

[4]　Subsection 40-755 (2).

[5]　Subsection 40-755 (3).

[6]　Taxation Ruling TR 2008/6.

[7]　*Income Tax Assessment Act 1997*, subs. 43-20 (5).

三、所得税：研究与开发

762. 研发税收优惠自 2011 年 7 月 1 日起生效。[1] 它旨在"提高澳大利亚经济的竞争力和生产力"，鼓励更多的公司参与研发活动，特别是那些最有可能在新信息方面（或从中）带来公共利益的活动，在没有优惠的情况下，这些新信息可能会因回报不确定而不会发生。[2] 澳大利亚税务局和澳大利亚工业局代表澳大利亚创新局共同管理该激励措施。[3]

763. 虽然激励措施在整个经济体中普遍适用，但它对整个能源行业，尤其是清洁能源行业具有重要意义。能源行业已经进行了大量的研发，涵盖从能源生产到零售和消费者的供应链，包括能源储存、发电/配电、运输燃料和新兴的可再生能源技术，这一趋势"可能会随着公司为国内和国际市场开发寻求更清洁的可再生技术而增长"。[4]

764. 但是，除了能源效率外，能源行业的资本密集性也是中小企业发展新技术的障碍，特别是在研发需要一定规模的示范才能被认为具有商业可行性的情况下。如果不通过研发进行创新，"发电和输送能源的替代方式，监测、管理和降低能源消耗的新方法或现有能源脱碳的方式，将无法确保降低成本曲线并对投入商业领域至关重要的投资"。[5] 对于能源公司来说，研发税收优惠可以成为

---

〔1〕 第 355 分项。该激励措施取代了以往的研发税收优惠。

〔2〕 Subsection 355-5 (1); Australian Taxation Office, 'About the Program' (19 Nov. 2015) (accessed 2 Feb. 2016).

〔3〕 《1986 年工业研究与发展法》（联邦）规定了激励的执行计划和规则。

〔4〕 Australian Government, Dep artment of Industry and Science, *The R&D Tar Incentive: Energy Guidance*, 1 (Commonwealth of Australia, 2015).

〔5〕 Mark Bonnar, *The R&D Tax Incentive and Australia's Energy Sector*, July 2013, http://www.business.gov.au/grants-and-assistance/innovation-rd/RD-TaxIncentive/Program-Information/July2013/Pages/RDTaxIncentiveAustraliasEnergySector.aspx (accessed 17 Feb. 2015).

"帮助创造新产品、新工艺和新服务的强大动力"。[1]

765. 税收优惠为"合格实体"提供了"合格研发活动"支出和用于合格研发活动的资产价值折旧的税收抵免。一般来说，只有在澳大利亚进行的研发才有资格获得优惠，但如果符合某些法定条件，澳大利亚创新局可以批准在海外开展研发活动。[2] "合格活动"分为"核心"或"支持"的研发活动。[3] 核心活动本质上是"实验性活动"，无法事先知道结果，是在既定的科学基础上进行的，目的是获取新知识（包括创造新知识或改进材料、产品、装置、工艺或服务），而"支持活动"则是与核心研发活动直接相关的活动或特定活动。[4]

766. 只有"合格实体"（称为研发实体）才可以申请优惠。"合格实体"包括出于税务目的居留在澳大利亚的公司、通过在澳大利亚的常设机构开展研发活动的外国公司，以及有公司受托人的公共贸易信托。[5] 个人、免税实体和其他信托机构没有资格享受税收优惠。特别规则适用于合并集团和研发伙伴。

767. 在给定的任何财政年度，最低支出（名义扣除额）必须达到2万澳元才能获得优惠。[6] 每年总营业额低于2000万澳元的合格实体（除非他们是免税实体或免税实体拥有或控制大多数股权）可享受45%的可退税款抵免（相当于150%的扣除额）。[7] 对于所有其他合格实体，可享受40%的不可退税款抵免（相当于133%的扣除额）。从2014年7月1日起至2024年6月30日止的财政年度，一个实体在一个财政年度的支出超过1亿澳元的部分减为

[1] Australian Government, Department of Industry and Science, *supra* n. 1126, at iv.
[2] *Industry Research and Development Act 1986* (Cth) s. 28D.
[3] *Income Tax Assessment Act 1997.* ss 355-25, 355-30.
[4] Sections 355-25, 355-30.
[5] Section 355-35.
[6] 研究服务提供商为研发实体进行的研究和对合作研究中心的贡献除外。
[7] The rate is calculated under the *Income Tax Assessment Act 1997.* s. 355-100.

30%的研发税抵免率，相当于公司税率。

768. 研发税收优惠是一项自我评估计划。公司必须自我评估某项活动是否构成核心或支持研发活动的一部分，在公司财政年度结束后的十个月内向澳大利亚工业部登记研发活动，并在公司纳税申报表中申报与登记活动相关的支出。

769. 2015 年 3 月以及在 2015 年 5 月 12 日公布的 2015—2016 年预算中，澳大利亚政府表示，澳大利亚政府承诺，自 2014 年 7 月 1 日起，将年营业额低于 2000 万澳元且不受免税实体控制的合格实体的补助率降至 43.5%，并将所有其他合格实体的补助率降至 38.5%。在 2015 年 12 月 7 日启动国家创新和科学议程时，澳大利亚政府承诺对研发税收优惠进行审查，以"发现提高计划有效性和完整性的机会，包括加强对额外研发支出的关注"。[1]审查是全面的，包括费率和门槛、合格研发的定义和管理等事项。审查于 2016 年 4 月结束，政府正在考虑做出回应，时任议会于 2016 年 4 月 17 日被停职，等待 2016 年 7 月的联邦选举。截至 2016 年 9 月 25 日，在审查之外没有任何变化。

----

〔1〕 Australian Government, Department of Industry, Innovation and Science, *Review of the Research and Development（R&D）Tax Incentive*, https：//www. business. gov. au/assistance/research-and-development-tax-incentive/review-of-the-randd-tax-incentive（accessed 25 Sept. 2016）.

第一章　背　景

第一节　概　述

770. 澳大利亚有一套全面的竞争法体系，旨在通过竞争提高消费者福利和效率。[1] 能源行业内的活动既受到适用于整个经济体禁止反竞争行为的一般竞争法管制，也受到能源行业专门性法律的管制。澳大利亚竞争法的一些内容旨在通过禁止某些形式的反竞争行为来创造一个公平竞争的环境。例如，这些包括将《2010年竞争与消费者法》［原《1974年贸易惯例法》（联邦）］适用于国有和私有能源企业，以及将竞争中立原则适用于国有能源企业。[2] 其他监管制度则旨在促进竞争，如第三方获得垄断性基础设施提供的服务，以及相互持股限制。

771. 竞争法在当前能源领域的应用在20世纪90年代中期的国家竞争政策改革背景下得到最有效的理解。通过这些基本的结构和监管改革，增强了能源行业竞争力。

---

〔1〕 Competition and Consumer Act 2010 (Cth), s. 2; National Electricity Law ［schedule to the National Electricity (South Australia) Act 1996 (SA)］, s. 7; National Gas Law ［schedule to the National Gas (South Australia) Act 2008 (SA)］, s. 23.

〔2〕 Competition and Consumer Act, s. 2B and Pt. Ⅳ; Competition Principles Agreement (11 Apr. 1995), cl. 3.

第二节　国有垄断企业改革

772. 鉴于澳大利亚的宪法结构，在 20 世纪的大部分时间直到 90 年代中期，电力和天然气服务主要由州和领地政府提供和管理。州或领地政府的大型纵向一体化机构或部门提供公用事业服务，在某些情况下，公用事业服务从燃料来源延伸到最终消费者。[1] 公用事业服务被视为政府提供的公共服务，其条款和条件可能受到政治因素的影响（例如，补贴定价）。[2]

773. 由于 1993 年向联邦政府报告的国家竞争政策审查，电力和天然气行业均发生了根本性变化。[3] 这次审查产生了一系列侧重于微观经济改革的政府间协定，包括《竞争原则协议》。[4]《竞争原则协议》要求州政府审查和重组政府企业，包括国有电力和天然气企业。[5]

774. 对整个经济体实施的改革，使能源行业进一步自由化。但是要实现这些变化，必须具备竞争性能源市场的某些先决条件。以下第二章将更详细地研究这些前提条件：

　　　　-取消国有能源企业的监管职能；

　　　　-国有能源企业结构改革；

　　　　-国有能源企业经营中的竞争中立性；

　　　　-分别为电力和天然气部门竞争性和自然垄断设计监管框

　　架；以及

---

〔1〕　例如，《1946 年南澳大利亚州电力信托法》（南澳大利亚州）。

〔2〕　Hilmer F, Rayner M and Taperell G, *supra* n. 135, 5.

〔3〕　*Ibid.*

〔4〕　*Competition Principles Agreement*, *supra* n. 136.

〔5〕　*Ibid.*, cl. 4.

－对国有能源企业适用反竞争行为法。

775. 这些前提条件的实施主要是通过取消国有经济企业的所有权优势，支持私营能源企业准入澳大利亚能源行业的方式进行。20世纪90年代末，南澳大利亚州和维多利亚州的能源企业私有化加速向国有和私有混合能源企业的转变。这种私有化是国家竞争政策下微观经济改革的结果，但并未强制实施。虽然在过去20年里，其他私有化进程已经发生，但一些州和领地仍保留电力和天然气业务的所有权。[1]

---

〔1〕 Australian Energy Regulator, *State of the Energy Market 2015* (Commonwealth of Australia, 2015) (updated February 2016).

第二章 竞争性能源行业的前提条件

第一节 取消国有能源企业的监管职能

776. 作为政府的机构或工具，国有能源企业可以是政府政策的代理人，而不仅仅是公用事业服务提供者。为了在国有企业和私有企业之间建立一个公平的竞争环境，国有企业的监管职能需要与这些机构的商业职能分开。不言而喻，不应该允许企业监管其竞争对手。

777. 随着政府审查垄断企业以期创造竞争性市场，监管职能被确立并从政府业务中剥离。[1] 将公有企业的监管职能与提供商业或服务的职能相分离，是确保这些企业与将进入能源部门的私营部门企业之间公平竞争的第一步。[2]

778. 另一个影响是设立了独立的政府监管机构，以该行业的经济、技术和消费者保护情况进行监管。例如，1999 年成立了南澳大利亚州独立行业监管机构（SAIIR，现为 ESCOSA），以对价格和许可证发放进行监管，监控服务标准，以保护消费者。[3] 在履行这些职能时，SAIIR 需要考虑根源于竞争理论的一系列问题。目的是：

　　－促进竞争和公平的市场行为；

---

〔1〕 *Competition Principles Agreement*, *supra* n. 136, cl. 4（2）.

〔2〕 *Ibid.*

〔3〕 *South Australian Independent Industry Regulator Act 1999*（SA）, subs. 5（1）; *Essential Services Commission Act 2002*（SA）, s. 5.

　　-防止滥用垄断或市场权力；

　　-促成进入相关市场；

　　-提高经济效率；

　　-确保消费者从竞争和效率中受益；

　　-保护消费者在受管制行业服务和供应的可靠性、质量和安全性方面的利益；

　　-促进维持受管制行业的财务生存能力。[1]

　　779. 国家和领地的能源市场监管机构是通过立法设立的，目的是独立于政府开展监管。因此，监管者不受主管部长的领导。监管决策主要参考行业监管框架，而不受政策或政治的隐形影响。[2]

第二节　国有能源企业结构改革

　　780.《竞争原则协议》第4条规定了传统上由垄断机构服务的市场在引入竞争之前，各州和领地将审查其国有垄断企业的运营程序。根据第4条，在将竞争引入这些市场之前，各州和领地必须考虑一系列因素。这些因素包括：

　　-公共垄断的适当商业目标；

　　-将任何自然垄断元素与公共垄断的潜在竞争要素分开的优点；

　　-将公共垄断潜在竞争要素分开的优点；

　　-将监管职能与国有垄断商业职能分离的最有效手段；

〔1〕 South Australian Independent Industry Regulator Act, subs. 5 (2); Essential Services Commission Act, s. 6.

〔2〕 South Australian Independent Industry Regulator Act, s. 7; Essential Services Commission Act, s. 7.

-实施《竞争原则协议》中规定的竞争中立原则的最有效手段；

-国有垄断机构承担的任何社区服务义务的优点，以及资助和履行法定的社区服务义务的最佳方式；

-适用于该行业的价格和服务规定；以及

-国有垄断所有者与公共垄断之间适当的财务关系，包括收益率目标、红利和资本结构。[1]

781. 在《竞争原则协议》的规定范围内，各州和领地能够确定自己的机构改革形式和时间表。因此，在不同的时间段内，各州和领地采取了不同形式的天然气和电力企业改革。[2]

782. 审查过程的一个关键组成部分是分析将国有企业潜在的竞争要素与自然垄断要素分开的优点。在天然气和电力行业，国有能源业务通常从纵向整合的业务转变为专注于服务提供功能要素的不同业务部门。因此，国有电力实体被分为发电、输电、配电和零售实体；而天然气企业则被分为输送、配送和零售业务。在一些管辖区，市场的规模足以保证政府业务在职能层面上进一步细分。例如，从国有实体中成立多个发电商或零售商。

783. 一般来说，各州和领地将竞争要素（即发电和零售）与自然垄断要素（即输电或配电）分开，但维多利亚州建立了"订书钉式"零售和配电业务，然后在 1997 年进行了私有化。[3] 2010 年，新南威尔士州采用了另一种模式对其国有发电业务私有化，将

---

[1] *Competition Principles Agreement*, *supra* n. 136, cl. 4 (3).

[2] *Ibid.*, cl. 4 (1).

[3] *Electricity Industry (Residual Provisions) Act 1993* (Vic).

实际发电能力（发电商）与发电量交易权（交易商）分开。[1]

784. 国家竞争政策没有强制要求国有企业应该私有化。最初，只有维多利亚州和南澳大利亚州（1998 年）将其电力和天然气企业私有化。但是，随着时间的推移，其他管辖区已将部分或全部天然气和电力企业私有化。但是，澳大利亚能源行业的特点仍然是私营和国有能源企业混合存在。[2] 一般领域和行业的竞争法均适用于澳大利亚的能源企业，而不论其所有权如何。

第三节　竞争中立原则的适用

785. 政府有义务根据《竞争原则协议》实施竞争中立原则。竞争中立旨在消除因从事重大商业活动的实体的国有制形式所造成的资源分配扭曲。[3] 为实现这些目标，重要的政府业务中采用了与私营部门同等化的方法。

786. 私营部门同等化的最高级形式是公司化。保留天然气和电力业务公共部门所有权的州和领地为这些实体采用了公司化模式。通常，公司化实体明确规定商业目标；成立董事会来管理运营；实体与其政府股东之间的财务关系通过公开对社区服务义务的补贴并要求实体返还红利而得到了规范。在政府保留电力企业所有权的今天，这些公司化模式仍然存在。[4]

---

〔1〕　New South Wales Government, *Submission in support of application for authorisation lodged by the Treasurer*, *the Hon. Eric Roozendaal MLC*, *for and on behalf of Delta Energy*, *Eraring Energy and Macquarie Generation in relation to the co-insurance arrangement for the Energy Reform Strategy*, 14 http://registers.accc.gov.au/content/index.phtml/itemId/904369/fromItemId/401858/display/application（accessed 1 Mar. 2017）.

〔2〕　Australian Energy Regulator, *State of the Energy Market 2015*, *supra* n. 213, 125.

〔3〕　*Competition Principles Agreement*, *supra* n. 136, cl 3（1）.

〔4〕　For example, *Power and Water Corporation Act*（NT）.

第四节 竞争性电力和天然气行业的监管框架

787. 行业拆分使电力和天然气行业的各个环节需采取恰当的监管形式。能源行业的竞争（发电和零售）和垄断（输电和配电）要素之间的监管问题有所不同。在竞争职能方面，突出的监管问题是：放开电力和天然气零售部门的竞争、竞争性零售市场中的消费者保护、电力和天然气零售商和供应商的市场准入、限制市场支配地位以及技术和市场要求。

一、开发市场竞争

（一）零售市场

788. 将私营部门竞争引入电力和天然气零售市场通常是分阶段进行的。政府制定了实现"全面零售竞争"（FRC）的时间表，并在立法中予以确立。[1] 这些时间表发布了根据消费量圈定的部分用户，以便随着时间推移提供有竞争力的服务。[2] 各州和领地确定了它们自己的全面零售竞争时间表。在这部分用户被发布出来以提供竞争之前，用户只能接受垄断服务，要么是由现任国有企业提供，要么是由获得特许经营权向非竞争用户提供服务的私营企业提供。[3] 非竞争用户通常仍需遵守价格监管和标准供应条款和条件。[4]

（二）供应市场

789. 在 20 世纪 90 年代中期国家竞争政策改革之前，有私营部

---

〔1〕 For example, *Electricity（General）Regulations 1997（SA）*（as in operation at 13 Dec. 1998）, reg. 5B.

〔2〕 For example, *Electricity（General）Regulations 1997*（SA）（revoked）, reg. 5A.

〔3〕 For example, *Electricity Act 1996*（SA）（as applying in 2000）, s. 24.

〔4〕 For example, *Electricity Act 1996*（SA）（as applying in 2000）, ss 35A, 36.

门供应天然气。[1] 但是，天然气供应商之间的竞争受到将天然气从生产区运输到消费中心而安装的管道的实际限制。因此，天然气生产商面临的关键问题是获得管道运输服务（见下文关于市场准入的讨论）和开发新管道，以支持向其他消费中心供应天然气，最终实现盆地之间的竞争。目前，悉尼、墨尔本、堪培拉、阿德莱德、珀斯和达尔文的天然气用户从多个盆地和多条管道接收天然气。[2]

790. 关于电力，国家电力市场成立于1998年，作为电力批发市场在除北领地和西澳大利亚州以外的所有管辖区进行运营。发电行业引入竞争还要求对输电网络进行监管，以便将电力输送给消费者（见下文有关市场准入的讨论）。贯穿澳大利亚南部和东部的国家互联电网促使国家电力市场管辖区内的发电商相互竞争。

二、消费者保护

791. 所有澳大利亚企业需遵守《澳大利亚消费者法》中的一般消费者保护条款。[3] 已针对违反本法（或《贸易惯例法》第五部分规定的先前立法）消费者保护条款的能源公司采取了行动，这些违法行为主要有：非法上门销售、[4] 形成未邀约协议、[5] 误导和欺骗行为、[6] 以及虚假或误导性陈述。[7]

---

〔1〕 For example, Indenture〔schedule to the *Cooper Basin Ratification Act 1975* (SA)〕.

〔2〕 Australian Energy Regulator, *State of the Energy Market 2015*, supra n. 213, 98.

〔3〕 *Competition and Consumer Act 2010* (Cth), Sch. 2.

〔4〕 *Australian Competition and Consumer Commission v. Neighbourhood Energy Pty Ltd*〔2012〕FCA 1357.

〔5〕 *Ibid.*

〔6〕 *Australian Competition and Consumer Commission v. AGL South Australia Pty Ltd*〔2014〕FCA 1369.

〔7〕 *Australian Competition and Consumer Commission v. Energy Australia Pty Ltd*〔2015〕FCA 274; *Australian Competition and Consumer Commission v. Origin Energy Limited*〔2015〕FCA 55.

792. 更具体地说，在能源行业，消费者保护受到州和领地法律以及《国家能源用户框架》中规定的消费者保护国家框架的混合监管。[1] 包括《国家能源用户框架》在内的法律制度不适用于西澳大利亚州或北领地，仅部分适用于维多利亚州。[2] 由于监管不同，遵守消费者保护义务，可能会给在多个管辖区内运营的能源企业造成负担。

（一）零售定价

793. 零售价格监管在塔斯马尼亚州、西澳大利亚州、昆士兰州和北领地仍然适用于相关管辖权规定的用户类别。[3] 在大多数管辖区，零售价格由独立监管机构决定，但在北领地，零售价格由领地政府决定。在那些取消零售价格监管的管辖区的定价差异最大。[4]

794. 《国家能源用户框架》规定，长期报价必须由电力和天然气零售商发布。[5] 长期报价必须通知澳大利亚能源管理局。[6] 澳大利亚能源管理局发布的指南规定了向消费者提供标准报价和市场报价的方式，以方便消费者比较不同零售商的报价。[7]

---

〔1〕 See above, Part V: Regulatory Framework Concerning Electricity.

〔2〕 在维多利亚州，《国家电力规则》第五（A）章自 2016 年 7 月施行，但《国家能源零售规则》并未施行；见澳大利亚能源市场委员会：《国家能源用户框架（2016年）应用指南》。

〔3〕 独立竞争与监管委员会（为小用户供应电力的标准零售合同的价格指导）《2016 年职权范围决定》[根据《1997 年独立竞争与监管委员会法》（首都领地）第 15/16 条制定的未被承认的文件 DI2016-138]；塔斯马尼亚经济监管办公室、奥罗拉能源公司（Aurora Energy Pty Ltd）：2016 年持续要约价格决定（2016 价格管制零售服务价格决定）（2016 年 6 月 27 日）；《2006 年能源运营商（电力发电和零售公司）（收费）细则》（西澳大利亚州）；根据《电力改革法》发布的电力定价命令（北领地）（2016 年 12 月 22 日）；《1994 年电力法》（昆士兰州），第 90 条第（1）款。

〔4〕 Australian Energy Regulator, *State of the Energy Market 2015*, supra n. 213, 21.

〔5〕 *National Energy Retail Law*, subs. 23（1）.

〔6〕 *National Energy Retail Law*, subs. 23（6）.

〔7〕 Australian Energy Regulator, *Retail Pricing Information Guidelines*（version 4）（August 2015）, effective 1 Feb. 2016.

（二）标准合同

795. 自电力和天然气行业引入竞争以来，标准合同或长期报价一直是消费者保护体系的特点之一。从概念上讲，小用户受独立监管机构批准的条款和条件的保护。小用户可以选择根据相关条款购买电力和天然气，或者接受电力或天然气零售商的市场合同。《国家能源用户框架》要求能源零售商采用并公布标准合同。[1]《国家能源零售规则》规定了这些合同的条款范本和条件。[2] 零售商改变这些条款的能力是有限的。[3]

（三）营销行为

796. 通过上门和电话营销的直接营销一直是能源监管机构和澳大利亚竞争与消费者委员会详细监管审查的重点。[4]《国家能源零售规则》中规定了以下方面的要求：与签订零售服务合同相关的时间安排；向用户提供的具体信息；无联系人列表的应用；以及遵守不希望被游说或接受广告材料的提示。[5]

（四）零售商保底

797. 能源零售行业的激烈竞争带来了零售商倒闭的风险。为了避免消费者在没有供应商的情况下陷入困境，各管辖区实施了"零售商保底"计划。[6]

（五）监察专员计划

798. 由行业资助的监察专员计划也是澳大利亚竞争性天然气

---

〔1〕　*National Energy Retail Law*, subs. 25（1）.

〔2〕　*National Energy Retail Rules*, r. 12 and Sch. 1.

〔3〕　*National Energy Retail Law*, subs 25（4）and（5）.

〔4〕　Australian Energy Regulator, *State of the Energy Market 2015*, *supra* n. 213, 21.

〔5〕　*National Energy Retail Rules*, Div. 10, Pt. 2.

〔6〕　*National Energy Retail Law*, Pt. 6; *see*, for example, Australian Energy Regulator, http：//www. aer. gov. au/retail-markets/retailer-failure/register-of-rolrs/agl-energy-sales-marketing-limited（accessed I Mar. 2017）.

和电力零售部门的一个特点。[1] 这些独立机构为解决消费者对能源零售商提供服务的投诉提供了一种途径。[2]

三、市场准入

（一）一般准入制度

799. 如果垄断服务提供商在供应链内运营（例如，电力或天然气网络），则需要进行监管，以确保供应链的竞争性参与者能够供应其产品。[3] 作为国家竞争政策改革的一部分，《竞争与消费者法》第三（A）部分的规定为第三方通过公开的基础设施获得服务提供了一种手段。[4] 除第三（A）部分的准入制度外，各州仍保留通过符合《竞争原则协议》的州准入制度进行认证的能力。[5] 一旦获得认证，基于各州的准入制度优先于第三（A）部分中的通用制度。[6] 为此目的，西澳大利亚州电网准入制度于 2006 年 7 月 17 日获得认证，期限为 15 年。[7]

（二）特别准入制度：零售市场

800. 通过监管连接天然气和电力部门的配电网可以控制零售商准入市场的能力。例如，可将输、配电公司的许可条件规定为确

---

〔1〕 例如，南澳大利亚州能源与水监察专员，维多利亚州能源与水监察专员和昆士兰州能源与水监察专员。

〔2〕 See Australian Energy Regulator, Making a Complaint, http: //www. aer. gov. au/consumers/making-a-complaint（accessed 1 Mar. 2017）.

〔3〕 *National Competition Policy Review*, *supra* n. 135, Ch. 11.

〔4〕 *Competition and Consumer Act 2010*（Cth）, Pt. IIIA.

〔5〕 Competition and Consumer Act, s. 44N; *Competition Principles Agreement*, *supra* n. 136, cl. 6（3）.

〔6〕 Competition and Consumer Act, para. 44H（4）（e）.

〔7〕 National Competition Council, *Western Australian Access Regime for Electricity Networks*: *Final Recommendation*（12 Oct. 2005）and *Western Australia Access Regime for Electricity Services*: *Decision on Effectiveness of Access Regime-Reasons for Decision*（no date）, http: //ncc. gov. au/application/western_australian_electricity_network_services_access_regime/6（accessed 1 Mar. 2017）.

保用户通过网络获得电力或天然气的义务。[1]《国家天然气条例》和《国家电力规则》还规定了用户连接，并通过《国家能源用户框架》规定了零售商和分销商为用户连接提供便利的责任。[2]

（三）特别准入制度：供应市场

801. 接入网络的权利也受到监管，以确保消费者获得电力或天然气。例如，输电和配电公司的许可条件中包含一项义务，即为了输电或配电目的，以非歧视性条件授予其他电力实体使用或准入该实体网络的权利。[3]

802.《国家天然气条例》和《国家电力规则》规定了其他准入权。[4]《国家天然气法》规定第三方准入之前，第三方准入制度通过法律实施方案来执行。作为国家竞争政策改革的组成部分，《国家天然气管道系统国家第三方准入规范》一直执行到 2008 年 7 月 1 日。[5]

四、市场主导

803. 市场支配地位和能源企业的纵向一体化会破坏竞争。首先，为了防止形成可能会破坏竞争的商业实体，一般来说，任何旨在或可能产生实质性减少竞争的效果（或可能产生的效果）的兼并和收购都受《竞争与消费者法》（见下文第三章）第 50 条的管制。其次，在南澳大利亚州和维多利亚州私有化进程中，颁布了与能源

---

〔1〕 *Electricity Act 1996* (SA), subs. 23 (1) (i).

〔2〕 *National Gas Rules* (version 33), Pt. 12A; *National Electricity Rules* (version 89), Ch. 5A; National Energy Customer Framework (version 7), Pt. 4.

〔3〕 *Electricity Act 1996* (SA), para. 23 (1) (h).

〔4〕 *National Gas Rules* (version 33), Pt. 11; *National Electricity Rules* (version 89), Ch. 5.

〔5〕 *National Third Party Access Code for Natural Gas Pipeline Systems*, set out in the *Gas Pipelines Access* (*South Australia*) *Act 1997* (SA), Sch. 2; also *see* above, Part II: Regulatory Framework Concerning Gas.

行业相关的相互持股限制，以防止形成市场支配地位和重新整合。[1] 在南澳大利亚州，这些限制到期会自动失效。[2] 在维多利亚州，政府审查可以废除这些限制。[3]

五、技术和市场要求

804. 电力和天然气行业在技术和市场要求方面受到严格监管。[4] 这些要求是竞争法框架的一部分，因为它们确保了技术合规的共同标准，保护提供竞争性服务的重要资产（例如，传输管道和网络），并减轻在提供竞争性服务方面可能产生的负外部性风险。

第五节 电力和天然气自然垄断行业的监管框架

805. 针对能源行业分散性的自然垄断主体，需采取不同的监管措施。主要有：经济监管；服务标准；网络投资；电力和天然气零售商和供应商的市场准入；限制市场支配地位；以及技术和市场要求。上文第二章第四节讨论了市场准入、市场支配地位以及技术和市场要求等问题。关于电力和天然气监管框架，上文第二编和第五编讨论了有关经济监管、服务标准和网络投资的问题。

---

〔1〕 *Electricity Act 1996* (SA) (as in operation until 31 Dec. 2002), Sch. 1; *Electricity Industry Act 2000* (Vic) (as in operation until 14 Apr. 2013), Pt. 3.

〔2〕 *Electricity Act 1996* (SA) (as in operation until 31 Dec. 2002), cl. 2 (2), Sch. 1.

〔3〕 *Energy Legislation Amendment* (*Flexible Pricing and Other Matters*) *Act 2013* (Vic), s. 4.

〔4〕 *See* above, Part V: Regulatory Framework Concerning Electricity and Part II: Regulator Framework Concerning Gas.

第三章　反竞争行为法在能源行业的应用

第一节　概　述

806. 澳大利亚企业须遵守《竞争与消费者法》第四部分规定的反竞争行为法。该法的目的是"通过促进竞争、公平贸易和提供消费者保护来提高澳大利亚人民的福利"。[1]

807. 自 1996 年以来，包括能源企业在内的政府企业，一直受《竞争与消费者法》第四部分的管制。通过国家竞争政策改革，对公共部门和私营部门能源企业平等适用反竞争行为法。《1995 年竞争政策改革法》（联邦）作为适用于澳大利亚各管辖区的法律纲要，为制定《竞争与消费者法》第四部分提供了参照，也被称为《竞争法》。[2]《竞争法》和配套法律克服了联邦立法权限的宪法限制，将贸易惯例条例适用于自然人、公司的公司、州政府和州政府部门。[3]

808. 州政府和州政府部门适用《竞争与消费者法》第四部分时，受到"经营业务"门槛的制约，因此不属于"经营业务"的政府活动不受反竞争行为禁令的约束。[4] 就其性质和活动而言，国有能源企业满足"经营业务"的门槛，因此与私有能源企业一样

---

〔1〕 *Competition and Consumer Act 2010*（Cth），s. 2.

〔2〕 Competition and Consumer Act, Sch. 1.

〔3〕 关于法律适用的例子，见《1996 年竞争政策改革（南澳大利亚州）法》（南澳大利亚州）。

〔4〕 Competition and Consumer Act 2010（Cth），s. 2B. The Commonwealth Government is considering removing the 'carrying on a business' threshold: see *Australian Government Response to the Competition Policy Review*（Commonwealth of Australia, 2015）20.

受该法第四部分的约束。[1]

第二节　第四部分的一般适用

809.《竞争与消费者法》第四部分禁止各种反竞争行为。虽然能源企业必须遵守《竞争与消费者法》第四部分的各项规定，但其中一些规定与电力和天然气行业更密切相关。下文第三章第三节对这些规定与能源行业的相关性进行论述。本节将简要对该法第四部分的主要反竞争条款进行阐述。

一、《竞争与消费者法》第四部分禁止的行为

810. 综上所述，第四部分禁止以下行为：

-卡特尔行为（操纵价格；限制生产或供应链的产出；分配用户、供应商或地区；以及串通投标)；[2]

-订立或实施具有实质性减少竞争的目的、效果或可能效果的合同、安排或谅解；[3]

-排除条款（导致抵制某个人或某个阶层的人的行为)；[4]

-为实现被禁止的目的滥用市场权力；[5]

-第三方强迫（从无关的第三方获得商品或服务作为商品或服务供应的条件)；[6]

-通过捆绑（绑定）来自单一供应商的产品或服务进行独

---

[1] *NT Power Generation Pty Ltd v. Power and Water Authority* [2004] HCA 48.
[2] *Competition and Consumer Act 2010* (Cth), s.44ZZRA.
[3] Paragraphs 45 (2) (a) (ii), 45 (2) (b) (i).
[4] Section4D, paras 45 (2) (a) (i), 45 (2) (b) (i).
[5] Section 46.
[6] Subsections 47 (6), (7).

家交易，其目的或效果是实质性减少竞争；[1]

  -转售价格控制；[2] 以及

  -实质性减少竞争的合并和收购。[3]

811. 这些反竞争行为条款可被概念化为：违法行为对竞争的影响与确定，同是否发生了违法行为无关；或需要证明实质性减少竞争才能确定违法行为。《竞争与消费者法》没有对"实质性减少竞争"的概念进行界定。法院对这一短语解释为对竞争产生"有意义的或与竞争过程相关的"影响。[4] 为确定这一点，法院认为，是否存在违法行为应取决于是否在相关市场存在相应行为。[5]

812.《竞争与消费者法》中的"市场"一词通常指澳大利亚的市场，是指可替代的商品和服务。[6] 澳大利亚法院描述如下：

我们认为市场是一个非常简单的概念。市场是企业之间激烈竞争的领域，或者说，企业之间的竞争领域……为应对价格的变化，在一定范围内产品之间以及供应来源之间是可替代的。[7]

为确定替代性，主要考虑四个市场维度：

（1）产品：确定消费者认为可以替代的商品或服务（如相关）；

（2）地理：确定消费者购买商品或服务的地理范围（如当地、地区、国家、国际）；

---

［1］ Section 47.

［2］ Section 48.

［3］ Section 50.

［4］ *Stirling Harbour Service Pty Ltd v. Bunbury Port Authority* ［2000］FCA 38,［114］.

［5］ *Dandy Power Equipment Pty Ltd* v. Mercury Marine Pty Ltd（1982）64 FLR 238 at 259, cited in *Stirling Harbour Service Pty Ltd v. Bunbury Port Authority* ［2000］FCA 38,［113］.

［6］ *Competition and Consumer Act 2010*（Cth）, s. 4E.

［7］ *Re Queensland Co-op Milling Assn Ltd*（1976）25 FLR 169; approved in *Queensland wire Industries Pty Ltd v. Broken Hill Pty Co Ltd*（1989）167 CLR 177.

（3）功能：确定提供商品或服务在行业中的功能（如批发、零售）；以及

（4）时间：确定商品或服务替代的任何时间限制。（如进入或生产的交货期）。[1]

813. "竞争"是指能够提供可替代商品或服务的主体之间的竞争领域。[2] 如果《竞争与消费者法》第四部分要求竞争对手之间达成协议，那么收购和供应市场都是相关联的。例如，如果商品或服务的采购方同意采购价格，或者商品或服务的供应商同意供应价格，则可能发生定价。

814. 反竞争条款具有广泛的适用范围。首先，《竞争与消费者法》中各种概念的界定方式拓宽了某些条款的适用范围。例如，为实现定价，市场竞争者之间需要达成协议，以达到确定、维持或控制价格的目的或效果。[3] 这包括具有直接或间接确定、控制或维持（或为确定、控制或维持做准备）商品或服务的价格或折扣、津贴、回扣或信贷的目的或预期效果。[4] 其次，《竞争与消费者法》第四部分的禁令适用于"合同、安排或谅解"，这些禁令不限于在具有法律约束力的协议中反映的行为。相关人员之间存在的"一致想法"是发生违法行为的充分条件。[5]

二、处罚

815. 违反反竞争行为相关规定，应予严厉处罚。违反《竞争与消费者法》第四部分的规定，对法人团体适用的最高罚款为：

[1] Miller R, *2016 Miller's Australian Competition and Consumer Law Annotated* (38th ed, Lawbook Co, 2016) 223.

[2] *Re Queensland Co-op Milling Assn Ltd* (1976) 25 FLR 169, 188.

[3] *Competition and Consumer Act 2010* (Cth), s. 44ZZRD.

[4] Section 44ZZRD.

[5] *ACCC v. Construction, Forestry, Mining and Energy Union* [2008] FCA 678, [42].

100 万美元；法人因违法行为而获益价值的三倍；或该法人违法行为发生时截至当月年度营业额的 10%。[1] 对于违反本法规定的个人，最高罚款为 50 万美元。[2] 违反卡特尔规定也可能导致长达十年的监禁。[3] 此外，除直接参与违法的行为人外，任何人如协助、教唆、怂恿或促成违法行为；诱使他人从事违法行为；直接或间接、明知而从事或参与从事违法行为，或与他人共谋违法，可被判处相同的罪行。[4]

三、除外责任与例外

（一）通知

816. 违反《竞争与消费者法》第 44ZZW 条，构成向竞争对手私下披露定价信息的行为，或违反《竞争与消费者法》第 47 条进行独家交易的行为，可通知监管机构——澳大利亚竞争与消费者委员会。[5]·[6] 除非 ACCC 指示不允许通知，[7] 否则通知将免除有关处罚，即根据《竞争与消费者法》的规定，在独家交易（第三方强制交易除外）和第三方强制交易和私下披露定价信息提交后 14 天内，对被通知行为免于处罚。[8]

817. 如果合同、安排或谅解或拟议合同、安排或谅解包含卡

---

〔1〕　*Competition and Consumer Act 2010* (Cth), s. 76 (1A).

〔2〕　Section 76 (IB).

〔3〕　Section 79 (10).

〔4〕　Section 76 (1).

〔5〕　澳大利亚竞争与消费者委员会需要维持一个关于通知的公共登记册，可查询 http://registers. accc. gov. au/content/index. phtml/itemId/6031，最后访问日期：2017 年 3 月 1 日。

〔6〕　《2010 年竞争与消费者法》（联邦）第 93 条第（1）款；例如，澳洲电网，奋进能源和基本能源（Ausgrid, Endeavour Energy and Essential Energy），"独占交易的通知"（N98837-N98839）（2016 年 1 月 7 日）。

〔7〕　*Competition and Consumer Act 2010* (Cth), ss 93 (3A), 93 (7C).

〔8〕　Section 93 (7), 93 (7A).

特尔条款，也可以通知开展集体谈判。[1] 集体谈判通知程序仅适用于在发出集体谈判通知和签订相关合同时有合理预期且相关合同或多个合同的价值不超过 300 万美元的情况。[2] 除非澳大利亚竞争与消费者委员会对通知提出异议，否则通知行为的豁免权自通知提交 14 天后开始生效。

（二）授权

818. 澳大利亚竞争与消费者委员会可授权可能违反禁令的行为：卡特尔条款；排除条款；实质上减少竞争的合同、安排或谅解；独家交易和转售价格控制。[3]·[4] 在获得授权的情况下，被授权行为免受《竞争与消费者法》的处罚。如果 ACCC 认为情况发生重大变化，则 ACCC 可以重新开启和撤销授权。[5] 合并可由澳大利亚竞争法庭授权。[6] ACCC 也可以正式批准拟议的合并。[7] 有关合并和收购的进一步考虑，请参见第 3.03 条。

（三）集体收购例外

819. 包含卡特尔条款的合同、安排或谅解，只要卡特尔条款具有定价的效果或目的，就不受《竞争与消费者法》强制执行的管制；卡特尔条款与集体采购的商品或服务的价格相关，不论合同、安排或谅解的当事方以直接或间接的方式。[8] 集体收购例外的范围尚未经过法院审查。

---

〔1〕 Section 93AB.

〔2〕 Subsections 93AB (4), (5).

〔3〕 澳大利亚竞争与消费者委员会被要求维持一个关于授权的公共登记册，可查询 http://registers.accc.gov.au/content/index.phtml/itemId/6031，最后访问日期：2017 年 3 月 1 日。

〔4〕 *Competition and Consumer Act 2010* (Cth) subs 88 (1A), (1), (8), (8A).

〔5〕 Paragraph 91B (3) (c); *see Re AGL Cooper Basin Natural Gas Supply Arrangements* [1997] ATPR 41-593.

〔6〕 *Competition and Consumer Act 2010* (Cth), s. 95AT.

〔7〕 Section 95AC.

〔8〕 Section 44ZZRV.

（四）法定例外

820.《竞争与消费者法》第 51 条第（1）款允许州和领地政府颁布立法，在决定某人是否违反该法第四部分时，不考虑在该州或领地内所做的任何事情。排除的事项必须在立法中明确规定，并由法律授权。[1]

第三节　禁止反竞争行为在能源企业的应用

一、合资企业

821. 鉴于能源行业的项目规模，这些项目通常可以作为竞争对手之间的合资企业来实施。实施合资企业安排可能涉及在没有豁免的情况下违反《竞争与消费者法》的行为。[2][3] 卡特尔行为的相关条款中规定了对合资企业的具体处理。如果符合立法要求，则可为违反卡特尔规定的刑事和民事诉讼提供辩护。[4] 对于合资企业，对排除条款的禁止适用作了修改，要求行为必须符合或具有大幅减少赔偿的目的或效果（或可能的效果）。[5]

822. 合资企业还可以就违反《竞争与消费者法》的行为向澳大利亚竞争与消费者委员会寻求授权。例如，向参与开发、生产、

---

〔1〕　*See*, for example, *Cooper Basin（Ratification）Act 1975*（SA），s. 16.

〔2〕　关于竞争法适用合资企业的进一步分析，见科罗尼斯·S:《合资企业和竞争与消费者法》，载邓肯·W主编:《澳大利亚的合资企业》（第 3 版），联邦出版社 2012 年版。

〔3〕　关于"合资企业"的定义，见《2010 年竞争与消费者法》（联邦）第 s. 4J 条。

〔4〕　Sections 44ZZRO. 44ZZRP.

〔5〕　Section 76C.

营销和销售澳大利亚西北部大陆架天然气的公司授权。[1] ACCC 的授权允许合资企业参与者共同讨论和谈判共同条款（包括价格）、出售西北大陆架天然气的方式，以及签订并执行包含这些条款的合同。[2]

二、合并和收购

823. 除非 ACCC 批准或澳大利亚竞争法庭授权，否则《竞争与消费者法》第 50 条禁止具有或可能具有显著削弱任何市场竞争效果的兼并或收购。[3]

824. 合并指南由 ACCC 发布。[4] ACCC 提供的非正式批准程序使拟议交易的各方能够请求 ACCC 就寻求联邦法院的禁令以阻止合并发表意见。[5] 如果 ACCC 对拟议合并提出担忧，那么这些担忧有可能通过法院强制执行的承诺来解决。[6] 如果 ACCC 拒绝非正

〔1〕 BHP Billiton Petroleum (North West Shelf) Pty Ltd, BP Developments Australia Pty Ltd, Chevron Australia Pty Ltd, Shell Development (Australia) Pty Ltd and Woodside Energy Ltd, *Exclusionary Provisions and Associated Cartel Provisions: Application for Authorisation* (A91220–A91123) (31 Mar. 2010).

〔2〕 ACCC, *Determination Applications for authorisation lodged by BHP Billiton Petroleum (North West Shelf) Pty Ltd, BP Developments Australia Pty Ltd, Chevron Australia Pty Ltd, Shell Development (Australia) Pty Ltd and Woodside Energy Ltd* (A91220 – A91123), (8 Sept. 2010); *see also* ACCC, *Determination Application for authorisation in respect of the PNG Gas Project* (A40081) (3 May 2006).

〔3〕 最近对澳大利亚竞争政策的审查建议将本部分所述的正式兼并审批程序和授权程序进行合并并进行改革: Harper I, Anderson P, McCluskey S and O'Bryan M, *Competition Policy Review Final Report: March 2015* (Commonwealth of Australia, 2015) Recommendation 35. 澳大利亚政府支持这一建议。

〔4〕 ACCC, *Merger Guidelines: November 2008* (Commonwealth of Australia, 2011).

〔5〕 *Ibid.*, [1. 8] and [1.9]. *See also* ACCC, *Informal Merger Review Process Guidelines: September 2013* (commonwealth of Australia, 2013) and ACCC, Public competition assessments, http://registers.accc.gov.au/content/index.phtml/itemId/501191 (accessed 1 Mar. 2017).

〔6〕 For example, *see* ACCC, *Elgas Limited-proposed acquisition of Wesfarmers Kleenheat Gas Pty Ltd's east coast LPG assets: Public competition assessment* (22 Dec. 2015).

式批准，并表示将寻求禁令以阻止合并的进行，则拟议合并者可以寻求声明，说明拟议的合并是否会实质上减少竞争而违反《竞争与消费者法》第 50 条的规定。[1]

825. 该法还规定了正式的批准程序。[2] 如果获得正式批准，交易各方可因违反第 50 条而免于受到起诉。ACCC 可规定有关正式批准的条件。如果澳大利亚竞争委员会拒绝正式批准申请，交易各方有权向澳大利亚竞争法庭提出上诉。[3] 或者可以寻求澳大利亚竞争法庭的授权。[4] 可考虑可能产生的公共利益，授权进行合并。[5]

三、支持投资的合同条款

826. 大规模能源项目的投资依赖于基金合同的条款，这些条款可以为项目提供合理的财务回报预期。长期合同或包含"照付不议"义务或其他捆绑义务形式的合同在某些情况下可被认定为实质性减少竞争的协议。[6] 其他投资决策可能会受到供应链中的参与

---

〔1〕 *Australian Gas Light Company* (*ACN 052 167 405*) *v. Australian Competition & Consumer Commission* (No 3)〔2003〕FCA 1525.

〔2〕 *Competition and Consumer Act 2010* (Cth), s. 95AC.

〔3〕 ACCC, *Merger Guidelines*, *supra* n. 1243,〔1. 10〕and〔1. 11〕; *see also* ACCC, *Formal Merger Review Process Guidelines* (May 2011) reproduced in Miller R, *supra* n. 1214, 2227.

〔4〕 *Competition and Consumer Act 2010* (Cth), s. 95AT; *see*, for example, *Re Macquarie Generation and AGL Energy Ltd*〔2014〕AcompT 1.

〔5〕 ACCC, *Merger Guidelines*, *supra* n. 1243,〔1. 13〕; *see also* Australian Competition Tribunal, Practice Direction, http: //www. competitiontribunal. gov. au/_ data/assets/pdffile/ 0010/33787/Practice-Direction-20160923. pdf (accessed 1 Mar. 2017).

〔6〕 关于长期合同的进一步分析，见 Pengilley W, 'Long-term Supply Contracts: Here Today, Gone Tomorrow', 6 *Trade Practices Law Journal* 203 (1998); Chiam L and Ahuja V, 'Long-term Supply Contracts- Time for Review', 25 *Australian Energy and Resources Law Journal* 149 (2006)。

者协同管理供应链的产能约束方式的影响。[1]

827. 长期合同最初可能不具有实质性减少竞争的效果，但在合同期限内随着市场环境的变化可能会产生这种效果。能源部门的长期协议授权已获 ACCC 批准。[2] 由于在协议期限内，情况发生了重大变化，ACCC 还重新开放了授权。[3]

828. 为支持国有发电资产剥离而提议的合同条款也通过授权程序进行了审查。2009 年，三角洲电力公司（Delta Electricity）、易拉林能源公司（Eraring Energy）和麦格理发电公司（Macquarie Generation）（他们当时都是新南威尔士州政府所有的发电商）申请了共同保险协议的授权。从本质上讲，共同保险协议提供了一项权利，与交易商缔结合同的发电商的实际产出低于合同约定产能的情况下，交易商有权要求赔偿。[4] 共同保险协议对解决因业务分解而导致的投资组合收益损失来讲是必要的。[5] 这项授权被拒绝的理由是共同保险协议对新南威尔士州的能源战略改革无法得以继续，而且还有其他机制可供交易商对冲风险。[6]

---

〔1〕 See, for example, Port Waratah Coal Services Limited, Newcastle Coal Infrastructure Group Pty Limited and Newcastle Port Corporation, *Submission in support of the application for authorisation under the Trade Practices Act 1974 (Cth) New South Wales coal industry-Long term solution* (29 Jun. 2009), 6 http://registers.accc.gov.au/content/index.phtml/itemId/879882/fromItemId/401858/display/acccDecision (accessed 1 Mar. 2017).

〔2〕 See, for example, ACCC, *Determination Applications for Authorisation lodged by Port Waratah Coal Services Limited, Newcastle Coal Infrastructure Group and the Newcastle Port Corporation in respect of the Capacity Framework Arrangements at the Port of Newcastle* (Authorisation Nos: A91147-A91149 and A91168-A91169) (9 Dec. 2009).

〔3〕 ACCC, ACCC *action on gas authorisation* (28 Mar. 1996); on appeal, *Re AGL Cooper Basin Natural Gas Supply Arrangements* [1997] ATPR 41-593.

〔4〕 New South Wales Government, *supra* n. 1152, 4 and 16-17.

〔5〕 *Ibid.*, 23.

〔6〕 ACCC, *Determination: Applications for authorisation lodged by Macquarie Generation, Delta Energy and Eraring Energy in Respect of a Co-insurance Arrangement Between the Electricity Generators and Gentraders in NSW* (Authorisation Nos: A91198-A91199) (20 May 2010), iii-iv.

四、联合采购集团

829.《竞争与消费者法》适用于采购和供应市场的竞争者。如果联合采购集团希望运用其综合需求，则应遵守该法的禁令。在供应商投标时旨在集中能源需求的联合采购集团可以申请授权。[1]

为追求效率，电力市场参与者也可以与供应商开展联合谈判。[2]

五、市场运营

830. 一些能源市场运作安排须经 ACCC 授权。旧《国家电力法规》（《国家电力规则》的前身）也规定了授权。[3]《国家电力规则》则未规定授权，但是，国家电力市场以外的市场运营安排可能需要授权，以防止违反《竞争与消费者法》第四部分。[4]

六、零售营销

831. 某些零售营销策略可能违反《竞争与消费者法》第四部

---

〔1〕 例如，SACOME 电力购买集团，排他性条款和有关卡特尔行为授权申请（授权编号：A91567-A91568）（2017 年 1 月 4 日）。

〔2〕 例如，煤炭行业的联合谈判，见澳大利亚竞争与消费者委员会:《由能源部长和卡利德电力管理有限公司提交的有关联合谈判购买英美煤炭黑煤的申请授权的决定》（授权编号：A50027）（2006 年 11 月 11 日）。

〔3〕 ACCC, *Final Determination*: *Applications for authorisation National Electricity Code* (Authorisation Nos: A90671, A90672 and A90673) (22 Dec. 1999).

〔4〕 *See*, for example, ACCC, *Determination Applications for Authorisation lodged by The Independent Market Operator in Respect of the Market Rules to Govern the Wholesale Electricity Market in Western Australia* (Authorisation Nos: A91004, A91005 and A91006) (22 Dec. 2006); ACCC, *Determination Applications for Authorisation Lodged by Stanwell Corporation Limited and Diamantina Power Station Pty Limited in Respect of Arrangements for Participants in the NWPS to agree to rules relating to the coordination of electricity dispatch scheduled at electricity generators in the NWPS* (Authorisation Nos: A91448 and A91449) (20 Jan. 2015); ACCC, *Determination Application for Authorisation Lodged by Retail Energy Market Company Ltd in respect of the Retail market Rules* (Authorisation Nos: A91136, A91137, A91138, A91170 and A91171) (26 Aug. 2009).

分中的反竞争行为规定。提供商品或服务的条件是，除非获得授权或通知，否则从不相关实体中获得的商品或服务将构成第三方强制。能源零售公司已为用户提供了签订市场合同的激励措施，这些合同已被通知，以避免第三方强制履行责任。[1] 其他类型的零售商通过向能源零售商提供信贷或抵扣来鼓励其购买商品或服务。[2]

832. 上门进行能源销售受消费者保护法的管制（见上文第二章第四节第二部分）。自律计划可能违反《竞争与消费者法》第四部分的禁止性规定，一直是 ACCC 授权中的主要关注问题。[3]

七、技术吸收

833. 未经授权或通知，能源市场参与者对消费者应用技术的支持可能违反《竞争与消费者法》第四部分。例如，在太阳能光伏系统已从指定供应商处购买的情况下，从消费者处购买太阳能上网安排将构成禁止的第三方强制，并通知 ACCC。[4]

〔1〕 For example, *see* IPower Pty Ltd & IPower 2 Pty Ltd t/a Simply Energy, *Notification of Exclusive Dealing* (N98987 and N98988) (10 Mar. 2016).

〔2〕 For example, *see* Alinta Energy Retail Sales Pty Ltd, *Notification of Exclusive Dealing* (N98913) (12 Feb. 2016).

〔3〕 ACCC, *Determination for Authorisation Lodged by Energy Assurance Limited in respect of a scheme to regulate door-to-door energy sales* (Authorisation Nos: A91258 and A91259) (23 Jun. 2011).

〔4〕 For example, *see* Ipower Pty Ltd & Ipower 2 Pty Ltd t/a Simply Energy, *Notification of Exclusive Dealing* (N99431 and N999432) (15 Nov. 2016); Ipower Pty Ltd & Ipower 2 Pty t/a Simply Energy, *Notification of Exclusive Dealing* (N99226 and N99227) (28 Jul. 2016).

结　论

834. 澳大利亚拥有丰富的自然资源,包括煤炭、天然气、铀和丰富的可再生资源。尽管澳大利亚进口了大部分石油供国内使用,但仍然是一个净能源出口国。由于自然资源自给自足,能源供应安全对于澳大利亚来说并不是问题,但对严重依赖进口燃料供应的国家则是个问题。

835. 在未来几十年的发展中,澳大利亚将面临诸多挑战。自20世纪90年代以来,电力和天然气行业政策的重点之一是放松对国有电力和天然气企业的管制,引入竞争,以及建立国家电力市场和区域天然气市场。但是,一些州的电力和天然气改革停滞不前,《2015年澳大利亚竞争政策审查》表明,未来的挑战是继续开放能源市场,以更好地发挥竞争市场的优势。

836. 与许多国家一样,未来几年的一个主要问题将是经济脱碳,以减少温室气体排放,应对气候变化的挑战。这需要在确保电力供应安全和稳定,并确保能源可负担的情况下进行。近几个月来,令人们越来越担忧的是,20多年前的服务以燃煤火电厂为主体而设计的国家电力市场规则缺乏足够的创新性和灵活性,无法使来自可再生能源技术的电力更多地整合到电网中。改革电网规则,允许可变和其他可再生能源、电池存储、分布式电源和微型电网的技术发展,将是一项关键挑战。

837. 在不久的将来,天然气被称为"更清洁"的燃料,将使澳大利亚从煤炭过渡到可再生能源。然而,随着澳大利亚现有的大部分天然气以液化石油气形式出售给海外买家,天然气短缺的问题迫在眉睫。尽管许多州由于对水力压裂和提取煤层气方法引发的环境担忧而暂停非常规天然气资源的勘探和开发,但面对国内天然气危机，取消这一暂停的压力可能会越来越大。

838. 由于缺乏解决能源和气候变化问题的政治意愿，以及两个主要政党在联邦和州层面均缺乏两党合作，澳大利亚目前没有强有力的能源政策来引导该国未来实现清洁能源的必要转型。为迎接未来挑战，制定此类政策需成为联邦和州政府层面所有政党的优先事项。

主要参考文献

一、著作和论文

1. Bonyhady T and Christoff P (eds), *Climate Law in Australia* (The Federation Press, 2007).
2. Bradbrook A, 'The Relevance of the Cujus est Solum Doctrine to the Surface Landowner's Claims to Natural Resources Located Above and Beneath His Land' 11 *Adel LR* 462 (1988).
3. Brazil P, *Offshore Constitutional Settlement 1980: A Case Study in Federalism* (Centre for International and Public Law, Australian National University, 2001).
4. Daintith T, *The Legal Character of Petroleum Licences*: A Comparative Study (University of Dundee, Centre for Petroleum and Mineral Law Studies, 1981).
5. Daintith T, *Discretion in the Administration of Offshore Oil and Gas: A Comparative Study*, 13 (AMPLA, 2005).
6. Hepburn S, *Mining and Energy Law* (Cambridge University Press, 2015).
7. Hunt C, *The Offshore Petroleum Regimes of Canada and Australia* (Calgary Institute of Resources Law, 1989).
8. Hunt M, *Minerals and Petroleum Law* (Butterworths, 1996).
9. Hunter T and Chandler J, *Petroleum Law in Australia* (LexisNexis Butterworths, 2013).
10. Knight P and Hood M (eds), *Coal and the Commonwealth: The Greatness of an Australian Resource*, 46 (University of Queensland, October

2009).

11. Lockie D, *Clean Energy Law in Australia* (LexisNexis Butterworths, 2012).

12. Lyster R and Bradbrook A, *Energy Law and the Environment* (Cambridge University Press, 2006).

13. Miller R, 2016 *Miler's Australian Competition and Consumer Law Annotated* (38th ed, Lawbook Co, 2016).

14. Murray I, 'The Minerals Resource Rent Tax is Dead, Long Live Resource Rent Taxes?' 40 *UW Aust LR 111* (2015).

15. Peel J and Osofsky H, *Climate Change Litigation: Regulatory Pathways to Cleaner Energy* (Cambridge University Press, 2015).

16. Toskas E, 'A Comparative Review of Unit Development under the Commonwealth Petroleum Act' 26 ARELJ (2007).

17. Woellner R, Barkozcy S, Murphy S, Evans C and Pinto D, *Australian Taxation Law* (26th ed., 2016).

18. Wouters C, Vigar C and Van Hende K, 'Increasing consumer choice —the potential impact of prosumers on electricity market regulation', *ICER Chronicle* (ed. 3) (March 2015).

19. Zahar A, Peel J and Godden L, Australian Climate Law in Global Context (Cambridge University Press, 2013).

二、报告、评论和政府文件

20. Australian Consumer and Competition Commission, *Petrol Prices and Australian Consumers: Report of the ACCC Inquiry into the Price of Unleaded Pettol* (Commonwealth of Australia, 2007).

21. Australian Energy Market Commission, *Draft Final Report: Review of the Victorian Declared Wholesale Gas Market*, 17 (14 October 2016).

22. Australian Government, Department of Climate Change, *Carbon Pol-*

lution Reduction Scheme, *Green Paper*, *July 2008* (Commonwealth of Australia, 2008).

23. Australian Government, Department of Climate Change and Energy Efficiency, *Carbon Pollution Reduction Scheme-Australia's Low Pollution Future. White Paper*, (Commonwealth of Australia, 2008).

24. Australian Government, Department of Industry and Science, *2015 Energy White Paper* (Commonwealth of Australia, 2015).

25. Australian Government, Department of Industry and Science/Office of the Chief Economist, *Australian Energy Update 2015* (Canberra, 2015).

26. Australian Government, Department of Infrastructure and Regional Development, *Vehicle Emissions Discussion Paper* (Commonwealth of Australia, 2016).

27. Australian Government, Office of the Chief Economist, *Resources and Energy Statistics 2014* (Commonwealth of Australia, 2014).

28. Australian Government, Office of the Chief Economist, *Resources and Energy Quarterly: June 2015* (Commonwealth of Australia, 2015).

29. Australian Parliament, Senate Legislative and General Purpose Standing Committee, *Petrol Prices in Australia*, 35 (Senate Standing Committee on Economics, 2006).

30. Australian Productivity Commission, *Review of the Gas Access Regime* (Productivity Commission, 2004).

31. Australian Productivity Commission, *Review of the Regulatory Burden in the Upstream Petroleum (Oil and Gas) Sector: Research Report* (Productivity Commission, 2009).

32. Australian Transport Council and the Environment Protection and Heritage Council, Vehicle Fuel Efficiency Working Group, *Final Report* (2009).

33. Bills K and Agostini D, *Offshore Petroleum Safety Investigation: Varanus Island Incident Investigation* (Government of Western Australia, 2009).

34. Borthwick D, *Report of the Montara Commission of Inquiry* (Government of Australia, 2010).

35. Britt A, Whitaker A, Cadman S, Summerfield D, Kay P, Champion D, McKay A, Miezitis Y, Porritt K, Schofield A and Jaireth S, *Australia's Identified Mineral Resources 2014* (Geoscience Australia, Canberra, 2014).

36. Climate Change Authority, *Light Vehicle Emissions Standards for Australia: Research Report* (Climate Change Authority, 2014).

37. Climate Change Authority, *Renewable Energy Target Review Report* (Climate Change Authority, 2014).

38. Climate Change Authority, *Towards a Climate Policy Toolkit: Special Review on Australia's Climate Goals and Policies* (Climate Change Authority, 2016).

39. Climate Change Authority, *Policy options for Australia's electricity supply sector—Special Review Research Report* (Climate Change Authority, 2016).

40. Cullen, The Hon Lord, *The Public Inguiry into the Piper Alpha Disaster* (Great Britain. Dept. of Energy, 1990).

41. Garnaut R, *Garnaut Climate Change Review: Final Report* (Cambridge University Press, 2008).

42. Garnaut R, *The Garnaut Review 2011: Australia in the Global Response to Climate Change* (Cambridge University Press, 2011).

43. Geoscience Australia and the Bureau of Resources and Energy Economics, *Australian Energy Resource Assessment* (2nd ed, 2014).

44. Geoscience Australia and the Bureau of Resources and Energy Eco-

nomics, *Australian Energy Resource Assessment* (2nd ed, 2014) (interim update 2016).

45. Global Carbon Capture and Storage Institute Ltd, *Global CCS Institute CCS Legal and Regulatory Indicator: A Global Assessment of National Legal and Regulatory Regimes for Carbon Capture and Storage* (Global Carbon Capture and Storage Institute Ltd, 2015).

46. Harper I, Anderson P, McCluskey S and O'Bryan M, Competition Policy Review Final Report: March 2015 (Commonwealth of Australia, 2015).

47. Henry K, Harmer J, Piggott J, Ridout H and Smith G, *Australia's Future Tax System: Report to the Treasurer, December 2009* (Commonwealth of Australia, 2010).

48. International Energy Agency, *Energy Policies of IEA Countries: Australia 2012 Review* (OECD/IEA, 2012).

49. James M, *Vehicle Fuel Efficiency Standards*, Parliamentary Research Paper (28 June 2013).

50. National Emissions Trading Taskforce, *Possible design for a national greenhouse gas emissions trading scheme*: Final framework report on scheme design (NETT, 2007).

51. Parer W, Breslin P, Sims R and Agostini D, *Towards a Truly National and Efficient Energy Market* (Commonwealth of Australia, 2002).

52. Parliament of Western Australia, Standing Committee On Environment and Public Affairs, *Implications for Western Australia Of Hydraulic Fracturing For Unconventional Gas*, Report 42 (November 2015).

53. Prime Ministerial Task Force on Emissions Trading, *Report of the Task Force on Emissions Trading* (Australian Government, 2007).

54. Trebeck D, John Landels J, QC and Hughes K, *Fuel Taxation In-*

quiry Report（Commonwealth of Australia, 2002）.

55. Warburton D, Fisher B, In't Veld S and Zema M, *Renewable Energy Target Scheme*, *Report of the Expert Panel*（Commonwealth of Australia, 2014）.

索 引

下面的数字是指段落编号。

澳大利亚能源法

Paris Agreement, 40, 137, 584

Petrol pricing, 437–440

Petroleum (Submerged Lands) Act 1967 (Cth), 51, 272, 294, 368, 373

Petroleum Resource Rent Tax (PRRT), 21, 693, 699 – 703, 707, 709, 721, 722, 724, 726, 735

Petroleum title, 265, 297, 386, 392, 393, 399

Pipeline legislation, 323

Pipeline licence, 323, 324, 342, 399

Prescriptive, 294, 379, 662

Price fixing, 810, 813, 814, 819

Privatisation, 25, 82, 775, 783, 803

Product Stewardship for Oil Scheme (PSO), 744

Production licence, 257, 263 268, 269, 271 – 278, 282, 283, 305, 324, 397, 399, 700, 707, 710–712

Productivity Commission, 130, 328, 408, 409

Regalian system, 249, 250

Regional interests development approval (RIDA), 288, 507, 508, 511

Regional Planning Interests Act 2014 (Qld), 507–511

Regulatory Guiding Principles for Carbon Dioxide Capture and Geological Storage, 682

Reliability, 32–39, 180–183

Reliability Panel, 168, 183

Renewable Energy (Electricity) Act 2000 (Cth), 99, 120, 142, 629

Renewable Energy Certificates (REC), 630, 633, 635, 637, 638, 641

Renewable Energy Target (RET), 9, 21, 41, 90, 93, 109, 119, 126, 587, 588, 629–644

Reporting of greenhouse gas emissions, 589

Resale price maintenance, 810, 818

Research and Development (R&D) Tax Incentive, 762, 764, 768, 769

Resources rent Tax Assessment Act 1987 (Cth), 701

Retail, 241–248, 354–355, 788, 793–794, 797, 800, 831–832

Retail pricing, 793–794

Retailer Energy Efficiency Scheme, 674–677

Retention leases, 263, 274, 275, 399, 456, 707, 710, 711

Reverse auctions, 613, 654, 655

Royalties, 17, 576, 691, 693, 699, 702, 704, 706–716

Royalty, 279, 710–713

Rule of capture, 300–306

Safeguard Mechanism, 21, 126, 131, 587, 609, 611, 616–628

Safety case, 407, 412–418, 428

Safety management plans (SMP), 291, 412–414, 426

Seas and Submerged Lands Act 1973 (Cth), 19, 50, 254

Seas and Submerged Lands Case, 254, 369

Security of supply, 27, 32, 156, 157, 241, 328

Shale gas, 6, 52, 53, 289, 578

Short Term Trading Market (STTM), 347, 351, 352

Small-Scale Technology Certificates (STCS),

· 348 ·

图书在版编目（ＣＩＰ）数据

澳大利亚能源法/（澳）亚历山德拉·沃里克等著；岳小花译；李聚广校对
北京：中国政法大学出版社，2021.9
　　书名原文：Energy Law in Australia
　　ISBN 978-7-5764-0100-4

　　Ⅰ.①澳…　Ⅱ.①亚…　②岳…　③李…　Ⅲ.①能源法—研究—澳大利亚
Ⅳ.①D961.126

　　中国版本图书馆CIP数据核字(2021)第188777号

出 版 者　　中国政法大学出版社
地　　址　　北京市海淀区西土城路 25 号
邮寄地址　　北京 100088 信箱 8034 分箱　　邮编 100088
网　　址　　http://www.cuplpress.com (网络实名：中国政法大学出版社)
电　　话　　010-58908289(编辑部) 58908334(邮购部)
承　　印　　固安华明印业有限公司
开　　本　　880mm×1230mm　1/32
印　　张　　11.5
字　　数　　300 千字
版　　次　　2021 年 9 月第 1 版
印　　次　　2021 年 9 月第 1 次印刷
定　　价　　59.00 元